ViVe el Español

Curso de Español - Nivel Inicial

edebé

PROYECTO Y EDICIÓN: EDEBÉ

Dirección General: Antonio Garrido.
Dirección Editorial: José Luis Gómez.
Coordinación Editorial: Reina Duarte.
Edición: Sara Sánchez.
Dirección de Producción: Juan López.

Maquetación: Equipo de Edición.
Ilustraciones: Christian Ortega.
Fotografías: AISA.
Diseño: Amando Andradas.

DESARROLLO DEL PROYECTO: Don Quijote

Dirección Comercial: René de Jong.
Dirección didáctica y coordinación: Caridad Santana Sánchez.
Equipo de autores: Rosario Garcés Rodríguez, Eva de los Ríos López,
Caridad Santana Sánchez y Luisa M.ª Urrero Torres.

Queremos expresar nuestro agradecimiento a todos
los compañeros y compañeras que nos han animado y ayudado
a lo largo de la elaboración de este libro y especialmente
a Pedro Sánchez Alejo por habernos prestado
su inestimable apoyo en todo momento.

7.ª edición, diciembre 2008

Paseo de San Juan Bosco, 62
08017 Barcelona
www.edebe.com

ISBN 978-84-236-7142-7
Depósito Legal: B-12513-2008
Impreso en España
Printed in Spain
EGS - Rosario, 2 - Barcelona

Presentación del proyecto ViVe el Español

Todos sabemos que aprender una lengua extranjera no es fácil, especialmente cuando nos enfrentamos a este reto en la edad adulta. Sin embargo, este libro pretende hacer fácil lo difícil. Para conseguir esto nos hemos basado en nuestra experiencia de años en el aula y en una cuidadosa programación de contenidos lingüísticos, funcionales y culturales. Orientaremos al estudiante en todo el proceso de aprendizaje, adelantándonos y resolviendo sus dudas, anticipándonos a las situaciones con las que puede encontrarse y, sobre todo, haciendo que este aprendizaje le resulte ameno. Con este objetivo hemos diseñado el proyecto **Vive el Español**. ¡Bienvenido!

El título

Vive el Español no sólo se limita a transmitir los elementos formales de la lengua española, sino que posibilita la inmersión del estudiante en la cultura del mundo hispano, ayudándole a conocerla y comprenderla, porque la expresión verbal de un pueblo refleja su forma de pensar y vivir.

La estructura del libro

Este libro está dividido en **5 Módulos** cuya programación permitirá al estudiante asimilar de una forma gradual y coherente los contenidos lingüísticos, funcionales y culturales propios del Nivel Inicial. Pretendemos que en todo momento el profesor actúe como guía y compañero de viaje de sus alumnos, siendo éstos los verdaderos protagonistas y el núcleo central del proceso de adquisición de la lengua en el aula. Creemos en el potencial pedagógico del grupo y por eso planteamos un enfoque interactivo en el que todos participan y cooperan, y en el que los aciertos, al igual que los errores, sirven de aprendizaje para todos.

El Módulo 1 es más breve que los demás, pues está concebido como presentación del alumno/a a su grupo y como el primer contacto con el mundo del español en el contexto del aula.

En los siguientes Módulos, la estructura se mantiene de forma invariable:

- **Presentación del Módulo.** Esta página ofrece un mosaico de fotografías que aportan las pistas para adivinar cuáles son los temas que se van a trabajar.
- **Contenidos.** Mediante la indicación numérica **1** y **2** entramos en los contenidos temáticos sin mencionar el concepto de *unidad* o *lección*. Los títulos de bloque con sus respectivos apartados son siempre cercanos, coloquiales, y dan pie a que las actividades se planteen de manera natural. Toda acción del alumno/a está interpretada como una actividad de aprendizaje, numerada e identificable por unos códigos visuales con los que nos familiarizamos desde el Módulo 1.
- **Muy Nuestro.** En esta página se ofrecen algunas curiosidades de nuestra cultura, pero no de manera discursiva, sino mediante actividades lúdicas. Presenta un código de color propio que la diferencia de las partes anteriores y constituye una pausa antes de entrar en los sucesivos "Rincones".
- **Rincón de las Palabras.** Para repasar y reafirmar el vocabulario aparecido en el Módulo se han reservado estas dos páginas, también identificadas por un código de color propio, como todos los "Rincones". Además aquí se presenta una serie de trucos útiles para superar las posibles situaciones de apuro de un alumno del Nivel Inicial: olvidos, falta de léxico, etc.

- **Rincón de la Gramática.** Dado que la gramática suele ser uno de los aspectos más preocupantes para el aprendiz de una lengua extranjera, en este Rincón se presentan los contenidos gramaticales del Módulo de una forma ordenada y esquemática. Incluye el apartado **Practica la gramática**, en el cual se proponen varias actividades de corte puramente gramatical para realizarlas individualmente como "tareas" fuera del aula.
- **Rincón de la Pronunciación.** Conscientes de que en los niveles iniciales resulta complicado trabajar el aspecto fonético de la lengua, se proponen actividades y recursos muy sencillos y lúdicos como canciones, trabalenguas, poemas, etc., con el fin de hacer la participación más desinhibida y fácil y evitar posibles sensaciones de vergüenza en los estudiantes.
- **Rincón de la Cultura.** Una doble página que, en función del Módulo, transmite informaciones variadas de historia, geografía, política... de los países de lengua española.
- **Miniproyecto.** Esta página cierra cada Módulo con la propuesta de un proyecto global para que el alumno aplique en la práctica los conocimientos trabajados en dicho Módulo de una forma ahora autónoma, sin la intervención del profesor, pero con su grupo de compañeros.
- **Apéndices.** El libro incluye en sus páginas finales un listado de **Vocabulario** con el léxico que aparece en los diferentes Módulos, traducido al inglés, francés, alemán y portugués. Asimismo, se recogen las transcripciones de las **Audiciones** utilizadas en las actividades propuestas en el libro.

Material complementario

Además del libro del alumno, el proyecto **Vive el Español** se completa con:

- **CD audio.** Pensado como herramienta imprescindible para la adquisición de los contenidos programados. Su utilización es necesaria para desarrollar gran parte de las actividades propuestas en el libro del alumno.
- **Libro del Profesor.** Aunque el libro del alumno contiene todas las claves para su correcto uso, el equipo de **Vive el Español** apuesta por los profesores y profesoras como verdaderos animadores de la clase y, por tanto, quiere prestarles toda su ayuda. El Libro del Profesor enuncia y describe los objetivos que se persiguen en cada una de las actividades del libro del alumno y sugiere otras múltiples posibilidades de explotación didáctica. De esta forma, el docente tiene la libertad suficiente para adaptar dichas actividades al grupo meta y a las múltiples situaciones que se le puedan presentar en el aula. Asimismo, se ofrece un solucionario de los ejercicios del apartado **Practica la gramática.**

La estructura del proyecto

El proyecto **Vive el Español** está estructurado en los siguientes niveles:

- **Nivel Inicial** (que incluye los niveles A1 y A2 del Consejo de Europa).
- **Nivel Intermedio** (que recoge el nivel B1 del Consejo de Europa).
- **Nivel Avanzado** (que recoge el nivel B2 del Consejo de Europa).
- **Nivel Superior** (equivalente al nivel C1 del Consejo de Europa).

Índice de contenidos

Módulo 1

	Objetivos comunicativos	Gramática	Léxico	Cultura	Pronunciación
Unidad 1	**Presentaciones** - Decir y preguntar el nombre. - Decir y preguntar la nacionalidad. **Control de la comunicación** - Pedir repetición. - Preguntar por la escritura y por la pronunciación. - El alfabeto: letras y sonidos. **Profesiones y ocupaciones** - Preguntar y decir la ocupación. **La dirección** - Preguntar y decir dónde vives. - Pedir y dar la dirección, el teléfono y el e-mail. **Instrucciones en el libro y en clase** - Entender las instrucciones más comunes que aparecen en el libro y que se utilizan en clase.	**Rincón de la Gramática** • Verbos Presente: - Formas regulares *estudiar, leer, escribir, llamarse.* - Algunos verbos irregulares: *ser, tener, hacer, estar.* • Pronombre personal en función de sujeto. • Número: - Sustantivos. • El género: - Sustantivos. - Artículos. - Adjetivos. • Interrogativos: *¿Cómo? ¿Qué? ¿Dónde? ¿De dónde?* • Numerales: - Ordinales. - Cardinales.	- Saludos. - Países y nacionalidades. - Profesiones y ocupaciones. - Numerales.	- Nombres y apellidos. **Muy Nuestro** - Saludos: las palabras y los gestos.	- El alfabeto español: letras y sonidos. **Rincón de la Pronunciación** Escritura y pronunciación: - Los sonidos de /θ/ /k/ /x/ /g/ - Los sonidos de /b/ /ʎ/ /j/ /i/ /gn/

Módulo 2

	Objetivos comunicativos	Gramática	Léxico	Cultura	Pronunciación
Unidad 1	**¿Qué haces normalmente?** – Hablar de actividades cotidianas. – Preguntar y decir la hora. – Relacionar horas y acciones. – Hablar de las partes del día. – Indicar el momento y la frecuencia con la que se hace algo. **Comer en España** – Pedir en una tienda. – Preguntar el precio y pagar. – Pedir la comida en un restaurante. – Pedir la cuenta. **¿Qué estás haciendo?** – Hacer énfasis en la duración de una acción o suceso.	**Rincón de la Gramática** –Presente de indicativo. • Verbos irregulares: – Cambio vocálico: e>ie; e>i; o>ue. – Irregularidad ortográfica en la 1.ª persona: c>cz; c>g; n>ng; l>lg. – Con más de una irregularidad: *oír, decir tener, venir.* • Estar + gerundio: – Formas y uso. – Marcadores.	– Actividades de la vida cotidiana. – Las horas, las partes del día, marcadores de frecuencia. – La comida: los alimentos, el bar, el restaurante, la compra. **Rincón de las Palalabras** – Estrategias para recordar y estudiar palabras. – Repaso y ampliación del vocabulario de: actividades cotidianas, la comida, la ciudad y el barrio, países y ciudades de España e Hispanoamérica.	**Muy Nuestro** – Las tapas. **Rincón de la Cultura** – Distribución geográfica del español. – Información básica sobre España: sistema político, división administrativa, lenguas y otros datos de interés.	**Rincón de la Pronunciación** – Sonidos y representación gráfica de /x/, /k/, /g/, /ĉ/. – Sonido /θ/ – Reconocimiento de la sílaba tónica.
Unidad 2	**Miniproyecto:** vida cotidiana. **La ciudad y el barrio** – Decir qué cosas hay. – Decir dónde están. – Indicar el lugar donde están. – Describir un lugar. – Comparar. **¿Cómo se va?** – Indicar dónde está. – Preguntar dónde está. – Preguntar e indicar cómo se va. – Ordenar las explicaciones. **Un poco de geografía: España e Hispanoamérica** – Indicar la situación geográfica de un lugar. – Indicar la situación geográfica de un lugar con respecto a otro. – Indicar distancias.	**Rincón de la Gramática** • Está(n)/ hay: – Construcción de la frase. – Usos. • Marcadores de lugar. • Artículos: – Determinado. – Indeterminado. • Numerales cardinales: – A partir de 200. • Comparativos: – Igualdad, superioridad, inferioridad.	– La ciudad y el barrio: edificios y servicios. – Geografía: países, regiones, ciudades.	– España: Comunidades Autónomas, ciudades. – Hispanoamérica: países y capitales.	

Módulo 3

	Objetivos comunicativos	Gramática	Léxico	Cultura	Pronunciación
Unidad 1	**Hola ¿qué tal?** - Presentar a otra persona. - Saludar y responder a la presentación. **¿Quién es?** - Identificar personas en un grupo. - Hablar de parecidos. - Hablar de la ropa. - Describir físicamente. - Hablar del carácter. **¿Qué te pasa? ¿Cómo estás?** - Expresar estados físicos y anímicos. - Decir qué y dónde te duele. - Recomendar y aconsejar. - Pedir en la farmacia.	**Rincón de la Gramática** - Adjetivos y pronombres demostrativos. - Pronombres personales (en combinación con el verbo *presentar*). - Adjetivos y pronombres posesivos. - Concordancia sust.-adj. - *Parecerse a:* forma y construcción. - Construcciones con *el de/la de.* - Usos de *ser* para describir físicamente y para hablar del carácter. - Uso de *estar* para expresar estado físico y anímico. - *Sentirse/encontrarse.* - Imperativo: formas y uso. - Pronombres personales: formas, usos, colocación.	**Rincón de las Palabras** - Saludos y presentaciones. - La familia. - La ropa. - Las partes del cuerpo. - Léxico de descripción física y de carácter. - Adjetivos de estado físico y anímico. - Medicamentos. Estrategias de aprendizaje para: - Descubrir el significado de una palabra en un texto escrito. - Descubrir el significado de una palabra en una conversación.		
Unidad 2	**Miniproyecto:** Cómo es la familia en el lugar donde vives ahora. **La escuela** - Preguntar e indicar la ubicación de cosas y lugares dentro de un edificio. - Identificar y situar cosas y lugares. - Pedir objetos y reaccionar. **El alojamiento** - Preguntar e indicar la ubicación de cosas y lugares. - Expresar obligación. - Expresar lo que está permitido y lo que no lo está. **El lugar de trabajo** - Preguntar e indicar la ubicación de cosas y lugares. - Pedir objetos. - Preguntar por alguien.	**Rincón de la Gramática** - Uso de *estar* para situar. - Uso de *ser* para identificar. - Marcadores de lugar. - Uso del imperativo para conceder permiso y para aconsejar. - Pronombres personales: C.D/ C.I.	- La escuela - La vivienda - El lugar de trabajo	**Rincón de la Cultura** - La familia. **Muy Nuestro** - La vivienda.	**Rincón de la Pronunciación** - Separación de las sílabas. - Reglas generales de acentuación gráfica.

Módulo 4

	Objetivos comunicativos	Gramática	Léxico	Cultura	Pronunciación
Unidad 1	**Gustos, opiniones y preferencias** - Expresar gustos. - Expresar opinión y valorar. - Expresar acuerdo y desacuerdo. - Expresar preferencia. **¿Qué vas a hacer...?** - Expresar planes. - Expresar proyectos. - Expresar deseos. - Expresar decisiones. **¿Quedamos este fin de semana?** - Proponer una actividad. - Concertar una cita. - Rechazar una propuesta.	**Rincón de la Gramática** - Gustar: formas y construcción. - Parecer: formas y construcción. - Gustar/parecer: diferencia de uso. - Preferir: formas y uso. - Hablar del futuro. Construcciones para expresar distintos matices: decisiones, planes, intenciones y deseos. - Indicadores de futuro.	- Gustos, intereses, aficiones. - Tiempo libre. **Rincón de las Palabras** - Estrategias de aprendizaje para: hacerse entender cuando al hablar te faltan palabras.	**Muy Nuestro**: - Cómo quedan los españoles. **Rincón de la Cultura** - Algunas fiestas en España.	**Rincón de la Pronunciación** - Pronunciación de consonantes dobles. - Pronunciación y ortografía de la "r". - Entonación de la frase. - Acento diacrítico.
Unidad 2	**Este año, este mes, esta semana...** • Hablar de acciones o sucesos pasados. - En períodos de tiempo que no han terminado. - En períodos o momentos conectados con el presente. **El año pasado estuve en Hispanoamérica** - Hablar de acciones o sucesos pasados en un período de tiempo que ha terminado. - Ordenar el relato. - Expresar y compartir sentimientos cuando te cuentan algo. - Mostrar interés. - Valorar un acontecimiento, dar una opinión. **He estado esperando más de media hora** - Para hacer énfasis en la duración de una acción.	**Rincón de la Gramática** Hablar del pasado • Pretérito perfecto: - Formas y usos. - Marcadores de tiempo. • Pretérito indefinido: - Formas y usos. - Marcadores de tiempo. • Elegir un tiempo del pasado. • Pretérito perfecto/pretérito indefinido + gerundio: - Formas, usos y marcadores.	- Repaso y ampliación del léxico de gustos, aficiones y tiempo libre; viajes y acontecimientos. - Viajes. - Bodas. - Acontecimientos.	**Miniproyecto** - Las vacaciones: cómo, cuándo y dónde pasan los españoles las vacaciones.	

Módulo 5

	Objetivos comunicativos	Gramática	Léxico	Cultura	Pronunciación
Unidad 1	**Dar instrucciones** – Entender y explicar cómo funciona un aparato. – Entender y explicar cómo se prepara una receta. – Indicar una dirección y entender las indicaciones. **Aconsejar, recomendar, persuadir y convencer** – Aconsejar y recomendar. – Sugerir, persuadir, convencer (la publicidad). **Dar permiso, dar órdenes, ofrecer algo** – Pedir y dar permiso para coger algo o para hacer algo. – Dar órdenes con cortesía.	**Rincón de la Gramática** • Imperativo Formas: – Afirmativa. – Negativa. Usos: – Dar instrucciones. – Dar consejo. – Ofrecer algo, hacer una invitación. – Conceder permiso. – Dar órdenes. El imperativo y los pronombres personales. • Pronombres y adjetivos indefinidos – Formas: *algo, alguien, algún, nada, nadie.* – Usos.	– Instrucciones de uso y funcionamiento. – Recetas. – Publicidad. **Rincón de las Palabras** • Estrategias de aprendizaje para: – Recordar palabras y estudiar palabras. – Descubrir el significado de una palabra en un texto escrito, en un texto oral o en una conversación. – Hacerse entender cuando al hablar te faltan palabras.	**Muy Nuestro:** – Gastronomía.	**Rincón de la Pronunciación** – Las vocales. – Los diptongos: acentuación.
Unidad 2	**Miniproyecto:** – Diseñar un anuncio para promocionar el español. **Biografías** – Relacionar dos momentos del pasado. – Para referirse al inicio y al final de una acción. – Hablar de dos acciones paralelas. – Describir personas y lugares. – Describir contextos. – Explicar la situación. – Hablar de acciones repetidas. **Datos y detalles** – Conectar ideas. – Expresar el inicio y el final de una acción; expresar el momento de comienzo de una acción; expresar la duración; expresar una acción que se repite.	**Rincón de la Gramática** Hablar del pasado • Elegir un tiempo del pasado: pretérito indefinido / pretérito imperfecto. • Pretérito imperfecto: – Formas. – Usos. – Marcadores de hábito y frecuencia. • Conectores: – *y, pero, porque, así que, como.* • Marcadores de tiempo y conectores: – *empezar a, desde, desde que, hace, desde hace, volver a.*	• Repaso y ampliación del léxico de: instrucciones de uso y funcionamiento, recetas, publicidad, biografías, acontecimientos históricos y tiempo atmosférico. – Biografías. – Viajes.	– Biografías: Diego Rivera, Francisco de Goya, Miguel de Cervantes. – Historia: "La transición": fechas y sucesos clave en España en el período comprendido entre 1975 y 1982. **Rincón de la Cultura** – Información sobre la historia de América y algunos de sus protagonistas.	

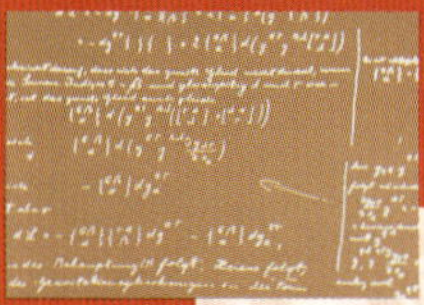

módulo 1
ViVe el Español

vas a aprender a...

1

Presentaciones

1. ¿Cómo te llamas? ¿De dónde eres?

1. Mira estas imágenes y escucha los diálogos.

En un congreso
- *Hola, buenos días.*
- *Buenos días. ¿Cómo se llama, por favor?*
- *Soy el señor Carlos Da Silva Soares.*

En clase
- *Hola, soy Andrew... ¿Y tú?*
- *Hola, yo soy Ann... ¿De dónde eres?*
- *Soy inglés, de Londres. ¿Y tú?, ¿de dónde eres?*
- *De Vancouver. Soy canadiense.*

En una fiesta
- *¡Hola!*
- *¡Hola!*
- *¿De dónde eres?*
- *Soy alemana... ¿Y tú?*
- *Yo soy peruana... ¿Cómo te llamas?*
- *Me llamo Claudia... ¿Y tú?*
- *Yo me llamo Isabel.*

2. Lee los diálogos y escribe ejemplos para:

Preguntar el nombre:

____

____

Preguntar la nacionalidad:

____

____

Decir el nombre:

¡Hola!, soy Andrew.

____

Decir la nacionalidad:

____

____

3. Lee este cuadro y compara con el ejercicio anterior.

Con qué palabras

Para decir el nombre

- (¡Hola!) **Soy** — Andrea. / el señor/la señora Ruiz.
- **Me llamo** Kei.

Para preguntar el nombre

- ¿Y tú? ¿Cómo **te** llamas?
- Christian.
- ¿Cómo **se** llama (usted)?
- Andreas Bremen.
- ¿**Eres** Ivette?
  - Sí.
  - No, **soy** Karin.
- ¿**Es** usted...?

Para preguntar la nacionalidad

- ¿De dónde **eres**?
- ¿De dónde **es** usted?

¿Ser + nacionalidad?

- **Es** / **Eres** — brasileño/brasileña? / inglés/inglesa?

Para decir la nacionalidad

Ser + nacionalidad

- **Soy** francés/francesa. / alemán/alemana.

Ser + (nacionalidad) + de + ciudad

- Sí.
- Sí, **soy** de Río.
- No, **soy** escocés, **de** Averdeen.

Ver el **Rincón de la Gramática.**

Pronombres	Verbo SER	Pronombres	Verbo LLAMARSE
(yo)	**soy**	(yo)	**me** llamo
(tú)	**eres**	(tú)	**te** llamas
(él/ella/usted)	**es**	(él/ella/usted)	**se** llama

tú = Pronombre sujeto de 2.ª persona (informal)
usted = Pronombre sujeto de 2.ª persona + verbo en 3.ª persona (formal)

2. ¿Cómo se pronuncia? ¿Cómo se escribe?

1. Escucha este diálogo.

- Yo soy nigeriano.
- ¿Qué...? ¿Puedes repetir, por favor?
- Sí, claro. Nigeriano.
- ¿Cómo se escribe?
- Ene, i, ge, e, erre, i, a, ene, o.
- ¿Está bien así?
- Sí, perfecto.
- ¿Cómo se pronuncia?
- [nixeriano]

S.O.S.

- ¿Puede(s) repetir?
- ¿Cómo se escribe?
- ¿Cómo se pronuncia?

El alfabeto español

A, a, B, b C, c, D, d, E, e, F, f, G, g, H, h, I, i, J, j, K, k, L, l, M, m, N, n, Ñ, ñ, O, o, P, p, Q, q, R, r, S, s, T, t, U, u, V, v, W, w, X, x, Y, y, Z, z

2. Escucha y repite.

la a de **A**méric**a**	**/a/**
la be de **B**arcelona	**/b/**
la ce de Asun**c**ión,	**/θ/**
y ce de **C**olombia	**/k/**
la che de **Ch**ile	**/ĉ/, /ts/**
la de de **D**enia	**/d/**
la e de **E**cuador	**/e/**
la efe de **F**ilipinas	**/f/**
la ge de La **G**omera y de **Gu**inea	**/g/**
la hache de **H**onduras	**–**
la i de **I**qu**i**tos	**/i/**
la jota de San **J**osé,	**/x/**
la ka de To**k**io	**/k/**
la ele de **L**ima	**/l/**
la elle de **Ll**anes	**/ʎ/**
la eme de **M**adrid	**/m/**
la ene de **N**avarra	**/n/**
la eñe de Espa**ñ**a	**/gn/**
la o de **O**viedo	**/o/**
la pe de **P**anamá	**/p/**
la cu de **Qu**ito	**/k/**
la erre de Monte**rr**ey y de **R**oma	**/rr/**
la erre de Nica**r**agua	**/r/**
la ese de **S**alamanca	**/s/**
la te de **T**oledo	**/t/**
la u de **U**r**u**guay	**/u/**
la uve de **V**alencia	**/b/**
la uve doble de **W**amba	**/b/**
la uve doble de **W**ashington	**/w/**
la equis de E**x**tremadura	**/ks/**
la i griega de **Y**ucatán,	**/j/**
la i griega de Paragua**y**	**/i/**
la zeta de **Z**arago**z**a	**/θ/**

3. Pregunta a tu compañero su nombre y su nacionalidad. Utiliza la ficha **S.O.S.** de la página anterior.

Ver el **Rincón de la Pronunciación.**

3. Practicamos: ¿Cómo se llama? ¿De dónde es?

1. Escucha y completa:

escritor
- García Márquez es Colombiano, de Aracataca.

Deportista
- Indurain es Español, de Navarra.

Pintor
- Picasso es español, de Malaga

escritora
- Isabel Allende es Chilena, Santiago

director de cine – Almodovar es Español, de La Mancha.

Pintor – Dalí es Español, de Figueres.

escritor – Rubén Darío es Nicaragüense, de Managua

dictator militar – Fidel Castro es Cubano, Gano

2. ¿Está bien? Escucha otra vez y compara con tu compañero.

3. Completa la lista de nacionalidades.

PAÍS		
Colombia	Colombiano	colombiana
Puerto rico	portorriqueño	portorriqueña
Argentina	argentino	Argentina
Suecia	Sueco	sueca
Brasil	brasileño	brasileña
Itali	italiano	italiana
España	Española	española
Alemania	alemán	Alemána
Inglaterra	Ingles	inglesa
Francia	francés	francésa
Portugal	portugués	portuguesa
Japon	japonés	japonesa
Holanda	holandes	holandesa
Estados Unidos	estadounidense	estadounidense
Canadá	Canadiense	canadiense
Nigeria	Nigeriano	Nigeriana

Fíjate: Adjetivo masculino
brasileñ**o**
españo**l**
alem**án**
canad**iense**

Adjetivo femenino
brasileñ**a**
español**a**
aleman**a**
canad**iense**

Ver el **Rincón de la Gramática.**

Profesiones y ocupaciones

1. Un poco de vocabulario

1. Mira las escenas.

2. Escribe el número en el recuadro.

- ☐ mecánico
- ☐ fisioterapeuta
- ☐ taxista
- ☐ profesor
- ☐ médico
- ☐ empleado de banca
- ☐ estudiante
- ☐ agente turístico
- ☐ farmacéutica
- ☐ abogado
- ☐ arquitecto
- ☐ enfermera
- ☐ guarda de seguridad
- ☐ periodista
- ☐ recepcionista
- ☐ camarero

3. Relaciona:

Empleo ⟷	**Lugar de trabajo**
mecánico	escuela, colegio, academia
arquitecto	tienda
químico	consulta médica, hospital
profesora	periódico, revista
farmacéutica	bufete de abogados
dentista	banco
recepcionista	estudio de arquitectura
abogado	bar, restaurante
camarero	hotel
empleado de banca	laboratorio
periodista	taller
dependiente	farmacia

Escribe otros ejemplos para cada columna.

el	la	el/la
abogad**o**	abogad**a**	estudi**ante**
profes**or**	profes**ora**	period**ista**
______	______	______
______	______	______
______	______	**juez**
______	______	**albañil**
______	______	______
______	______	______

Ver el **Rincón de la Gramática.**

2. Y tú, ¿qué haces?

1. Escucha y lee.

- *¿Dónde trabajas, Monique?*
- *En un centro de deportes. Soy masajista.*

- *¿Y tú, Makiko, a qué te dedicas?*
- *Tengo una agencia de publicidad.*

- *¿Y vosotros qué hacéis?*
- *Yo soy estudiante. Estudio Comunicación y..., bueno, también estudio español y portugués.*
- *Yo soy gerente de una empresa.*

- *Yo soy dentista.*
- *¿Y dónde trabajas?*
- *En una clínica privada.*

- *Y tú, Milena, ¿en qué trabajas?*
- *Bueno..., no tengo trabajo, estoy en paro. Ahora soy otra vez ama de casa.*

2. Busca en los diálogos formas de preguntar la ocupación o profesión.

____

____

____

____

Con qué palabras

Para preguntar y decir la ocupación o profesión

• **¿Qué haces?** **hace** (usted)? • **¿En qué trabajas?** **trabaja** (usted)? • **¿Dónde trabajas?** **trabaja** (usted)? • **¿A qué te dedicas?** **se dedica** (usted)?	**Soy...** **Trabajo en.../Trabajo de.../Trabajo para...** **Estudio...** **Tengo un/una...** **Estoy en paro / No tengo trabajo** **Estoy jubilado/a / Soy pensionista**

3. Compara con el cuadro.

4. Aplica el cuadro **Con qué palabras** y escribe más ejemplos.

- **Soy**
  - estudiante
  - recepcionista
  - agente comercial/de seguros
  - funcionario
  - fisioterapeuta
  - azafata
  - ______________
  - ______________

- **Tengo un**
  - negocio (de...)
  - restaurante
  - despacho (de...)
  - ______________

- **Tengo una**
  - consulta de ______________
  - agencia de ______________
  - empresa de ______________

- **Trabajo en una**
  - inmobiliaria
  - fábrica (de...)
  - empresa (de...)
  - ______________

*<u>Atención</u> para hablar del puesto/cargo:
Soy el cordinador/gerente/recepcionista
la cordinadora/gerente/recepcionista

- **Trabajo en un**
  - hospital
  - colegio
  - centro comercial
  - ______________

- **Trabajo en/para**
  - IBM
  - Ikea
  - ______________

- **Estudio en**
  - la universidad
  - el instituto
  - una academia
  - ______________

- **Estudio**
  - español/inglés/alemán/...
  - Comunicación
  - Medicina
  - Informática
  - Marketing
  - ______________

Pronombres	TRABAJAR	ESTUDIAR
(yo)	trabaj**o**	estudi**o**
(tú)	trabaj**as**	estudi**as**
(él, ella, usted)	trabaj**a**	estudi**a**

Ver el **Rincón de la Gramática.**

Mecánico — abogado (lawyer) — Profesor — Doctor/medico — Cocinero — Azafata/o — oficinista oficina

3. ¿Cómo se dice en español?

1. Fíjate en las imágenes y escucha lo que dicen estas personas.

- ¿Cómo se dice "solicitor" en español?
- Abogado.
- ¿Cómo se escribe?
- a - be - o - ge - a - de – o.
- ¿Está bien así?
- Sí, muy bien.

- Pues yo soy fisioterapeuta.
- Más despacio, por favor.
- Sí, claro. Soy: fisio-tera-peuta.

- ¿Puedes repetir, por favor?
- Sí, claro: en "Neckerman". Es una agencia de viajes.

- ¿Qué significa "inmobiliaria"?
- No lo sé, lo siento.

- Estoy en paro.
- Más alto, por favor.
- Soy historiador, pero no tengo trabajo.

2. ¿Cómo se dice en español tu profesión, el lugar donde estudias o donde trabajas?

3. Pregunta a tres compañeros y completa la ficha.
Luego, informa a la clase. Utiliza el cuadro **Con qué palabras** de la página 17.

Place of

NOMBRE	NACIONALIDAD	PROFESIÓN	LUGAR DE TRABAJO
Anton	Ruso	Estudiante	University

La dirección

1. Datos personales

1. Éstos son los datos de Jennifer. Léelos.

Jennifer López Profesora de aeróbic

25 Portorriqueña U.S.A. Lord

jenll@coldmail.com

Calle de la Constitución 23,2.ª

Miami 657890541

2. Completa su ficha.

FICHA DEL ESTUDIANTE

Nombre ____________ **Edad** ____

Apellidos López

Nacionalidad ____________

Dirección Constitución, 23, 2.ª

Ciudad Miami **País** ____________

Profesión/Ocupación ____________

Teléfono ____________ **e-mail** ____________

3. Ahora completa tu ficha.

FICHA DEL ESTUDIANTE

Nombre ____________ **Edad** ____

Apellidos ____________

Nacionalidad ____________

Dirección ____________

Ciudad ____________ **País** ____________

Profesión/Ocupación ____________

Teléfono ____________ **e-mail** ____________

Homework / Deberes

2. ¿Dónde vives?

1. Escucha y lee:

- *¿Dónde vives, Stefan?*
- *En Postdam, cerca de Berlín.*

- *¿Me das tu dirección?*
- *Sí, claro... Apunta: calle Salitre 42, 2.º B.*
- *¿Segundo...?*
- *Segundo B, be de Barcelona; aquí en Madrid.*
- *¿Tienes teléfono?*
- *Sí, el fijo es 91-216 50 97, y el móvil: 675 31 24 68.*
- *¿4, 78...?*
- *No, no, sesenta y ocho, seis, ocho*

- *¿Su dirección, por favor?*
- *Avenida del Parque 25, 1.º A, aquí en Nerja.*
- *¿Y el código postal?*
- *26780.*

- *¿Tienes correo electrónico?*
- *Sí, apunta... Es: angiemar68@postmix.nl*
- *Perdona, ¿puedes repetir?*
- *Sí, claro: a-ene-ge-i-e-eme-a-erre...*
  Todo con minúscula, ¿eh? Sesenta y ocho, arroba...
- *¿Así?*
- *Sí, perfecto.*

2. Busca ejemplos en los diálogos y escribe las frases para:

answer
Decir dónde vives
Pustam,
Cerca de Berlin

give / answer
Dar el n.º de teléfono
fijo: 91-216 50 97
movil: 675 31 24
68

ask
Preguntar dónde vive
Dónde vives,
Juni?

give
Dar la dirección de correo electrónico
angiemar68@
Postmix .nl

ask for
Pedir la dirección
me das tu
direccion?

Pedir el e-mail
Tienes / me
das tu email

Pedir el n.º de teléfono
Tienes / me
das tu
email?

Cuál
es tu
nombre

give / answer
Dar la dirección
Avenida del Parque
25, 1º A, aquí
en Nerja.

3. Compara tus respuestas del ejercicio anterior con este cuadro.

Con qué palabras

Para preguntar y decir dónde vives

- ¿Dónde vives?
  vive (usted)?

Vivo (aquí) **en** / **cerca de**: Almería, Bruselas, Oslo, Río, Odessa, ________

Vivo
- **en**: un piso de estudiantes, un hotel, una residencia de estudiantes, ________
- **con**: mis padres, unos amigos, mi familia, una familia española

Para pedir y dar la dirección, el teléfono, el e-mail

- ¿Me das tu dirección?
- ¿Me da su dirección?

Sí, claro, **es** / **apunta** / **apunte** / **Aquí, en España, es** → Calle Independencia 3, 4.º C
08073 Barcelona

- ¿Me das tu número de teléfono?
- ¿Me da su...?
- ¿Tienes teléfono?
- ¿Tiene...?

Sí, es el / **apunta** / **apunte** → 983780163
el fijo es 91-8651200
(y) **el móvil** (es) 987654321

- ¿Tienes correo electrónico?
- ¿Tiene...?
- ¿Me das tu e-mail?
- ¿Me da su...?

Sí, es / **apunta** / **apunte** → concharod@planet.com

- ¿Puedes (puede) repetir? — **Sí, claro** → *ce-o-ene-che-a-erre-o-de, arroba, planet, con te al final, punto, com*
- ¿(Está bien) así? — **Sí, perfecto**

	VIVIR
(yo)	viv**o**
(tú)	viv**es**
(él/ella, usted)	viv**e**

Fíjate: vivir **en + lugar**
con + persona

4. Escucha y relaciona el nombre con el número de teléfono.

Nombre	Teléfono
Marco Luchetti	94-123456
Eva Mariñosa Galdós	670469970
Francesc Muntaner Milá	654898900
Leo Ibsen	93-9867452
Ingrid van Mierlo	923780163

5. Escucha y relaciona el nombre con la dirección.

Nombre	Dirección
Ana García Martín	C/ de la Rioja 86, 3.º Dcha.
Luc Dehane	Plaza de la Constitución 23, 1.º Izda.
Sabrina Kron	C/ del Arzobispo Romero 29, 7.º A
Anais Meunier	Avenida del Arco 67, 5.º C
Marcos Vergaz Conde	Carrer de Balmes 34, 3.ª

3. ¡A practicar!

1. Pregunta a tu compañero y completa su ficha de datos.

FICHA DEL ESTUDIANTE

Nombre Denis **Edad** 22

Apellidos Lopez

Nacionalidad Columbiana

Dirección Calle clifford 10 (Diez)

Ciudad Cabo **País** Mexico

Profesión/Ocupación Ingenieria

Teléfono 456 **e-mail** Denis @ exxon.com

Quatro cinco seis arroba Punto

2. Piensa en un personaje famoso o elige una persona de la clase. Tus compañeros te van a hacer preguntas.
Tú sólo puedes contestar: Sí/No.
Por ejemplo:
¿Es un hombre? *No.*
¿Es americana? *Sí.*

3. Vas a crear una nueva personalidad.
Tu profesor te va a dar una foto, ¡tu foto! Esa persona eres tú. Inventa tus datos personales: nombre, profesión, dirección, teléfono, e-mail...

Instrucciones en el libro y en clase

1. Busca instrucciones en la unidad.

Lee

2. Relaciona las siguientes instrucciones con los símbolos/dibujos.

Instrucción ←→ **Símbolo**

- read **Mira/observa**
- ear **Escucha**
- talk **Contesta/repite/habla**
- ask **Pregunta/investiga**
- read **Lee**
- underline pen **Escribe/subraya/marca**
- **Ordena**
- **Relaciona** to match

3. Lee estas instrucciones. Escucha y marca las que oigas.

- Mira estos dibujos
- Lee el cuadro
- Pregunta al profesor
- Escucha y toma notas
- Subraya los verbos
- Relaciona las columnas
- Completa las frases
- Escucha y lee
- Marca con una cruz
- Contesta a las preguntas
- Ordena las frases

Muy nuestro

Hola y adiós

1. Escucha y relaciona:

- ¡Hola! ¿Cómo estás?
- Bien, ¿y tú?

- *Buenos días, don Antonio. ¿Cómo está?*
- *Muy bien, ¿y usted?*
- *Bien, bien, gracias.*
- *Bueno, hasta luego.*
- *Hasta luego.*

- *Adiós, hasta mañana.*
- *Adiós, hasta luego.*
- *Hasta mañana.*

- *¡Paco! ¿Qué tal? ¿Cómo estás?*
- *¡Hola, Mariano! Muy bien, ¿y tú? ¿Qué tal?*
- *Muy bien.*

2. Utiliza este cuadro y escribe tu reacción.

- ¡Hola!

____

- Hola. Buenos días.

____

- Hasta luego.

____

- Adiós. Hasta mañana

____

Con qué palabras

Hola, (¿qué tal?)

Hola. Buenos días

Buenas
- tardes

- noches

Adiós. (Hasta luego)

Hasta
- luego
- mañana
- el
  - lunes
  - martes
  - miércoles
  - jueves
  - viernes
  - sábado
  - domingo
  - próximo fin de semana
  - semana que viene
- la
  - tarde
  - noche

Cómo nos saludamos: los gestos

1. Lee el siguiente texto.

«Los españoles nos besamos mucho cuando nos saludamos. Entre hombres y mujeres o entre dos mujeres, el saludo más frecuente son dos besos, uno en cada mejilla, y en situaciones muy formales es más normal darse la mano. Los hombres suelen darse la mano entre ellos. Los dos besos entre hombres sólo se dan si son miembros de la misma familia o si son amigos íntimos.»

2. Marca sí o no.

	Sí	**No**
En España normalmente los hombres se besan para saludarse		X
Las mujeres españolas normalmente se dan dos besos	X	
Las mujeres se dan dos besos incluso en situaciones formales (como en el trabajo)	X	

Rincón de la Pronunciación

¿Puede repetir, por favor? ¿Cómo se escribe?

1. Sonidos

Homework / Deberes

Practice

1. Escucha y coloca en su sitio:

/θ/	/k/	/g/	/x/
za, ce, ci, zo, zu	ca, que, qui, co, cu	ga, gue, gui, go, gu	ja, je, ge, ji, gi, jo, ju
Bar**ce**lona	**Qu**ito	Mála**ga**	**J**aén
Zara**go**za	**C**olombia	**Gu**ernica	**G**ijón
Zapato	Casa Coche	Guinea	general halapeño
Cerrar	queso Cuando	amigo	hente hoven
zorro	aquí	guapa/o	
Azul	Quien	gusta	

En el Sur de España, en las Islas Canarias y en Latinoamérica, en general: /θ/ = /s/

En estos casos la **u** se pronuncia: güe - nicaragüense güi - pingüino

El signo (´) significa que la vocal es más fuerte o tónica. Ejemplo: Ja**é**n.

2. Escucha cómo suenan las letras destacadas: **B**arcelona, **V**alencia, Sevi**ll**a, **Y**este, Espa**ñ**a, **H**onduras, **O**viedo.

3. Escucha y completa:

/b/	/ʎ/	/j/ /i/	/gn/
Valencia	Sevi**ll**a	**Y**este	Espa**ñ**a
Barcelona		Paragua**y**	

Valencia = **B**arcelona
Honduras = **O**viedo

La **y** (i griega) al final de una palabra se pronuncia igual que la **i** (i latina). Ejemplo: So**y** = /so**i**/

4. Escucha y lee estos trabalenguas.

Son tres los don Pedro Pérez Crespo Calvo:
don Pedro Pérez Crespo Calvo, el uno,
don Pedro Pérez Crespo Calvo, el dos,
don Pedro Pérez Crespo Calvo, el tres.

Paquito compra copitas,
¿cuántas copitas compra Paquito?
Pocas copitas paga Paquito.

5. Escucha el poema. Se titula *Letras*.

A de amapola.
B de balón.
C de camino
y de corazón,
de cereza roja,
de cigüeña blanca,
de cuento con **C.**
Atención ahora
que viene la **CH.**
CH de chocolate,
de chica y chillar.
D de domingo
y de dibujar.

E de espejo,
también de embrujar.
F de fácil.
G de genial,
de gato y gigante,
de guante y de gol,
de guitarra, de guinda,
también de guiñol.
H de hombre.
I de imaginar.
J de jueves
y de ja ja ja.
Jinete es con jota
y Juan y jugar.

No te equivoques
con **G** de gigante,
gimnasia y girar.
K de kilómetro.
de kilo y kefir,
de kappa, que es letra
en otro país.

L de lunes,
de labios, de luz.
LL de lluvia.
M de mamut,
de mamá me mima.
N de nariz,
de nata, natillas,
de no, no es así.
Ñ de ñu,
que es un animal,
de ñandú, de ñoño
y de poco más.
O de ovillo
la mar de liado,
de ojos ocultos,
oscuro océano.
P de pirata
con pata de palo
de pintura azul.

Atención ahora
que viene la **Q.**
Q de quiosco,
que también con **K,**
de quien, de querer,
un lío general.
Y en medio del lío
de Qus y de Kas
me escapo a la erre
que me gusta más.

R de risa,
ratón y regalo.
S de sirena,
de silencio y sábado.
T de tambor
tomate, tamaño,
tijera afilada
que viene cortando
el tiempo en trocitos:
tic... tac
U de uf...,
qué susto me has dado,
de uvas, de uve.
V de verano,
de viernes, de viento,
de volar viajando.
X de xilófono.
Música y acabo:
Y griega y **Z,**
de zas, zascandil,
zambullir, zapato.

Deprisa, Amapola,
que te van pisando.

Charo Ruano (adaptación)

6. Lee el poema en voz alta. Tú empiezas y tus compañeros continúan.

7. El profesor dice una palabra que empieza por **a.**
Un alumno dice otra palabra que empieza por **b.**
Si no sabes, el profesor te ayuda.

Ejemplo: **a** de aula
b de Barcelona
c de ...

Presente

El verbo en español tiene 2 partes: raíz + terminación.

Ejemplo:	vivir	→	viv-	-ir
	trabajas	→	trabaj-	-as
	bebes	→	beb-	-es

Verbos regulares

Pronombres de sujeto	ESTUDI**AR**	LLAM**ARSE**	LE**ER**	ESCRIB**IR**
yo	estudi**o**	**me** llam**o**	le**o**	escrib**o**
tú	estudi**as**	**te** llam**as**	le**es**	escrib**es**
él/ella/usted	estudi**a**	**se** llam**a**	le**e**	escrib**e**
nosotros/nosotras	estudi**amos**	**nos** llam**amos**	le**emos**	escrib**imos**
vosotros/vosotras	estudi**áis**	**os** llam**áis**	le**éis**	escrib**ís**
ellos/ellas/ustedes	estudi**an**	**se** llam**an**	le**en**	escrib**en**

¡Atención! En España, para la segunda persona del plural se usa **vosotros, vosotras,** excepto en Canarias que, al igual que en Hispanoamérica, se suele usar la forma **ustedes** seguida de la tercera persona del verbo en plural, tanto para el tratamiento formal como informal.

Algunos verbos irregulares

SER	TENER	HACER	ESTAR
soy	**tengo**	**hago**	**estoy**
eres	ti**e**n**es**	ha**c**es	est**ás**
es	ti**e**n**e**	ha**c**e	est**á**
somos	ten**emos**	hac**emos**	est**amos**
sois	ten**éis**	hac**éis**	est**áis**
son	ti**e**n**en**	hac**en**	est**án**

Usos del verbo SER

- Decir el nombre. Ejemplo: *Yo soy Alberto*.
- Decir la nacionalidad. Ejemplo: *Alberto es español*.
- La ocupación o profesión. Ejemplo: *Alberto es piloto*.

Observa:

- ¿Eres Jaime?
- No, yo soy Javier. Jaime es él.

PERO

- ¿Cómo te llamas?
- (Yo) (me llamo) Jaime.

En español no es necesario el pronombre personal sujeto cuando la persona a la que se refiere está clara en el contexto.

Singular o plural

	**Singular**	**vocal**	Ej.: **la** suiza
		consonante	Ej.: **el** profesor
		–s	Ej.: **el** lunes
	**Plural**	**vocal + s**	Ej.: **las** suiza**s**
		consonante + es	Ej.: **los** profesor**es**
		–s	Ej.: **los** lunes

Masculino o femenino

En español algunas palabras tienen género: masculino o femenino.

- Los sustantivos.
- Los adjetivos.
- Los artículos.

Normalmente:

	**Masculino**	**-o** Ej.: **el** niñ**o**	**-e / -i / -u** Ej.: **el** coch**e** **la** carn**e** **la** madr**e**	**-consonante** Ej.: **el** ma**r** **la** pare**d** **el** so**l**
	**Femenino**	**-a** Ej.: **la** niñ**a**		

Adjetivos de nacionalidad

-o/-a	**-os/-as**
consonante/-a	**-es/-as**
-í	**-es**
-a	**-s**
-e	**-s**

peruan**o**	peruan**a**	peruan**os**	peruan**as**
españo**l**	españo**la**	españo**les**	españo**las**

marroqu**í**	marroquí**es**
belg**a**	belga**s**
estadounidens**e**	estadounidense**s**

Ejemplo: *Michael Schumacher es alem**án**.*
Ejemplo: *Los Rolling Stones son ingles**es**.*

Sustantivos de profesión

-o/-a	**-os/as**
-or/-ora	**-es/as**
-ista	**-s**
-nte	**-s**
-z	**-ces**
-l	**-les**

abogad**o**	abogad**a**	abogad**os**	abogad**as**
profes**or**	profes**ora**	profes**ores**	profes**oras**

period**ista**	period**istas**
estudia**nte**	estudia**ntes**
jue**z**	jue**ces**
albañi**l**	albañi**les**

Ejemplo: *Ally MacBeal es abogad**a**.*
Ejemplo: *Vivaldi y Beethoven son músic**os**.*

Interrogativos

¿**Cómo** te llamas?	¿**De dónde** eres?	¿**Dónde** vives?	¿**Qué** haces?
¿**Cómo** se dice?	¿**Cómo** se escribe?	¿**De dónde** es?	¿**Qué** estudias?

Numerales

Cardinales

cero				
uno	once	veintiuno	treinta **y** uno	ochenta y ocho
dos	doce	veintidós	treinta y dos	**noventa** y nueve
tres	trece	veintitrés	treinta y tres	**cien = 100**
cuatro	catorce	veinticuatro	___________	**ciento uno**
cinco	quince	veinticinco	**cuarenta**	ciento veintitrés
seis	dieciséis	veintiséis	cuarenta y cuatro	ciento cuarenta y siete
siete	diecisiete	veintisiete	**cincuenta**	ciento cincuenta y cinco
ocho	dieciocho	veintiocho	**sesenta** y cinco	
nueve	diecinueve	veintinueve	**setenta** y seis	
diez	**veinte**	**treinta**	**ochenta**	

un + sustantivo masculino
Ej.: **un** libro

una + sustantivo femenino
Ej.: **una** mesa

Ordinales

primer**o/a**
segund**o/a**
tercer**o/a**
cuart**o/a**
quint**o/a**
sext**o/a**
séptim**o/a**
octav**o/a**
noven**o/a**
décim**o/a**

primer + nombre masculino
Ejemplo:
Estoy en primer curso de Medicina.

tercer + nombre masculino
Ejemplo:
Es el tercer ejercicio.

Deberes 20/08/09

Practica la gramática

1. Marca la terminación.

estudiamos	vive	escriben	estás	estoy
escuchan	escribimos	estudias	hablan	lee
tengo	hablo	estamos	vivís	estudian
tenemos	escuchamos	están	tenéis	hacen
estudia	viven	trabajáis	hacemos	hago

2. ¿Quién? Escribe: **yo, tú, usted, él/ella, nosotros, vosotros, ustedes, ellos/ellas.**

________ haces	________ escribe	________ leo	________ escriben
________ estudias	________ vivís	________ viven	________ tengo
________ estoy	________ trabajamos	________ escribís	________ hace
________ trabaja	________ tienen	________ trabajas	________ lee

3. Completa el cuadro.

TRABAJAR / ***trabajo*** / ***lee*** / ***LEER*** / *leo* / *vive* / *trabajamos* / *lees* / *vivís* / *leéis* / *VIVIR* / *vive* / *vivo* / *trabajan* / *vive* / ***trabaja*** / *trabajan* / *viven* / *trabaja* / *leen* / ***trabajáis*** / *trabajas* / ***vivimos*** / *leemos* / *lee* / ***leen*** / ***viven*** / ***vives***

		LEER	
yo	trabaj**o**		
tú			viv**es**
usted	trabaj**a**	l**e**e	
él/ ella			
nosotros			viv**imos**
vosotros	trabaj**áis**		
ustedes		l**een**	
ellos/ ellas			viv**en**

4. Completa con el verbo correspondiente.

a) Yo (vivir) vivo en Buenos Aires. ¿Y tú?

b) Klaus (ser) es alemán, pero (vivir) vive en Málaga.

c) ¿Cómo se (escribir) escribe "hola" en tu idioma?

d) ¿Cómo te (llamar) llamas ?

e) Isabel y Fernando (trabajar) trabajan en una empresa de informática.

5. Escribe el uso del verso **ser** en cada frase.

a) Ella es Marina. Decir el nombre

b) Brad y Melanie son americanos. Nacionalidad

c) Yo trabajo en IBM. Soy técnico informático. ________

d) ¿De dónde es usted? ________

e) Soy estudiante de español. ________

6. Ordena las siguientes frases.

a) Joao / brasileño / de Río / es ______

b) Es / Nick / de Inglaterra / inglés ______

c) Marcus / alemán / de Berlín / es ______

d) Holandés / es / Hans ______

7. Completa:

a) Sven es ______ de Oslo (Suecia).

b) Manolo es ______ de Granada (España).

c) Machiko es ______ de Kobe (Japón).

d) Hamel es ______ de Fez (Marruecos).

8. Escribe la profesión:

a) Margarita es periodista. / Juan es periodista

b) Alonso es juez. / Amalia es jueza

c) John y Alex son estudiantes.
Mary y Anna son estudiantes

d) Antonio es director. / Paula es directora

e) Javier es camarero. / Clara es camerera

9. Marca los números que oigas.

12 5 25 86 43 56 32 78 18 29 9 40 14 17 97 61

2 37 98 87 15 54 62 13 0 1 33 4 23 92 100 69

10. Completa la tabla. Escucha y comprueba.

1.º / 1.er	primero / primer	1.ª	
2.º		2.ª	segunda
3.º / 3er		3.ª	
4.º		4.ª	
5.º		5.ª	
6.º		6.ª	sexta
7.º		7.ª	
8.º	octavo	8.ª	
9.º		9.ª	
10.º		10.ª	décima

11. Haz la pregunta.

a) ¿Que estudias? Estudio español.

b) De donde eres? De Estados Unidos.

c) ¿Que te nationalidad? Es alemán.

d) ¿Donde estudias? Donde vivas? En Amsterdam, vivo en Amsterdam.

e) ¿Como se dice "thank you" en español? En español se dice "gracias".

módulo 2

ViVe el Español

vas a aprender a...

2.1

¿Qué haces normalmente?

1. Un día en la vida de...

1. Ordena estas dos historias de forma lógica.

3 hago la comida

4 veo la televisión

5 salgo a merendar

1 me levanto

2 voy al gimnasio

6 me acuesto

3 Salimos de casa

2 me ducho

5 abro la tienda

6 llego a casa

1 me levanto a las 7

4 Comemos en casa

2. Escribe con tu compañero el verbo correspondiente debajo de cada dibujo.

Historia A:

salgo a merendar	*me levanto*	*veo la televisión*
me acuesto	*voy al gimnasio*	*hago la comida*

Historia B:

comemos en casa	*me ducho*	*me levanto a las 7*
salimos de casa	*abro la tienda*	*llego a casa*

3. Escucha y comprueba el orden de las escenas.

4. Ahora lee los textos.

Historia A

Pues yo me levanto a las 9 de la mañana, más o menos. Los lunes, miércoles y viernes voy al gimnasio. Vuelvo a casa, hago algunas cosas y preparo la comida para mi hija y para mi marido. Después de comer, veo la televisión mientras tomo un café. Por la tarde a veces salgo a merendar con mis amigas. A las 9 de la noche hago la cena. Me acuesto tarde, nunca antes de las doce.

Historia B

Mi vida diaria es frenética. Me levanto a las 7. Primero me ducho y me visto. Luego levanto a las niñas. Tengo dos hijas, de 7 y 9 años. Se lavan, se visten y desayunan. Entonces, el baño está libre y se levanta mi mujer. Se arregla, tomamos un café y salimos los cuatro de casa a las 8 y cuarto. Cogemos el coche... Es una hora de tráfico horrible. Primero dejamos a las niñas en el colegio y después dejo a mi mujer en la oficina. Ella es funcionaria; sale a las 3. Yo tengo una tienda. Antes de abrir, a las diez de la mañana, desayuno en un bar, un café con leche y una tostada. A las dos cierro, recojo a mi mujer y comemos en casa. Yo vuelvo a la tienda, abro a las cinco. Ella se ocupa de la casa y a las 6 de la tarde llegan las niñas con el abuelo. Meriendan, hacen los deberes, ven un poco la televisión y a las 8 y media cenan. A las 9 y media están en la cama. Yo llego y les doy un beso. Mi mujer y yo cenamos y vemos la televisión. Nos acostamos a las doce, más o menos. Y a la mañana siguiente, empezamos otra vez.

5. Busca en los textos formas de los siguientes verbos. Luego completa estas tablas.

LEVANT**ARSE**	CERR**AR**	VEST**IRSE**	VOLV**ER**
se levanta	cierra	se viste	
			volvemos
	cerráis	os vestís	
se levantan			

Fíjate: coger → cojo

6. Busca y subraya en los textos todos los verbos. Con la ayuda de tu profesor, haz una clasificación en la pizarra de verbos regulares e irregulares.

levantarse	comer	abrir	cerrar	vestirse	volver	hacer	ir	ser

7. Busca en el **Rincón de la Gramática** otros ejemplos.

Fíjate:

ir a →
- voy **a** casa
- voy **a la** calle
- voy **al** gimnasio

← **volver a**
- vuelvo **a** casa
- vuelvo **a la** tienda
- vuelvo **al** trabajo

llegar a / **llegar de** — llego **a** casa **del** colegio ←

ocuparse de — se ocupa **de la** casa

2. La hora

1. Fíjate en el cuadro.

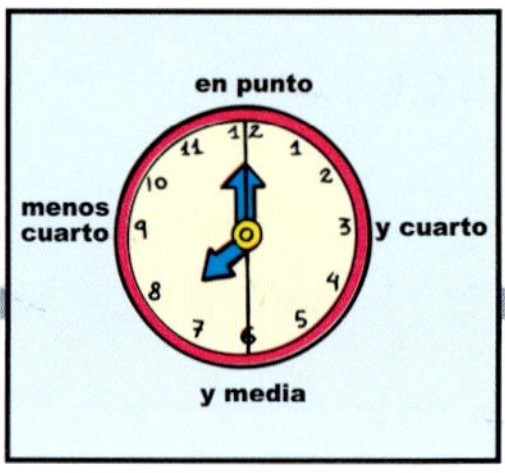

Con qué palabras

Para preguntar la hora

- **¿Qué hora es?**
- **¿Tiene(s) hora?**

Para decir la hora

- (Sí)
  - **Es la** una
  - **Son las** dos / tres / cuatro / ...
    - **menos** veinticinco 12:35 / veinte 13:40 / cuarto 14:45 / diez 15:50 / cinco 16:55 / ...
    - **en punto** 18:00
    - **y** cinco 19:05 / diez 20:10 / cuarto 21:15 / veinte 22:20 / veinticinco 23:25 / media 00:30
- **No, lo siento**

Atención (en América):
- **Falta** un cuarto **para** la 1= 12:45
- **Faltan/son** 10 (minutos) para las 10 = 9:50

Para relacionar horas y acciones

- **¿A qué hora + verbo?**
  - comes?
  - te levantas?
  - ...
- (Como) / (Me levanto) / ...
  - **a** la una (13:00)
  - **a** las dos y veinte (14:20)
  - **a** las ocho menos cuarto (7:45)

Atención, en el lenguaje formal y para los medios de transporte:
- El tren sale a las 14:30 (catorce treinta)
- El avión llega a las 21:15 (veintiuna quince)

Para hablar de las partes del día

por la mañana (6:00 - 14:00)
por la tarde (14:00 - 20:00)
por la noche (20:00 - 24:00)
al mediodía (12:00 - 14:00)
a medianoche (24:00)

las 10 **de** la mañana
las 3 **de** la tarde
las 10 **de** la noche

1 Las 8 menos cuarto
2 Las 11 y cuarto
3 Las 5 y media / quince y treinta
4 Las 8 y cinco
5 Las 3 menos cuarto
6 Las 4 en punto
7 Las 9 y cinco
8 trece y cuarto

2. Escucha y marca la hora que oigas.

1 2 3 4 5 6 7 8

24/08/09 Deberes

3. ¿Cuándo...?

1. ¿Conoces el significado de todos los verbos? Pregunta a tu profesor y relaciona con el dibujo.

- [1] leer
- [2] ir a la discoteca
- [6] ir al cine
- [7] dar un paseo por el parque
- [3] poner la lavadora
- [10] ver la tele
- [4] hacer deporte
- [5] nadar/ir a la piscina
- [9] salir con los amigos
- [10] jugar al fútbol
- [11] ir a la compra — supermardo
- [12] ir de compras — ropas, zapatos

JUGAR
juego
juegas
juega
jugamos
jugáis
juegan

Ejemplos:
Zidane juega **al** fútbol.
Yo juego **al** tenis.
Tiger Woods juega **al** golf.

2. Pregunta a tu compañero (in your country) y completa la agenda con sus respuestas. Después explica la jornada de tu compañero a la clase.

– ¿A qué hora te levantas?

– ¿Cuándo ves la televisión?

a las time	(de la mañana / tarde)
06:00	oraciones
07:00	me levanto + digo mis
08:00	me ducho y me visto
09:00	voy a la universidad
10:00	
11:00	
12:00 (medio día)	
13:00	como la comida
14:00	
15:00	~~vuelvo~~
16:00	llego a la casa
17:00	hago mis deberes
18:00	juego al baloncesto
19:00	salgo con mis amigos
20:00	a tienes diversión
21:00	como la cena
22:00	veo la televisión
23:00	
24:00	me acuesto

3. Lee el siguiente cuadro.

Con qué palabras

Para hablar del número de veces que haces algo

una vez dos veces diez veces	a la / por	semana
	al	día mes año

Ejemplos:
Yo voy al gimnasio **tres veces a la semana.**
Él se ducha **una vez al día.**

Para hablar de la frecuencia

- siempre
- todos los días
- casi siempre
- a menudo
- frecuentemente
- los fines de semana
- los lunes / los martes... (por la mañana, por la tarde...)
- a veces
- casi nunca
- nunca

4. Escucha y marca la respuesta en la casilla correspondiente.
- ¿Va de compras?
- ¿Hace deporte?
- ¿Ve la televisión más de dos horas al día?
- ¿Va al cine?
- ¿Sale con sus amigos?
- ¿Da un paseo?
- ¿Duerme más de 9 horas los fines de semana?

a menudo	a veces	X veces al día a la semana al mes	nunca
		Ve la tele	Va de
		todos los días	Compras
		Sale con	
		sus amigos	
		fin de la sem	

a menudo	a veces	X veces al día a la semana al mes	nunca
		Va de Compras	Hace deporte
		1 vez	Va al cine
		Ve la tele	
		todos los días	
		Sale con sus	
		amigos todos	

Como conclusión: ¿Él es activo o perezoso? ¿Y ella?

5. ¿Tu compañero es activo o perezoso? Hazle preguntas para descubrirlo.

Soy cocinero

6. Relaciona. ¿Quién dice qué? Escribe otras posibilidades.

- Yo me lavo los dientes todas las noches. every 1
- A menudo corro 20 km.
- Yo empiezo a trabajar a las siete de la mañana.
- Los fines de semana trabajo.
- Siempre duermo una hora de siesta.
- Pongo la lavadora dos veces al mes.

Yo empiezo a trabajar a las siete de la mañana

Los fines de semana

A menudo corro 20 km

Siempre duermo una hora de siesta
Pongo la lavadora dos veces al mes

7. Elige uno de estos personajes e imagina su vida habitual. Tus compañeros deben hacerte preguntas sobre su vida cotidiana para adivinar en qué personaje piensas.

8. Quieres hacer un intercambio con un español. Escribe un texto para dárselo a la Agencia de Intercambios y explica cuáles son tus actividades cotidianas.

Comer en España

1. ¿Qué comemos?

1. Observa esta pirámide y lee el texto. Pregunta a tu profesor las palabras que no entiendas.

La OMS recomienda la dieta mediterránea

La Organización Mundial de la Salud, OMS, recomienda la dieta mediterránea y practicar regularmente un poco de deporte para tener una vida larga y sana. La dieta mediterránea es muy variada. Se debe comer todos los días alguno de los productos que están en la parte verde de la pirámide; varias veces por semana, los productos de la parte amarilla y sólo unas 3 veces al mes los productos de la parte roja.

S.O.S.

Recuerda:
¿Cómo se dice en español...?

2. Escribe ejemplos de estos grupos. Pregunta otros a tus compañeros y a tu profesor.

VERDURAS	FRUTAS	CARNE	PESCADO
______	______	______	______
______	______	______	______
______	______	______	______

3. Pregunta a tu compañero:

- ¿Qué tomas normalmente para desayunar?
- ¿Qué tomas normalmente para comer?
- ¿Qué tomas normalmente para cenar?

4. Haz en la pizarra, con tu profesor, una lista de los productos más habituales en tu país. ¿Qué diferencias ves con la dieta mediterránea?

2. En la tienda o en el supermercado

1. Relaciona las palabras con las imágenes.

- [8] una botella de aceite
- [6] un cartón de huevos
- [5] un kilo de filetes
- [7] una lata de guisantes
- [4] una barra de pan
- [3] un paquete de sal
- [2] 1/2 kilo de cebollas
- [1] una lechuga
- [9] una docena de pasteles

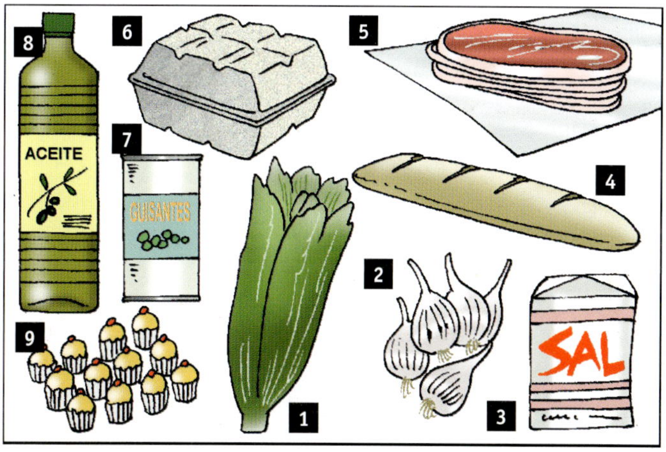

2. Escucha y lee esta conversación.

- *¡Hola, buenos días!*
- *Buenos días, ¿qué desea?*
- *Quería 1/2 kilo de tomates.*
- *Muy bien, ¿algo más?*
- *Sí, también un paquete de café.*
- *Tome, aquí tiene. ¿Algo más?*
- *Sí, 250 gramos de jamón de York y 3 lonchas de jamón serrano.*
- *¿Algo más?*
- *No, ¿cuánto es?*
- *Son 8,35 euros.*
- *Gracias, adiós.*
- *Adiós.*

3. Lee otra vez la conversación y fíjate en las palabras clave.

4. Utiliza el cuadro de la página siguiente y completa:

- Hola, buenos días.
- Buenos dias, Qué queria
- Queria un kilo de naranjas.
- Algo más ?
- Sí, también una botella de leche.
- Bale, Algo más ?
- No, nada más. cuanto es ?
- Son 6,20 euros
- Gracias, adiós.
- Adios

Con qué palabras

Para preguntar

- ¿Qué desea?
- ¿Qué quería/as?
- ¿Qué le pongo?
- ¿Qué te pongo?

Para pagar

- ¿Cuánto es?
- ¿Qué le debo?

Para pedir

- Me pone...
- Quería...

1 lechuga
una barra de pan
una lata de sardinas
un paquete de café
una bolsa de zanahorias
una botella de vino
una caja de leche
un litro de cerveza
una docena de huevos
media docena de huevos
un cartón de huevos
un kilo de carne
1/2 kilo de jamón
250 gr de chorizo
un cuarto de salchichón
100 gr de salami

5. ¿Cómo pides estas cosas?

6. Ordena el diálogo. Escribe el número de orden en el cuadro.

[12] Adiós.
[9] Son 14,84 euros.
[4] Media docena de huevos y una lata de sardinas.
[5] Aquí tiene. ¿Algo más?
[2] Hola, buenos días.
[3] ¿Qué quería?
[10] Aquí tiene el dinero.
[7] Muy bien, ¿algo más?
[8] No, nada más. ¿Cuánto es?
[11] Gracias, adiós.
[6] Sí, una botella de vinagre y un kilo de sal.
[1] Buenos días.

7. Escucha y comprueba.

8. Imagina que tenéis una fiesta esta noche en tu casa. Haz una lista de la compra y después simula que estás en una tienda comprando. Tu compañero es el dependiente.

3. En el restaurante o en el bar

1. Del siguiente grupo de palabras, marca las que están relacionadas con "restaurante" o con "bar". Escríbelas en la columna correspondiente.

camarero / refresco / libro / nombre / menú / paella / barra / cenar / ración / caña / años / tapas / aceitunas / postre / país / cuenta / 1.er plato / ciudad / holandés / un pincho / reserva / bandeja / carta / palillos / servilleta / propina / ordenador

RESTAURANTE	BAR

2. Escribe el nombre de estos establecimientos. ¿Qué se hace en ellos?

3. Lee el siguiente texto y pregunta lo que no entiendes a tu profesor.

En las grandes ciudades, mucha gente desayuna en el bar o en la cafetería antes de entrar a trabajar.
A media mañana, hacia las 10:30 se hace una pausa en el trabajo. Algunas personas van al bar con sus compañeros para tomar un café con un pincho de tortilla, un bocadillo...
Sobre las 13:30 es habitual tomar el aperitivo, pero especialmente los fines de semana. Beben un vino, una caña con una tapa...
En España se come muy tarde, entre las 14:30 y las 15:30. Normalmente se come en casa, pero si no hay tiempo, en un restaurante.
Entre las 16:00 y las 18:00 muchas personas toman café en la cafetería o en el bar. Por la tarde, sobre las 19:30 y las 20:00, después de trabajar, hay gente que va a tomar una caña o un vino con unas tapas: aceitunas, pulpo, calamares, boquerones, tortilla, pimientos...
Se suele cenar en casa sobre las 21:30 o las 22:00. Los fines de semana, muchas personas salen a cenar fuera y después van a tomar unas copas.

S.O.S.

Para generalizar
se + 3.ª p. presente singular
verbo en 3.ª p. presente plural
Ejemplos:
En España se cena tarde.
En España beben vino al mediodía.

4. Ahora completa la tabla con la información del texto.

HORAS	COMIDA/BEBIDA	LUGAR	HORAS	COMIDA/BEBIDA	LUGAR
8:00			16:00		
10:30			20:00		
13:30			22:00		
15:00			00:40		

5. Relaciona el lugar, la y qué toman los españoles.

¿Dónde van?	¿Cuándo?	¿Qué toman?
a un restaurante	por la mañana	un café
a un bar	a las 14:30 h.	un chocolate
a una cafetería	a las 11 h. de la mañana	una caña
a una discoteca	al mediodía	una ración de calamares
	a las diez de la noche	un pincho de tortilla
	por la tarde	un ron con limón
	a la una y media	una paella de primer plato
	a las ocho y media de la tarde	el menú
	de madrugada	unas tapas
		una cerveza
		un vino
		el postre

Con qué palabras

En un restaurante

- **(Quería) de primero (Quiero)**
  lentejas
  gazpacho
  ensalada
  paella
  sopa de pescado
- **(Quería) de segundo (Quiero)**
  filete
  pescado
  chuletillas
- **(Quería) de postre (Quiero)**
  helado
  flan
  natillas
  arroz con leche
  fruta
- **(Quería) para beber (Quiero)**
  agua
  una botella de vino tinto/blanco/rosado
  una cerveza
  un refresco

Para pagar

La cuenta, por favor.
¿Nos/me trae la cuenta, por favor?

6. Trabaja con tu compañero.
   - Preparad un menú.
   - Elegid un papel: camarero, cliente.
   - Representadlo en la clase.

7. ¿Sabes qué significa la palabra "propina"?

¿Qué estás haciendo?

1. Conversaciones

1. Escucha y lee los siguientes diálogos.

- *Sí, dígame.*
- *¡Hola, María! Soy Ana. ¿Cómo va todo?*
- *Bien. ¿Y tú?*
- *Bien. ¿Qué estáis haciendo?*
- *Pues muchas cosas. Luisa ahora está comprando los regalos. Luis en estos momentos está en el supermercado, comprando las bebidas. Antonia está en la cocina, haciendo las tortillas. Carlos está partiendo el embutido, el jamón y el queso. Y Pablo les está ayudando, está poniendo la mesa.*
- *Y Andrés, ¿no está?*
- *Sí, Andrés siempre prepara los CD para escuchar música y bailar.*
- *¡Ah! Pues muy bien. Yo llego en media hora. ¿De acuerdo?*
- *Sí, muy bien. Hasta luego, Ana.*
- *Hasta luego, adiós.*

- *¿Y tú qué haces?*
- *Soy psicóloga, pero ya ves, ahora estoy trabajando en un restaurante.*
- *Estás muy pálida.*
- *Es que tengo poco tiempo para salir. Este mes estoy preparando exámenes.*

2. Vuelve a leer los diálogos y completa la tabla.

Frases con presente

____

____

____

____

Frases con "estar + gerundio"

____

____

____

____

Presente y "estar + gerundio":
- Utilizamos el presente para dar una información general.
- Utilizamos "estar + gerundio" para explicaciones más concretas de la actividad que realizamos en el momento que hablamos o en un período de tiempo.

OBSERVA:

Presente	Estar + gerundio
siempre	esta semana
todos los días	este mes
normalmente	este año
a menudo	ahora
muchas veces	en estos momentos
casi nunca	en este momento
últimamente	en estos días

Ver el **Rincón de la Gramática.**

2. Trabaja las formas y usos

1. Completa con presente o "estar + gerundio".

- Normalmente, Manuel (comer) __________ en su casa, pero hoy (comer) __________ en un restaurante porque (tener) __________ una reunión de trabajo. En este momento (escuchar) __________ a su jefe que (hablar) __________ de la expansión de la empresa.
- Yo, casi nunca (salir) __________ por la noche de fiesta, pero este mes (salir) __________ todos los fines de semana porque mi familia (estar) __________ en casa de visita.
- Yo (vivir) __________ sola, pero esta semana (vivir) __________ en casa de mis padres porque (hacer) __________ arreglos en mi piso.
- Muchas veces (ir) __________ al trabajo andando, pero estos días (ir) __________ en coche con unos compañeros.

2. Escribe la forma correcta de gerundio de los siguientes infinitivos.

hacer	__________	beber	__________
bailar	__________	comprar	__________
preparar	__________	dormir	__________
ayudar	__________	cocinar	__________
escuchar	__________	poner	__________
vivir	__________	oír	__________

3. Escucha y contesta a las preguntas.

- ¿Qué está haciendo Isabel?
- ¿Qué está haciendo Ana?
- ¿Qué está haciendo Pluto?
- ¿Qué está haciendo Luis?
- ¿Qué está haciendo Juanito?

3. Practica

Deberes 26/08/09

1. Escribe lo que están haciendo y dónde están.

El niño esta durmiendo en la cuna

El esta conduciendo el coche

Ella esta bailando en la discoteca

Ella esta comprando en el supermercado

El esta Leyendo/estudiando en la biblioteca

Ellos estan comiendo en el restaurante

2. Cuenta lo que está haciendo este grupo de vecinos.

- los niños estan hugando
- la mujer esta Cocinando/ Preparando la comida
- la mjer esta bailando
- la mujer esta limpiando con el aspirador
- La hombre esta tocando el piano
- La mujer esta ablando por telefono
- La hombre esta durmiendo en la cama
- La chica esta leyendo les libres

2.2

La ciudad y el barrio

1. ¿Qué hay? ¿Cómo es? ¿Dónde está?

1. Busca en el dibujo y escribe el número correspondiente en el recuadro.

- [1] calle
- [2] bar, cafetería
- [9] cine
- [7] plaza   square/market
- [6] restaurante
- [10] aparcamiento   car park
- [12] avenida
- [5] banco
- [11] estación de metro
- [4] supermercado
- [13] parada de autobús
- [3] árboles   trees
- [14] parque   park
- [15] tiendas   shops
- [16] comisaría de policía
- [8] escuela de idiomas

2. Lee lo que dicen estas personas del lugar donde viven y completa el cuadro **Con qué palabras** que sigue.

A) Marcos, un chico de Granada, envía un e-mail a un amigo de la red.

Enviar ahora | Enviar más tarde | Guardar como borrador | Añadir archivos adjuntos | Firma

Cuenta: **Prioridad:** Normal
Para:
CC:
CCO:
Asunto: Plano de Granada

Tamaño Medio

Yo vivo en el Sur, en Granada. Es una pequeña ciudad, tranquila y muy, muy bonita. No hay demasiado tráfico, ni contaminación, ni ningún problema típico de las grandes ciudades... Es también muy turística; ya sabes: la Alhambra, el Generalife y demás. Mi casa está en un barrio típico, en el Albaicín, cerca de la Alhambra, en la plaza de Santa Ana, una plaza pequeñita, con muchos árboles. En las calles de alrededor hay de todo: tiendas, un cine y por supuesto muchísimos bares. Trabajo en un videoclub que está a cinco minutos de mi casa, en la calle Aceituneros. En esa misma calle están las mejores tiendas de regalos y de artesanía. En el plano señalo exactamente dónde están mi casa y mi trabajo.

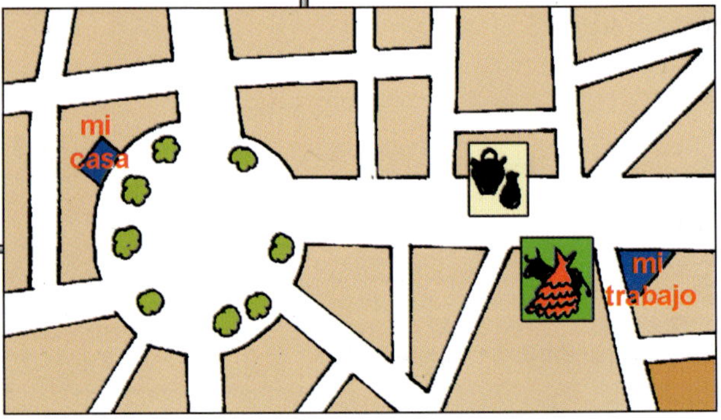

B) Carmen escribe a su amiga Ana y le cuenta cómo es su nuevo barrio.

¿Qué tal estás? Yo muy bien. ¡Por fin estamos viviendo en el piso nuevo! El piso es precioso y el barrio también es muy bonito y muy limpio. Todo es nuevo y moderno, y hay de todo: un centro comercial, colegios para los niños, unos multicines... Nuestra calle es bastante ancha, con árboles, aunque todavía pequeños. La guardería donde va Víctor está al final de la calle, justo al lado de la farmacia donde trabajo. En la misma calle hay también una óptica, un gimnasio, un banco, un restaurante bastante bueno y un par de bares. Los multicines Ballesteros están en la Avenida de los Olmos.

Deberes 25/08/09

Con qué palabras

use examples from texts A & B to complete the flg
use another

Para decir qué cosas hay

Hay
- un ______
- una ______
- muchos ______
- muchas ______
- ø ______

Para decir dónde está

El ______
La ______
Mi ______ → **está**

Los ______
______
Las ______ → **están**

Para indicar el lugar

en
aquí (mismo)/ahí, allí
cerca/lejos (de)
a la derecha/a la izquierda (de)
enfrente de
delante de
detrás de
al lado de
al final de
en la esquina
entre ______ y ______

Para describir un lugar

verbo	**+artículo**	**+sustantivo**	**+adjetivo**
Es	un	barrio	tranquilo
Vivo en	un	barrio	tranquilo

artículo	**+sustantivo**	**+verbo**	**+adjetivo**
El	barrio	es	tranquilo
La	calle	es	muy ancha

tranquilo/ + **bastante** tranquilo/++ **muy** tranquilo

Fíjate:
- Utilizamos **estar** para situar:
  Está al lado de la farmacia.
- Utilizamos **ser** para para describir:
  Es un barrio muy agradable.

3. Busca ejemplos en la carta y en el e-mail y escríbelos.

Indicar el lugar	**Describir**
______________________	______________________
______________________	______________________
______________________	______________________

4. Escucha e identifica. ¿Plano A? ¿Plano B?

A

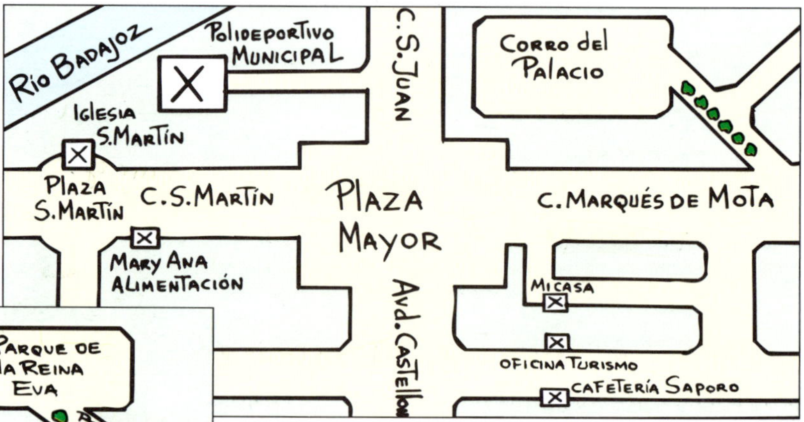

B

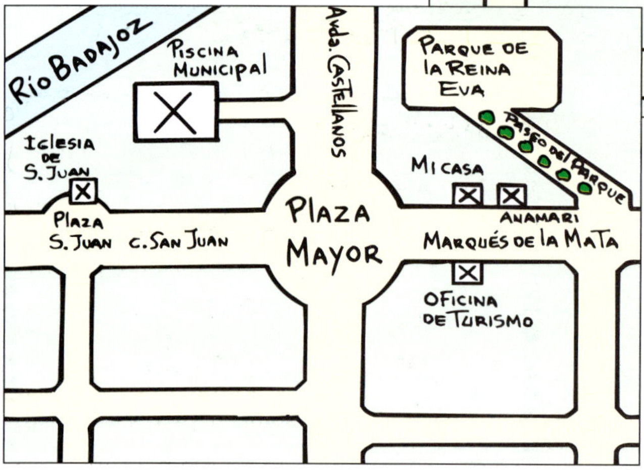

5. Escucha otra vez, lee y comprueba.

Mira, yo vivo aquí, en esta calle estrecha, detrás de la Avenida de Castellanos. Todas las mañanas voy a correr por este parque, el Corro del Palacio. Los fines de semana normalmente voy al Polideportivo a nadar. Y aquí es donde trabajo, en la Oficina de Turismo. Mira, ahí justo, enfrente de la cafetería Saporo. Casi siempre hago la compra en esta tienda, Mary Ana, en la esquina de la plaza...

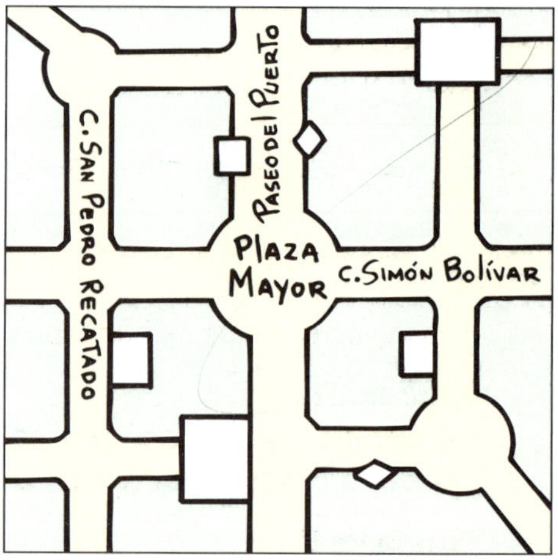

Ver el **Rincón de la Gramática.**

6. Sitúa en el plano y explica a tu compañero dónde están.

- **Estudiante A:** La Plaza del Rocío / La estación del Norte / El Café "Fin de Siglo" / Una tienda de telefonía móvil / La parada del autobús 9 / Una estación de metro / Un restaurante económico.
- **Estudiante B:** La Plaza de la Libertad / La estación Sur / Restaurante "El Buen Comer"/ Una oficina de cambio/ La parada del autobús 12 / Una estación de metro/ El museo municipal.

7. Escribe una carta o un e-mail a alguien y cuéntale dónde vives. ¿Cómo es? ¿Qué hay? ¿Dónde está?

2. Comparar: dos ciudades

1. Escucha lo que dice Mabel, una argentina de Buenos Aires, que vive en Madrid. Ella compara estas dos ciudades.

Buenos Aires es la capital y la ciudad más grande de Argentina. Tiene 10 millones de habitantes. Madrid, la capital de España, también es una gran metrópoli, pero tiene menos habitantes, aproximadamente 5 millones.

En Buenos Aires, como en la mayoría de las grandes ciudades, hay mucho tráfico, mucha contaminación y también desocupación y delincuencia. En Madrid también hay paro y delincuencia, pero el tráfico es más organizado y el metro es más largo y más moderno.

Las dos ciudades tienen muchas zonas verdes, una vida nocturna muy activa y una amplia oferta cultural. También tienen un río: el Manzanares en Madrid y el río de la Plata, mucho más grande y famoso, en Buenos Aires.

PARA COMPARAR

	Adj./Sust.			
+	**más**	________	**que**	________
-	**menos**	________	**que**	________
	Adj.			
=	**tan**	________	**como**	________
	Sust.			
Sing.	**tanto/a**	________	**como**	________
Pl.	**tantos/as**	________	**como**	________

¡Fíjate!
+ bueno → mejor
+ malo → peor
+ pequeño → menor
+ grande → mayor

2. Ahora lee el texto, busca ejemplos de comparaciones y subráyalos.

Ver el **Rincón de la Gramática.**

3. Describe tu barrio/el lugar donde vives y luego compara con tu compañero.

Estudiante A
- Dibuja un plano de la zona donde vives. Escribe el nombre de alguna calle.
- Dáselo a tu compañero y explícale dónde están otras cosas; él tiene que situarlas en el plano.

Estudiante B
- Dibuja un plano de la zona donde vives. Escribe el nombre de alguna calle.
- Dáselo a tu compañero y explícale dónde están otras cosas; él tiene que situarlas en el plano.

¿Cómo se va a...?

1. Oiga, por favor, ¿para ir a...?

1. Escribe palabras que recuerdes relacionadas con la ciudad. Tienes 5 minutos.

Lugares y servicios	**Situar/decir dónde está**	**Describir**
calle	cerca	grande
parque	al lado de	________
________	________	________
________	________	________

2. Escribe frases utilizando las palabras del ejercicio 1.

Cerca de mi casa hay un parque muy grande.

________________________ ________________________

________________________ ________________________

3. Escucha y marca el dibujo que corresponde a cada diálogo.

2) • *Oiga, por favor, ¿para ir a la Plaza Circular?*
• *Lo siento, no soy de aquí. Pregunta en el quiosco.*

1) • *Perdona...*
• *¿Sí?*
• *¿Sabes si hay un cajero por aquí cerca?*
• *Sí, el de Caja Asturias, en la calle Príncipe. Es la primera calle a la derecha.*
• *Gracias.*
• *De nada.*

3) • *Oye, por favor, ¿me puedes decir cómo se va a la Plaza Circular?*
• *Pues mira, sigue todo recto por esta calle hasta el semáforo. Luego cruzas, sigues por esta misma calle y coges la segunda a la derecha. La Plaza Circular está al final de esa calle.*
• *¿Está lejos?*
• *No, a unos 10 minutos, más o menos.*
• *...Todo recto hasta el semáforo, cruzo, sigo hasta la...*
• *Hasta la segunda calle, hasta Marqués de la Villa.*
• *Vale, sí, sí, y la plaza está al final de esa calle.*
• *Exacto.*
• *Pues muchísimas gracias.*
• *De nada, no importa.*

4. Subraya en los diálogos anteriores las frases empleadas para dirigirse a la gente y para preguntar. Escribe y compara con el cuadro.

– Para dirigirse a la gente

____

– Para preguntar

____

5. Ahora busca en esos diálogos los verbos que utilizan para explicarse. Escríbelos aquí.

____

____

____

____

____

Con qué palabras

Para informarse (de la existencia)

fórmula de cortesía + pregunta

- **Oiga/ Oye, por favor,**
- **Perdone/a,**
- **Por favor,**

¿hay un banco / supermercado **por aquí** (cerca)?

¿hay una peluquería / tienda de fotos **por aquí** (cerca)?

Para indicar dónde

- **Sí, mira/mire, hay uno/una en...**
- **Lo siento, no lo sé, no soy de aquí**

Para preguntar dónde está

fórmula de cortesía + pregunta

- **Oiga/Oye, por favor,**
- **........ (sabe/s)**
- **Perdone/a,**
- **Por favor,**

¿dónde está **el** Museo Picasso/Corte Inglés**?** / **la** discoteca Vive la noche/catedral**?**

¿dónde están **los** multicines Goya**?** / **las** galerías Hay de Todo**?**

Para preguntar el camino/cómo se va

fórmula de cortesía + pregunta

- **Oiga/ Oye, por favor,**

¿para ir a... la calle Arco?

¿(sabes/sabe) cómo se va a... la plaza Circular?

¿me puede (puedes) decir cómo se va al... Parque Grande?

Para indicar el camino/cómo se va

- **Pues mire/mira**
  - **coge/coges** **la** primera (calle) / segunda / **la calle** Cervantes **a la derecha/izquierda**
  - **sigue/sigues (todo recto) por** / **va/vas por/hasta** **esta calle** **hasta...** (la calle) **Santiago**
  - **cruza/cruzas** / **gira/giras** **en el semáforo** / **la calle** Goya, **Galdós...** / **a la derecha/izquierda**
- **Lo siento, no lo sé, no soy de aquí**

Para ordenar

- **Primero** ________, **luego** ________ **y después** ________

6. Ordena estos diálogos. Escribe el número de orden en el cuadro.

A) Una tienda de fotos

5 *Vale, no importa. Gracias.*

1 *Perdone...*

2 *¿Sí?*

4 *Pues no lo sé, lo siento.*

3 *¿Hay una tienda de fotos por aquí cerca?*

B) El cine Ábaco

2 *En la calle Marina Escobar. Mira en este plano. Aquí mismo, en la plaza Cantarranas, coges el autobús 20. Hay una parada justo al lado del cine.*

3 *Muchísimas gracias.*

4 *De nada.*

1 *Oiga, por favor, ¿sabe dónde está el cine Ábaco?*

7. Escucha y comprueba tus respuestas.

8. Escucha y marca la ruta en el plano.

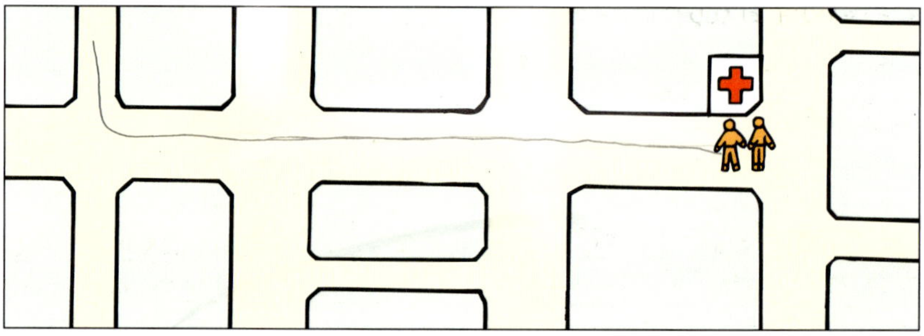

9. Lee en voz alta estos verbos: **seguir / coger**

10. Busca ejemplos en los diálogos y completa la tabla.

Pronombre	SEGUIR	COGER
yo	sigo	
tú		coges
usted	sigue	
él/ ella		coge
nosotros/as		
vosotros/as	cogéis	
ustedes		
ellos/as		cogen

S.O.S.

Se pronuncia **/G/**
Se escribe **G + a, o, u**
GU + e, i

Se pronuncia **/X/**
Se escribe **J + a, e, i, o, u**
G + e, i

11. Completa con **G, GU.**

- Si ____en ustedes hasta la plaza y allí co____en la calle Granada.
- Vale, entonces se____imos hasta la plaza y después co____emos la calle Granada.

- ¿Qué autobús tengo que co____er?
- El 3, no, no..., perdona, mejor co____es el 13.

Ver el **Rincón de la Gramática** y el **Rincón de la Pronunciación.**

2. A practicar: preguntamos e indicamos cómo se va

1. Fíjate en estos planos. Escribe las indicaciones, siguiendo la flecha, como en el modelo.

Plano modelo

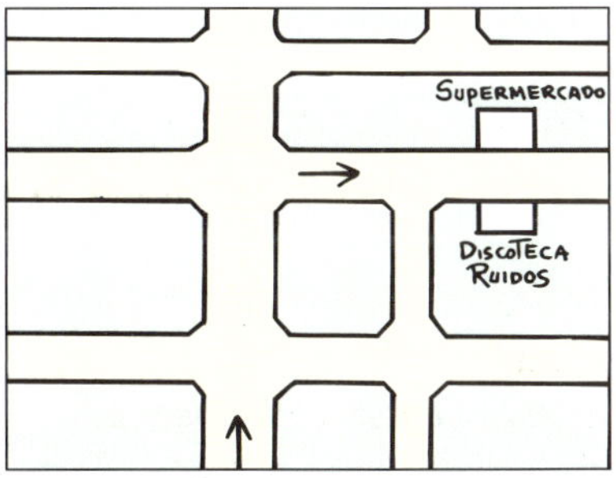

Indicaciones

Sigues todo recto por esta calle y coges la segunda calle a la derecha. El supermercado está a 200 metros, enfrente de la discoteca Ruidos.

Plano A

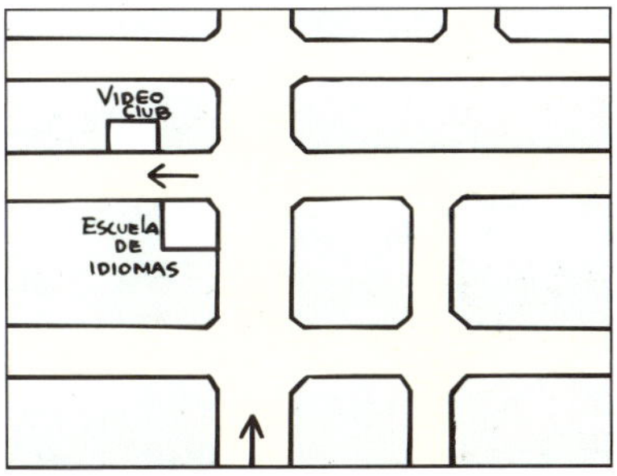

Indicaciones

Sigues todo recto por
esta calle y giras a
la segunda calle a la
izquierda. El videoclub
esta casi enfrente de
la escuela de idiomas.

Plano B

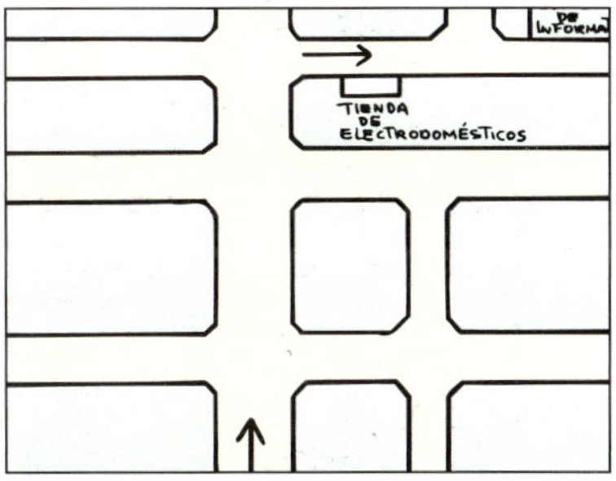

Indicaciones

Sigues todo recto por
esta calle y giras a
la fercero calle a la
derecha, sigues todo
recto, giras a la primero
calle a la izquierda.
De informacion esta sobre
esquina la calle sobre la izquierda

2. Estás trabajando de guía turístico en Valladolid. Vas a hacer una ruta turística. Elige los lugares que vais a visitar y el camino que vais a seguir. Luego, explícalo. Puedes empezar así:

Esta tarde vamos a visitar el Palacio Real, el... y...

Estamos aquí. Seguimos por la calle Felipe II hasta...

3. Trabaja con tu compañero. Elige dos lugares de su plano y pregúntale cómo se va.

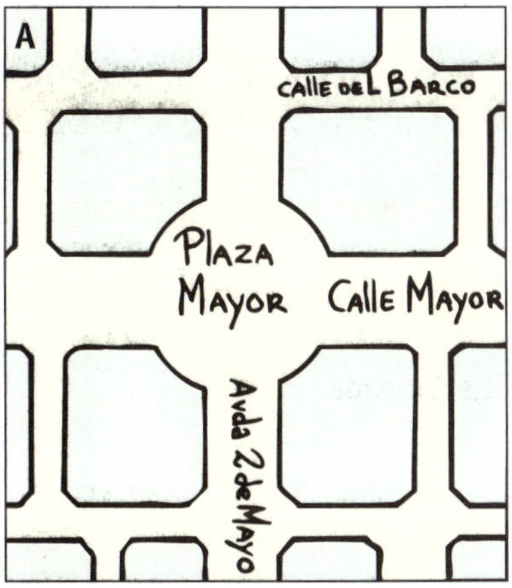

Estudiante A
Sitúa en el plano A (¡tu compañero no puede verlo!) los siguientes establecimientos: un restaurante italiano, el Café Popular, el Corte Inglés y una oficina del Banco Exterior.

Estudiante B
Sitúa en el plano B (¡tu compañero no puede verlo!) los siguientes establecimientos: un quiosco, el Café Internautas Compinchados, una peluquería y la Oficina de Turismo.

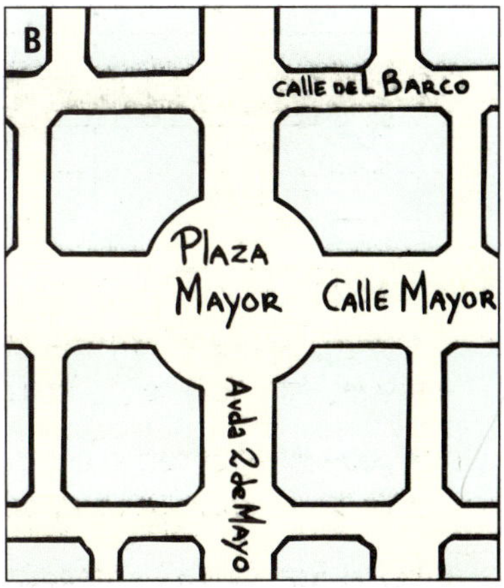

Un poco de geografía: España e Hispanoamérica

1. España

1. En este texto tienes información sobre la situación geográfica de algunas regiones. Léelo y mira el mapa.

Situación geográfica y regiones

España está situada en el Sur de Europa. Limita al Norte con Francia y el mar Cantábrico; al Sur, con el estrecho de Gibraltar y África; al Este, con el mar Mediterráneo, y al Oeste, con el océano Atlántico y Portugal.

Está dividida en 17 regiones o Comunidades Autónomas.

En el Norte están Asturias, Cantabria y el País Vasco. La comunidad de Galicia está en el Noroeste, al Norte de Portugal. En el Sur está Andalucía. En el Este están las comunidades de Murcia y Valencia, y más al Norte, en el Noreste está Cataluña, que limita con Francia. La comunidad de Castilla y León, una de las más grandes en extensión, está en la mitad Norte de la Península, al Norte de Madrid y al Sur de Asturias, Cantabria y el País Vasco. Las Islas Baleares están en el mar Mediterráneo y las Islas Canarias en el Atlántico, cerca de la costa de Marruecos.

2. Busca las frases del cuadro siguiente en el texto y subráyalas. Después completa el mapa de la página anterior con esa información.

Con qué palabras

Para indicar la situación geográfica de un lugar

Estar + en + el + punto cardinal + (**de**)

Norte, Sur	– Andalucía está en el Sur.
Este, Oeste	
Noroeste, Noreste (Nordeste)	– Galicia está en el Noroeste.
Suroeste, Sureste (Sudeste)	
Centro (de)	– Madrid está en el centro de España.
Mar/Océano	– Las Baleares están en el (mar) Mediterráneo.

También se puede decir: **Estar situada/o en**

Para indicar la situación geográfica de un lugar con respecto a otro

Estar al + punto cardinal + **de**	– Portugal está al Oeste de España./ Al Oeste está Portugal.
Limitar (al + p. cardinal) + con	– España limita al Norte con Francia.

3. Escucha y contesta a las preguntas.

	¿De dónde son estas personas?	¿Dónde viven?
1	Soy Vasca	Barcelona
2	Soy Cataluña	Taragona
3	Soy Andalucas	Billboa
4	Soy Islas Canarias	Tenerife
5	Soy Burgos - Castillia y Leon (from)	Sevilla
6	Soy predo a medova	Ciudad real

4. Localiza esas ciudades en el mapa de la página anterior. Pide ayuda a tus compañeros o al profesor.

S.O.S.

PARA INDICAR DISTANCIA

Estar + a + kilómetros
tiempo
cerca de + lugar

Salamanca está a 250 km de Madrid.
Salamanca está a 2 horas y media de Madrid.
Salamanca está cerca de Cáceres.

5. Escucha y marca la cifra. Escríbela al lado de la ciudad.

- Madrid
- Barcelona
- Valencia
- Sevilla
- Granada
- Tenerife
- Salamanca

158.457 211.930

701.927 1.550.581

2.881.506 739.412

241.471

2. Hispanoamérica

1. Escribe en el mapa el nombre del país. Si no sabes dónde está, pregunta a tu compañero o al profesor.

Argentina / Ecuador / Panamá / Uruguay / Venezuela / Perú / Guatemala / Costa Rica / Colombia / Nicaragua / Puerto Rico / México / Chile / El Salvador / República Dominicana / Honduras / Cuba / Bolivia

Ver el **Rincón de la Cultura.**

2. Aquí tienes el nombre de la capital de los países de Hispanoamérica. Con tu compañero, escribe el nombre del país correspondiente.

La capital	**El país**
Lima	Perú
La Habana	Cuba
Buenos Aires	Argentina
Ciudad de México	Mexico
Sucre	Bolivia
San José	Costa Rica
Santiago de Chile	Chile
Caracas	Venezuala
Tegucigalpa	Honduras
Ciudad de Guatemala	Guatemala
San Salvador	El Salvador
Panamá	Panama
Managua	Nicaragua
Montevideo	Uraguay
Santo Domingo	Republica Dominicana
San Juan	Puerto Rico
Asunción	Paraguay
Quito	Ecuador
Bogotá	Columbia

3. Escucha y comprueba.

3. El mundo

1. ¿Sabes cómo se llaman los continentes en español? ¿Y los mares y océanos?
Pregunta a tu profesor: *¿Cómo se dice* ______________ *en español?*
Escribe los nombres en el mapa.

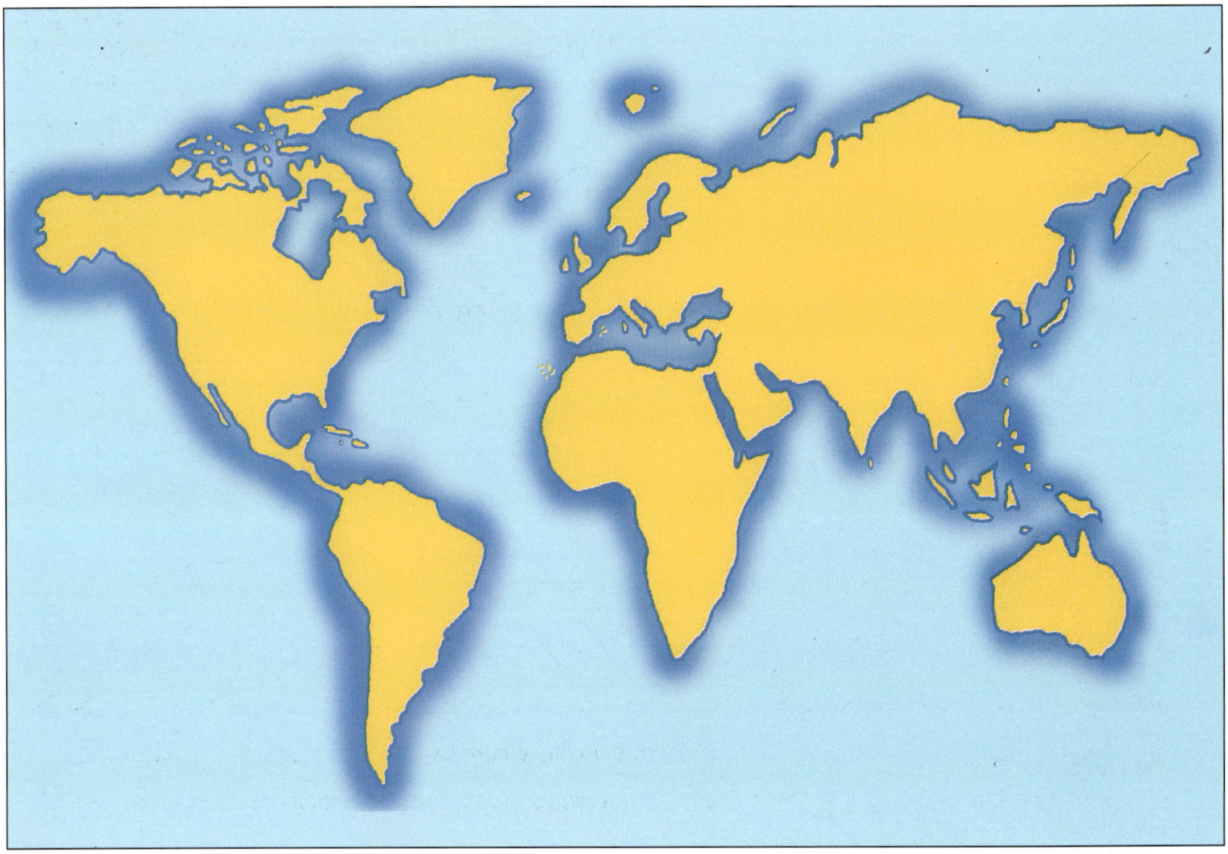

2. Adivina dónde está.
Grupo A. Elegid 4 países. Vuestros compañeros os harán preguntas para situarlos en el mapa.
Grupo B. Elegid 4 países. Vuestros compañeros os harán preguntas para situarlos en el mapa.

Preguntas
- ¿Está en América...?
- ¿Está en el Norte/Sur...?
- ¿Esta al Norte/Sur... de...?
- ¿Está cerca de...?
- ¿Cuál es la capital?
- ¿Se habla español?

3. Cuenta a tus compañeros algunas cosas sobre tu país: ¿En qué continente está? ¿Con qué países limita? ¿Cuál es la capital?
Y tu ciudad... ¿Dónde está? ¿Cuántos habitantes tiene? ¿Cómo es?
Primero escribe los datos.

Muy nuestro

Tapas

1. ¿Sabes qué es una **tapa**?

2. Observa y relaciona el dibujo con el nombre.

- [ ] Jamón
- [ ] Gambas
- [ ] Queso
- [ ] Pulpo
- [ ] Croquetas
- [ ] Patatas bravas
- [ ] Aceitunas

3. Lee el siguiente texto.

Las tapas son cultura

En España tenemos una costumbre que no existe en otros países: ir de tapas.

Una tapa es una pequeña cantidad de comida que se toma en los bares y que va acompañada de una bebida.

Existen miles de tapas: tortilla española, aceitunas, lomo, pimientos, salmón, croquetas, morcilla, etc.

Los españoles salimos mucho de tapas. Vamos a diferentes bares con los compañeros después del trabajo o con los amigos; normalmente en cada bar paga uno.

Cuando una tapa es más grande, se llama ración y se comparte con los demás.

En algunas ciudades, como por ejemplo en Málaga, Sevilla o Salamanca, las tapas son gratis.

4. Lee otra vez el texto y marca "verdadero" o "falso".

	V	F
– La tapa es una pequeña cantidad de bebida.		
– En cada bar, cada persona paga su consumición.		
– Existen tapas de pulpo, tortilla, aceitunas, etc.		
– Los españoles salen mucho de tapas.		
– Una ración es una tapa grande.		

5. Representa con tus compañeros que vais a un bar para tomar unas tapas. Uno es el camarero y el resto será un grupo de amigos.

Recordar y estudiar palabras

En el Módulo 1 hay palabras relacionadas con...

- Actividades de la vida cotidiana.
- Marcadores de tiempo: las horas, las partes del día, la frecuencia.
- La comida: los alimentos, el bar y el restaurante, hacer la compra.
- La ciudad y el barrio: edificios y servicios; describir; preguntar e indicar dónde está.
- Comparar.
- Preguntar e indicar cómo se va.
- Situar geográficamente. España e Hispanoamérica: países, regiones y ciudades.

1. Memoria: ¿quién recuerda más palabras?

1. Tienes 5 minutos para recordar y escribir palabras de este Módulo.

¡Tiempo!

____

____

____

¿Cómo has recordado las palabras? ¿Tienes algún truco o sistema para traer palabras a tu memoria?

2. Vamos a utilizar la memoria visual para recordar. Tu profesor te va a mostrar imágenes de una situación. Mira con atención e intenta escribir todas las palabras que te sugiere.

____

____

____

¿Has recordado más palabras que en el ejercicio anterior?

3. En esta ficha tienes algunos trucos que te pueden ayudar a recordar palabras. Léela.

- Pensar en un tema o en una parte del Módulo.
- Imaginar o visualizar una situación.
- Pensar en un grupo gramatical: verbos, adjetivos...
- Elegir una letra y escribir todas las palabras que empiezan por esa letra: T- trabajar, tarde...

4. Ahora intenta recordar palabras utilizando cada uno de estos trucos. Escríbelas. ¿Con qué truco recuerdas más palabras?

5. Utiliza "tu truco". Tú dices una palabra y tus compañeros te siguen.
Ejemplo. Grupo gramatical: verbos de la vida cotidiana *"me levanto"*, *"me ducho"*...

2. Estudiar palabras

1. ¿Tienes algún sistema especial para estudiar el vocabulario? Cuéntaselo a tus compañeros.

Algunas ideas para estudiar palabras

- Clasificarlas por temas, categoría gramatical...
  - hacer cadenas, árboles, planos mentales
  - hacer columnas de relación
- Utilizar el diccionario para:
  - hacer listas con la traducción en tu lengua
  - anotar la palabra con distintas utilizaciones y ejemplos
- Tener las palabras a la vista en casa, en la clase...
  - poner etiquetas a las cosas
  - hacer pósters

2. Clasifica las siguientes expresiones que has trabajado en el Módulo 2.1.

frecuentemente / un flan / **quería una caja de leche** / **tapas** / ahora / en estos momentos / las ocho menos cuarto / carne / a las 2 de la tarde / los viernes / **limpiar la casa** / vestirse / al mediodía / de primero sopa / siempre / hacer la comida / todos los días / fruta / merendar / por la mañana / ¿qué le pongo? / los lunes / un cuarto de jamón York / ir a clase / ¿qué van a tomar? / ir al trabajo / dos cortados / volver a casa / acostarse / hacer la compra / hacer los deberes / una botella de aceite

MARCADORES DE TIEMPO	ACTIVIDADES	EL BAR/EL RESTAURANTE	HACER LA COMPRA
frecuentemente	**limpiar la casa**	**tapas**	**quería una caja de leche**

3. Repasa el libro y tus apuntes de clase e intenta añadir alguna palabra más en cada columna.

4. El profesor os va a dar un grupo de palabras. Intentad completar vuestra "línea".
Entre todos podemos hacer un bonito póster con todas las palabras y frases del Módulo 2 que queremos recordar. Luego podemos pegarlo en la clase para consultarlo.

Rincón de la Gramática

Verbos: presente

Para verbos regulares: *estudiar, leer, escribir* (ver el Módulo 1).
Los verbos *levantarse, vestirse, ducharse, lavarse* se conjugan de la misma forma que *llamarse* (ver Módulo 1).

1. Verbos irregulares

Cambio vocálico

e→ie	**e→i**	**o→ue**
EMP**E**ZAR	P**E**DIR	D**O**RMIR
emp**ie**zo	p**i**do	d**ue**rmo
emp**ie**zas	p**i**des	d**ue**rmes
emp**ie**za	p**i**de	d**ue**rme
empezamos	pedimos	dormimos
empezáis	pedís	dormís
emp**ie**zan	p**i**den	d**ue**rmen
ENT**E**NDER	R**E**ÍRSE	V**O**LVER
P**E**RDER	V**E**STIRSE	P**O**DER
C**E**RRAR	S**E**GUIR	AC**O**STARSE

Irregularidad ortográfica en 1.ª persona

c→zc	**c→g**	**n→ng**	**l→lg**
CONO**C**ER	HA**C**ER	PO**N**ER	SA**L**IR
Cono**zc**o	ha**g**o	po**ng**o	sa**lg**o
Conoces	haces	pones	sales
Conoce	hace	pone	sale
Conocemos	hacemos	ponemos	salimos
Conocéis	hacéis	ponéis	salís
Conocen	hacen	ponen	salen
CONDU**C**IR	DESHA**C**ER	SUPO**N**ER	VA**L**ER
TRADU**C**IR		COMPO**N**ER	

Otros verbos dentro de este grupo

TRAER: **traigo**, traes, trae, traemos, traéis, traen
SABER: **sé**, sabes, sabe, sabemos, sabéis, saben
DAR: **doy**, das, da, damos, dais, dan

Con más de una irregularidad

OÍR	DECIR	TENER	VENIR
Oigo	**digo**	te**ng**o	ve**ng**o
Oyes	dices	t**ie**nes	v**ie**nes
Oye	dice	t**ie**ne	v**ie**ne
Oímos	decimos	tenemos	venimos
Oís	decís	tenéis	venís
Oyen	dicen	t**ie**nen	v**ie**nen

Irregulares totalmente

IR: voy, vas, va, vamos, vais, van
SER: soy, eres, es, somos, sois, son

2. Estar + Gerundio

Presente del verbo ESTAR + GERUNDIO

	Regular	Irregular
Estoy		
Estás	-AR → -ANDO Ej.: Cantar → cantando	oír → oyendo
Está	-ER/-IR → -IENDO Ej.: Beber → bebiendo	leer → leyendo
Estamos		dormir → durmiendo
Estáis		pedir → pidiendo
Están		decir → diciendo
		morir → muriendo

Uso:

En combinación presente y "estar + gerundio"

- Utilizamos el presente para dar una información general.
- Utilizamos "estar + gerundio" para explicaciones más concretas de la actividad que realizamos en el momento en que hablamos o en un período de tiempo.

Presente	**Estar + Gerundio**
siempre	esta semana
todos los días	este mes
normalmente	este año
a menudo	ahora
muchas veces	en este momento
casi nunca	en estos momentos
últimamente	en estos días

Ej.: *Siempre como en un restaurante, pero esta semana estoy comiendo en mi casa.*

3. Está(n) / Hay

el / la + sustantivo + está
Ejemplo: *El bar está en la plaza.*

mi / tu / su / nuestro / nuestra / vuestro / vuestra / su + sustantivo + está
Ejemplo: *Mi libro está en la bolsa.*

los / las + sustantivo + están
Ejemplo: *Los niños están en la escuela.*

mis / tus / sus / nuestros / nuestras / vuestros / vuestras / sus + sustantivo + están
Ejemplo: *Tus compañeros están en el restaurante.*

Hay + un / una / unos / unas + sustantivo
Ejemplo: *Hay un menú muy bueno en el restaurante La Amistad.*

Hay + cuantificadores + sustantivo
Ejemplo: *Hay muchas personas en el supermercado.*

Hay + sustantivo sin artículo
Ejemplo: *Hay leche en el frigorífico.*

Numerales

200	Doscientos/as	1.000	Mil
300	Trescientos/as	2.000	Dos mil
400	Cuatrocientos/as	3.000	Tres mil
500	**Quinientos/as**	100.000	Cien mil
600	Seiscientos/as	136.450	Ciento treinta y seis mil cuatrocientos cincuenta
700	S**e**tecientos/as	567.000	Quinientas sesenta y siete mil
800	Ochocientos/as	1.000.000	Un millón
900	N**o**vecientos/as	25.000.000	Veinticinco millones

Artículos

Como los sustantivos y los adjetivos, los artículos tienen formas distintas para masculino, femenino, singular y plural.
En español tenemos dos tipos de artículos, determinado e indeterminado.

	DETERMINADO		**INDETERMINADO**	
Singular:	**el**	**la**	**uno**	**una**
Plural:	**los**	**las**	**unos**	**unas**

Fíjate:
un + sustantivo masculino
Ej.: *Oiga, ¿un estanco, por favor?*

- Van delante de los sustantivos.
- En combinación con las preposiciones "a" y "de":

a + el = al Ej.: *Voy al cine.* Ej.: *Voy a la farmacia.*
de + el = del Ej.: *Salgo del trabajo.* Ej.: *Salgo de la escuela.*

Comparativos

Superioridad: más ______________ que
Ej.: *Granada tiene más habitantes que Ávila.*
Ej.: *Granada es más pequeña que Barcelona.*

Inferioridad: menos ______________ que
Ej.: *Zamora es menos turística que Toledo.*
Ej.: *Salamanca tiene menos coches que Bilbao.*

Igualdad: tan ______________ como
Ej.: *Salamanca es tan turística como Toledo.*

tanto/a ______________ como
Ej.: *En Madrid hay tanto ruido como en Barcelona.*

tantos/as ______________ como
Ej.: *En Cuenca hay tantas personas como en Teruel.*

Practica la gramática

1. Escribe la forma correcta del verbo en presente.

a) Juan (tener) Tiene ______ un coche nuevo, de color verde.

b) Vosotros (volver) volveis ______ de la escuela por la tarde.

c) Yo (conocer) conozco ______ a esa chica de gafas y pelo corto y rubio.

d) Usted (pedir) Puede ______ la cuenta al camarero.

e) ¿Tú (entender) Entiende ______ la gramática?

f) Nosotros (reírse) ______________ con sus bromas.

g) Yo (conocer) Conozco ______ Barcelona.

h) La clase de Literatura (empezar) Empieza ______ a las 9:30 h.

i) Las tiendas no (cerrar) cierran ______ al mediodía.

j) Los estudiantes de esta clase (ir) Van ______ de excursión a Salamanca el sábado.

Deberes 25/08/09
write sentences

2. Explica qué hace Ana en un día normal.
Utiliza los siguientes verbos y los marcadores de tiempo (se pueden repetir).

Acciones	**Marcadores de tiempo**
levantarse	7:15
ducharse	por la mañana
preparar el desayuno	8:30
tomar un café	9:00
secarse el pelo	por la noche
lavarse los dientes	13:30
ir al dormitorio	por la tarde
vestirse	19:30
maquillarse	dos veces por semana
coger el metro	15:00
trabajar en una escuela	13:00
comenzar las clases	22:00
comer un bocadillo	al mediodía
beber un zumo	
volver a casa	
cenar	

S.O.S.

Utiliza los ordenadores de discurso:
primero, después, más tarde, luego…

3. Escribe: ¿qué haces tú en un día normal?

____

____

____

____

4. Completa con la forma apropiada de los siguientes verbos: *ir, cruzar, seguir, coger.*

a) (Tú) __________ todo recto por esta calle, hasta la plaza. Luego __________ la primera calle a la derecha.

b) (Usted) __________ en este semáforo. Luego __________ la calle Santa María, y justo al principio hay un cajero automático.

c) (Tú) ________ hasta el final de la calle Alfonso X y ________ en el paso de peatones. Enfrente está el teatro.

d) (Usted) __________ la segunda calle a la izquierda y __________ todo recto.

5. ¿Qué están haciendo?

- la mujer esta cocinando y esta escuchando la radio
- El hombre esta leyendo el periodico
- La mujer esta haciendo punto
- La hombre esta peinandose/ se esta peinando y esta mirandose/ se esta mirando en el espejo
- el niño esta hugando con el perro

- la familie esta saliendo la casa

6. Completa con la forma de presente o ESTAR + gerundio:

a) Normalmente (ducharse) me ducho por la mañana cuando me levanto, pero esta semana (ducharse) me estoy duchando después de trabajar.

b) ¿Tú (escribir) escribes cartas?

c) A menudo (ir) voy a tomar unas cañas con mis amigos, pero este mes (salir) estoy saliendo con mi novia a tomar un café.

d) En este momento Javier (estudiar) esta estudiando en su dormitorio.

e) Todos los días (comprar) compro en la tienda de mi barrio pero hoy (comprar) estoy comprando en el supermercado.

f) Casi nunca (correr) corre por la ciudad pero este mes (correr) esta corriendo por el parque Mil Rosas.

7. Pon el artículo.

a) __________ cine está cerca de la Gran Vía.

b) __________ coche está en el taller.

c) Hay __________ árboles enfermos en este parque.

d) Hay __________ lámpara encima de la mesa de cristal.

e) __________ gatos están en el jardín bebiendo leche.

f) __________ gafas están en el cajón de la mesilla.

8. Haz frases con un elemento de cada columna.

el supermercado	hay	cerca de la escuela
una oficina de cambio	(no) está	al lado de mi casa
el Parque el Descanso	(no) están	muy lejos
los multicines Estrella	es	bastante agradable
las aceras	son	muchos árboles
cerca de mi casa		enfrente del banco
en mi barrio		al otro lado de la calle
		muy tranquilo
		muy anchas y con árboles
		problemas de aparcamiento

9. Completa con *hay, está, están, es, son.*

a) _________ un estanco muy cerca de aquí.

b) _________ un parking en la Plaza Mayor.

c) Las entradas _________ en la taquilla.

d) La ciudad _________ tranquila.

e) En mi barrio _________ muchos árboles.

f) Estas calles _________ bonitas.

g) La peluquería _________ en la calle Aduana.

10. Completa con *está, está en, está a(l).*

a) Madrid _________ el centro de España.

b) Argentina _________ Oeste de Chile.

c) Paraguay _________ Norte de Argentina.

d) Salamanca _________ cerca de Portugal.

e) Sevilla _________ el Sur de España.

f) Perú _________ una hora de aquí.

g) San Sebastián _________ cerca de la frontera.

h) España _________ Sur de Francia.

11. ¿Cuánto es?

12. Investiga y relaciona el número de habitantes con la ciudad.

Pamplona, Burgos,
Santiago de Compostela, Salamanca,
Barcelona, Madrid,
Sevilla, Toledo

59.600	171.150
1.505.581	2.881.506
89.000	158.457
161.984	701.927

13. Compara estas ciudades.

Ej.: *A tiene más habitantes que B.*

Ciudad A: 3 millones de habitantes / 3 universidades / 10 centros comerciales / 7 teatros / contaminación

Ciudad B: 400.000 habitantes / 1 universidad / 2 cines / 3 museos / tranquilidad

Rincón de la Pronunciación

¿Se escribe con "g" o "j"?

1. Escucha y completa:

mon___a	mi___a	___ota	Ta___o	___olpe	apa___a
___amón	___oma	a___encia	a___ua	___ueves	consi___e
co___e	___irafa	___ano	portu___esa	___itarra	á___ila
si___e	pa___a	___erra	co___o	___abón	___unio

S.O.S.

Recuerda:

/x/	/g/
ja	ga
je, ge	gue
ji, gi	gui
jo	go
ju	gu

2. Escucha y después lee en voz alta. No tienes que entender todas las palabras, sólo pronunciar correctamente el sonido **/x/.**

La ho**ja** de **ja**de
no de**ja** ba**ja**r al ga**jo.**
La ho**ja** de **ja**de,
al de**ja**r el ga**jo,**
no de**ja** de **ju**gar.
(David Cherición)

S.O.S.

Recuerda:
/x/ a**ch**tung ma**ch**en lo**ch** **g**aan

3. Escucha y después lee el siguiente trabalenguas con el sonido **/g/.**

Tres tristes ti**gre**s comían tri**go** en un tri**ga**l.
Un ti**gre**, dos ti**gre**s, tres ti**gre**s.

S.O.S.

Recuerda:
/g/ **g**et bi**g** wa**g**en **g**roup

La che

1. Escucha y repite los siguientes trabalenguas.

Doña Pancha plancha con cuatro planchas.
¿Con cuántas planchas plancha doña Pancha?

S.O.S.

Recuerda:
/ĉ/ = tea**ch**er **ch**ance **c**iao

María Chucena techaba su choza.
Cuando un leñador que por allí pasaba le dijo:
"María Chucena, ¿techas tu choza o techas la ajena?"
"Ni techo mi choza ni techo la ajena,
techo la choza de María Chucena."

¿Se escribe con "z", "c", "q"?

1. Escucha y completa:

__in__o	__ena	__iero	__uatro	di__e	__ompra
__ona	empie__a	a__uesto	__eso	__erer	ejer__i__io
de__imos	__ompara	__inta	__uando	do__e	pa__
__enamos	__ostar	o__upa	__ator__e	__asa	__orre

S.O.S.

Recuerda:

/θ/	**/k/**
za	ca
ce	que
ci	qui
zo	co
zu	cu

2. Escucha y después lee en voz alta.

Mari Luz y Mari Paz

Una **za**gala sollo**za**
mirando al fondo de un po**zo**
cuando apare**ce** otra mo**za**
di**cien**do con alboro**zo:**
"¡Date pri**za,** Mari Pa**z**!
Ya e**z**tá li**z**ta la carro**za.**
No**z** vamo**z** con lo**z** papa**z**
de compra**z** a **Za**rago**za.**"
Carmen Santonja (Adaptado)

S.O.S.

/θ/ **th**ing

En zonas del Sur de España, en las Islas Canarias y en Hispanoamérica no reproducen este sonido pero sí mantienen la escritura: **za, ce, ci zo, zu.** Por eso es importante distinguir entre /θ/ y /s/.

3. Mari Luz no sabe la diferencia entre el sonido /s/ y el sonido /θ/. Escucha el poema, ahora correcto, y corrígelo.

Dictado

1. Escucha el nombre de las siguientes ciudades. Escríbelas debajo del modelo correspondiente.

□□□□□	□□□□	□□□□□
México	Salamanca	Panamá

Rincón de la Cultura

El español en España y en otros países

1. Lee el siguiente texto.

El español es la tercera lengua más hablada del mundo, después del chino y del inglés. Además de en España, se habla español en Guinea Ecuatorial, Filipinas, Hispanoamérica, excepto en Brasil, donde se habla portugués, y en las Guayanas, donde se habla francés, holandés e inglés. Para muchos habitantes de Estados Unidos, el español es su lengua materna. En muchos países de Hispanoamérica, además del español se hablan otras lenguas, como el quechua, el araucano, el aymará...

2. Contesta a las siguientes preguntas y comenta las respuestas con tus compañeros.

- ¿Sabes en qué continentes se habla español?
- ¿El español es la lengua más hablada?
- ¿En algunos países de Hispanoamérica se hablan otras lenguas? ¿En qué países?

3. Escribe y compara con tus compañeros:

Países donde se habla tu lengua	**Países donde se habla español**
______________	______________
______________	______________
______________	______________
______________	______________

4. Escribe y después habla con tus compañeros. ¿Piensas que es importante el español? ¿Por qué?

____

____

5. Observa el mapa.

ESPAÑA EN DATOS	
ÁREA	504.954 km²
POBLACIÓN	39,5 millones
LENGUAS	Castellano (lengua oficial) Catalán, gallego, vasco (oficiales en sus respectivas comunidades)
RELIGIÓN	Oficialmente 99% católica
CAPITAL	Madrid
FORMA DE GOBIERNO	Monarquía constitucional
CABEZA DEL ESTADO	Rey Juan Carlos I
MONEDA	Euro

6. Lee el siguiente texto.

España tiene una superficie de 504.954 km². Su población es de 39,5 millones de habitantes. Actualmente el país se rige por la Constitución de 1978. España es una monarquía pero hay un presidente del Gobierno y un Parlamento, que está dividido en Senado y Congreso.

En España hay 17 Comunidades Autónomas y 2 ciudades autónomas: Ceuta y Melilla. Las Comunidades Autónomas tienen un sistema de autogobierno. Cada una de ellas tiene su presidente y su Parlamento.

El español o castellano es la lengua oficial común en España, aunque existen áreas bilingües, como Cataluña, Galicia y el País Vasco. En Cataluña, Valencia y en las Islas Baleares se habla el catalán. En el País Vasco y parte de Navarra se habla el euskera o vasco. En Galicia se habla el gallego. El catalán y el gallego son lenguas derivadas del latín, como el francés, portugués, rumano y el español. El vasco no deriva del latín.

7. Contesta verdadero o falso.

	V	F
– La Constitución es de 1978.	✓	
– España tiene una superficie de 504.900 km².	✓	
– En España no hay rey.		
– La lengua oficial es sólo el castellano.		
– El Parlamento se divide en Senado y Congreso.		
– Hay 5 comunidades bilingües.		
– El euskera o vasco se habla en Galicia.		
– El catalán y gallego son lenguas derivadas del latín.		
– Barcelona es la capital de España.		

8. Escribe información sobre tu país: lenguas que se hablan, división, su política...

____

____

Miniproyecto

Ciudades

1. Aquí tienes algunos datos de una ciudad española. Adivina qué ciudad es.
- Está en el Sur de España.
- Es una ciudad de Andalucía.
- Es famosa por su catedral, por la Giralda y por la Torre del Oro.
- Tiene 701.927 habitantes.
- En verano hace mucho calor.
- Sus fiestas más famosas son la Semana Santa y la Feria de Abril.
- Hay muchos turistas.
- Es conocida mundialmente por el flamenco.

2. Busca información sobre una ciudad importante de tu país. Luego escribe un pequeño texto sobre ella. No olvides tratar estos puntos:
- Monumentos importantes, históricos
- ¿Qué lenguas se hablan?
- Personas importantes del mundo de la cultura, el arte, la ciencia...
- Platos típicos
- Otros

3. Busca en Internet información sobre una ciudad donde se hable español. Informa a tus compañeros.

Vida cotidiana

1. Pregunta a 4 españoles de diferente edad y sexo la información que aparece a continuación y completa la ficha.

Datos personales

Nombre ______________________

Edad ______________________

Ciudad donde vive ______________________

Profesión/Ocupación ______________________

¿Dónde trabaja? ______________________

Horario de trabajo ______________________

¿A qué hora se levanta para ir a trabajar? ______________________

Comidas

¿Cuántas comidas hace al día? ______________________

¿A qué hora desayuna, come y cena? ______________________

¿Cuál es la comida más importante? ______________________

¿Qué come para desayunar, comer y cenar? ______________________

¿A qué hora se acuesta? ______________________

2. Compara la vida cotidiana de estas 4 personas españolas con la tuya.

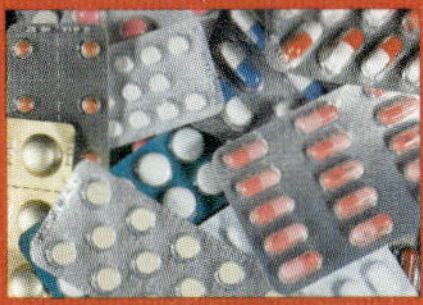

módulo 3

ViVe el Español

3

vas a aprender a...

3.1

Hola, ¿qué tal?

1. Primeros encuentros

1. Mira estos dibujos. Escucha los diálogos.

Sra. Romero: *Ésta es mi familia. Ésta es mi madre, Eugenia, que vive con nosotros.*
Christiane: *Encantada.*
Sra. Eugenia: *Encantada, hija, mucho gusto, bienvenida a España.*
Sra. Romero: *Y éste es mi hijo pequeño, Luis. Luis, saluda a Christiane.*
Luis: *¡Hola!*
Sra. Romero: *Es muy listo, pero un poco travieso. Y aquélla, la del teléfono, es mi hija mayor, Ana. ¡Ana!*
Ana: *Sí, sí, espera un momento. Hola, ¿qué tal?, luego hablamos.*
Sra Romero: *Bien, pues, ésta es mi familia. Falta mi marido, Felipe, que no llega hasta las ocho y media de trabajar.*
Christiane: *Vale, pues voy a mi habitación para ordenar un poco mis cosas. Hasta luego, señora Romero.*
Sra. Romero: *Hasta luego, y llámame María.*

Joao: *Mira, éste es Bob, es americano. Está en mi clase.*
Michael: *Hola, ¿cómo estás? Yo soy Michael.*
Bob: *Hola, encantado. Os presento a Laura, es francesa, es nueva en la escuela.*
Michael: *Hola, encantado.*
Laura: *¿Qué tal?*
Michael: *Bien, gracias.*

2. Subraya las frases que expresan presentación y saludo en los diálogos. Escríbelas y busca otros ejemplos en el cuadro **Con qué palabras** de la página siguiente.

Formal

¡Hola! ¿Cómo estás?

____

____

____

____

Informal

____

____

____

____

Con qué palabras

Para presentar a otra persona

• **(Mira) ésta es**	Eugenia
• **Te presento a**	mi hermana
• **(Mire) éste es**	el señor Rodríguez
• **Éstos son**	los señores Val

Le **Les**	**presento**	**al** señor Rodríguez **a la** señora Rodríguez

Ver los demostrativos en el **Rincón de la Gramática.**

Para saludar por primera vez/ Responder a la presentación

- Hola, ¿qué tal?
- Hola, ¿cómo estás?
- Hola, ¿cómo está?
- Encantado/a
- Mucho gusto

te **le** **os** **les**	**presentar**	**+ a** **+ al** **+ a la**	**+ nombre** **+ señor...** **+ señora...**

3. Mira los dibujos y relaciónalos con los diálogos.

- *Luis, ¿conoces a mi novia?*
- *No, no la conozco.*
- *Pues mira, te la presento. Ésta es mi novia, Luisa.*
- *Hola, ¿cómo estás? Encantado de conocerte.*
- *Muy bien, igualmente.*

- *Señor Martínez, le presento al señor Jiménez González, director general de nuestra empresa.*
- *Encantado, señor Jiménez.*
- *Mucho gusto.*

- *Mamá, ésta es mi profesora de Literatura.*
- *Encantada, mucho gusto.*
- *Igualmente, gracias por venir.*

- *¿El señor Mendes?*
- *Sí, soy yo.*
- *Encantada, soy su guía en Barcelona.*

4. Escribe los siguientes diálogos en la parte que corresponda.

Formal	Informal
____________________	____________________
____________________	____________________
____________________	____________________
____________________	____________________
____________________	____________________

- *¿Cómo está, señor Delgado?*
- *Muy bien, gracias.*

- *Hola, Juan.*
- *Hola, María.*

- *Buenos días, señora Martín.*
- *¿Cómo está?*
- *Bien, ¿y usted?*

- *¿Qué tal, Pablo?*
- *Fantástico.*

¿Quién es?

1. Mi familia

1. Lee el texto y subraya las palabras relacionadas con la familia.

En mi familia somos cuatro. Mi padre se llama Antonio, tiene 57 años y trabaja en un banco. Mi madre se llama Balbina y tiene cincuenta y cinco años; ella no trabaja fuera de casa, es ama de casa. Mi hermana se llama Rosa, tiene treinta años y está casada; su marido, mi cuñado, se llama Juanjo, tiene treinta y dos años y trabaja en el aeropuerto. Ellos tienen una hija, Paula, mi sobrina, tiene tres años y va todos los días a la guardería. Yo soy Marisa, soy profesora en una escuela de español, tengo treinta y tres años, estoy soltera y tengo un novio que se llama Pedro.

2. Completa el árbol genealógico de la familia según el texto, escribiendo la relación familiar que hay entre los miembros.

3. Ahora haz el árbol genealógico de tu familia y explícaselo a tus compañeros.

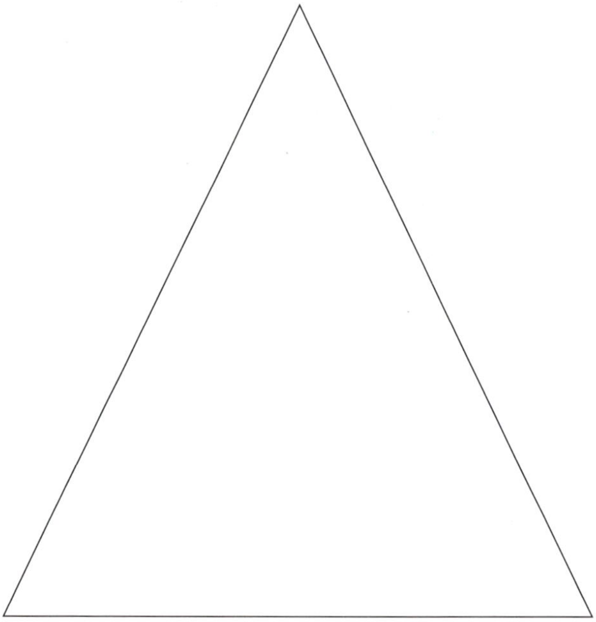

Ver el **Rincón de la Gramática.**

4. Sopa de letras. Busca 7 palabras relacionadas con la familia y completa las frases:

- El marido de mi hermana es mi cuñado
- El padre de mi madre es mi Abuelo
- La madre de mi marido es mi Suegra
- La hija de mi madre es mi Hermana
- El hijo de mi tía es mi Primo
- La hija de mi hermana es mi Sobrina
- El marido de mi tía es mi Tío

Z	R	S	T	U	V	S	W	A
A	C	U	Ñ	A	D	O	Z	B
P	Z	P	A	E	O	B	A	U
A	S	A	L	A	M	R	C	E
T	I	O	Z	R	G	I	A	L
I	P	A	B	E	L	N	E	O
L	R	I	U	M	O	A	P	B
L	I	S	T	R	S	E	O	I
A	M	A	N	A	M	R	E	H
S	O	B	U	T	A	T	I	O
A	S	R	Y	I	O	A	D	C
Z	C	E	T	H	I	O	L	P
A	D	G	H	J	B	N	A	L

2. ¿Cómo vistes y a quién te pareces?

1. Escribe el nombre de las prendas de ropa con ayuda del cuadro.

Camiseta Azul

una bufanda verde

Unos Zapatos marrones

Unas botas verdes

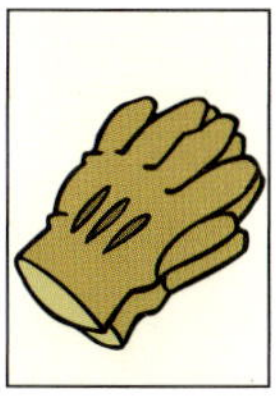
la guantes marrones

la camisa verde

La chaqueta

Traje gris/negro

S.O.S.

COLOR
azul
verde
marrón
naranja
blanco/a
negro/a
amarillo/a
rojo/a
morado/a

Para hablar de la ropa
Sustantivo + adjetivo
un pantalón marrón
una camisa blanca

DIBUJO
de rayas
de cuadros

MATERIAL
de lana
de piel
de algodón

Sustantivo + de + sustantivo
un jersey de lana
una camiseta de algodón
una falda de rayas
una bufanda de cuadros

2. Escribe el nombre de dos o tres cosas que tienen estos colores

azul El mar
rojo
naranja
verde
amarillo
negro

3. Ésta es la ropa de Ana. ¿Puedes agruparla por colores?

4. Manuela ha mandado a su amiga Cathie un mensaje por correo electrónico con una foto de su familia. Mira la foto y lee el mensaje.

Enviar ahora | Enviar más tarde | Guardar como borrador | Añadir archivos adjuntos | Firma

Tamaño Medio

Aquí te mando una foto de mi familia. Es de la última boda familiar y estamos todos juntos. El del traje gris, a la izquierda, es mi padre. La mujer del traje amarillo es mi madre. La chica que está a su lado es mi hermana, con su marido; y la de morado es mi sobrina, la hija mayor de mi hermano. Se llama Ana, tiene casi 20 años y es muy simpática. Delante de ella está su padre, mi hermano; está calvo pero sólo tiene 43 años. A su izquierda están su mujer y su hija pequeña, que se llama Elisa, tiene 17 años y es muy divertida pero un poco rebelde. La del centro soy yo. Como puedes ver, todos nos parecemos bastante. Los niños son los hijos de mi hermana, son muy activos. Bueno, esto es todo por ahora. Mándame también tú una foto de tu familia. Un beso,

Manuela

5. Responde a estas preguntas con la ayuda del cuadro **Con qué palabras** que hay a continuación.

– ¿Quién es Manuela? La de azul
– ¿Quién es su hermano? El de verde.
– ¿Quién es la del vestido morado? su sobrina
– ¿El del traje gris es su padre? sí
– ¿Cuántos años tiene su hermano? Ello tiene 43 años
– ¿Cuántas hijas tiene su hermano? Ello tiene 2 hijas
– ¿Quiénes son las hijas de su hermano? las hijas de su hermano se llaman Ana y Elisa. Ana la de morado, Elisa la de roja

Con qué palabras

Para identificar a personas en un grupo

El (hombre) **de** blanco **es** mi hermano.
La (mujer) **de** gafas **es la** Sra. Martín.
El (hombre) **de** los pantalones cortos **es** su padre.
Las (chicas) altas **son** nuestras hijas.
Los (niños) **de** pelo corto **son** mis hermanos.

Para hablar de parecidos físicos

Parecerse + a
Me parezco a mi padre.
Te pareces a tu madre.
Se parece a su hermana.
Nos parecemos a nuestra abuela.
Os parecéis a vuestro abuelo.
Se parecen a su hermano.

6. ¿A quién se parecen?

Debs

Ej. *Juan se parece a Pedro Almodóvar.*

Raúl

Carlos

Juan

Luis

3. ¿Cómo es?

1. Escucha el mensaje del departamento de seguridad del aeropuerto de Barcelona. Identifica a los dos niños perdidos.

2. Escucha otra vez y marca las palabras de la descripción que has oído en el cuadro **Con qué palabras** de abajo.

3. ¿Quién es? Observa otra vez el cuadro **Con qué palabras**.

- Es joven. Lleva traje y corbata, y el pelo corto. Es ____________________
- Uno es gordo y otro delgado. Son ____________________
- Está gordito, es pelirrojo, tiene la nariz muy grande y tiene el pelo largo. Es ____________________
- Está calvo, tiene los ojos oscuros y lleva gafas. Es ____________________
- Es joven y guapa, tiene el pelo largo y moreno, está delgada. Es ____________________
- Tiene 60 años, está un poco calvo, es alto, tiene los ojos claros. Es ____________________

Con qué palabras

Para describir físicamente a una persona

Es	alto/a bajo/a delgado/a guapo/a calvo/a rubio/a moreno/a gordo/a feo/a viejo/a joven	**tiene**	el pelo largo/corto los ojos marrones/azules/verdes barba/bigote
		lleva	pantalones/falda el pelo liso/rizado pendientes gafas

Fíjate: con **pelo, barba, bigote, gafas** se puede usar **tiene** y **lleva.** Ver el **Rincón de la Gramática.**

4. ¿Sabes más cosas de estos personajes? Cuéntaselo a tus compañeros. Piensa en otros personajes famosos. Sin decir el nombre, haz una pequeña descripción y pregunta a tus compañeros si saben quién es.

5. Elige a un compañero de clase y escribe su descripción. Léela y tus compañeros tienen que adivinar de quién se trata.

6. ¿Quién es quién?
Elige un retrato sin decir el nombre. Tu compañero te hace preguntas para adivinar quién es.

A	B
– *¿Es morena?*	*No*
– *¿Tiene pecas?*	*Sí*

Paula

Juanjo

Andrea

Pablo

7. ¿Recuerdas el mensaje de Manuela? Ahora tú tienes que escribir un mensaje de correo electrónico con la descripción de tu familia.

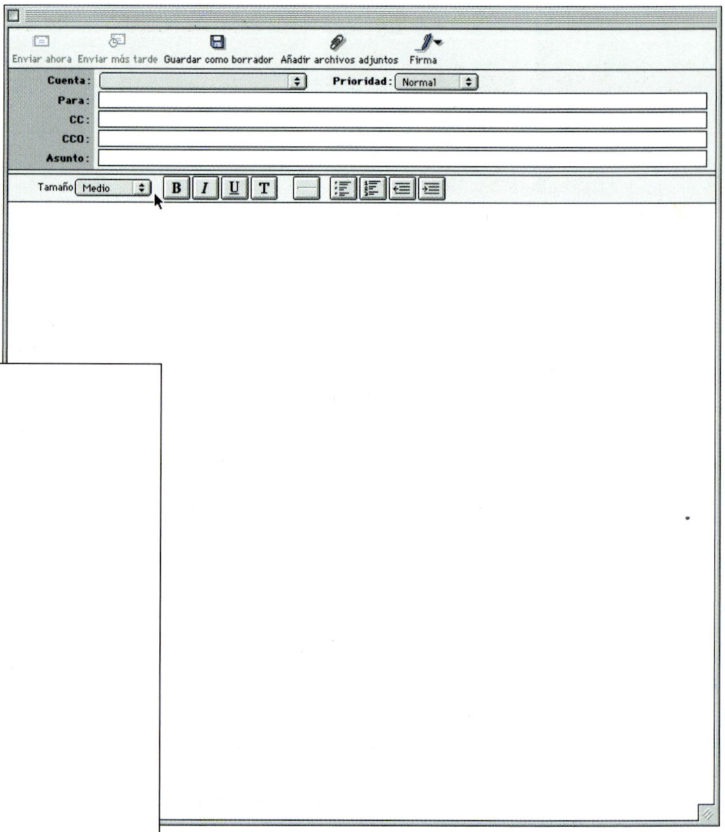

PEGA UNA
FOTO DE
TU FAMILIA

4. ¡Qué carácter!

1. Escucha a estas tres personas hablar de sus jefes.

2. Indica de qué jefe está hablando cada uno. Escucha otra vez los diálogos. Busca y subraya en el siguiente apartado **Con qué palabras** los adjetivos que oyes en las descripciones.

Con qué palabras

Para describir el carácter de una persona

ser + adjetivo

es
- simpático/a
- divertido/a
- alegre
- amable
- trabajador/a
- exigente
- serio/a
- responsable

3. ¿Sabes los adjetivos contrarios a estos que aparecen aquí? Pregunta a tu compañero o a tu profesor.

4. ¿Y tú? ¿Tienes jefe? Cuenta a tu compañero cómo es. Él después se lo va a explicar al resto de la clase.

5. De dos en dos tenéis que escribir una lista con cinco cualidades que creéis que debe tener un buen jefe. Explicad a vuestros compañeros cuáles os parecen importantes y por qué. Después discutidlo hasta llegar a un acuerdo sobre las cinco características del jefe perfecto.

1. ______________________
2. ______________________
3. ______________________
4. ______________________
5. ______________________

6. Busca palabras para definir lo siguiente:

- La escuela de español ideal. Ej.: *grande*
- El estudiante de español ideal. Ej.: *atento*
- El profesor de español ideal. Ej.: *paciente*
- La clase de español ideal. Ej.: *divertida*

Coméntalo con tus compañeros. ¿Estáis de acuerdo?

¿Qué te pasa? ¿Cómo estás?

1. Estado físico y estado de ánimo

1. Con el cuadro **Con qué palabras,** escribe lo que les pasa a los personajes del dibujo.

1. Esta triste
2. Esta tranquila
3. Esta Alegre
4. Esta sorprendido
5. Esta nervioso
6. Esta Enfadado
7. Esta preocupado
8. Esta aburrida
9. Tiene hambre
10. Tiene sed
11. Tiene frio
12. Tiene calor

2. En dos minutos, haz una lista de palabras del cuerpo humano en tu cuaderno, y después sal a la pizarra a escribirlas.

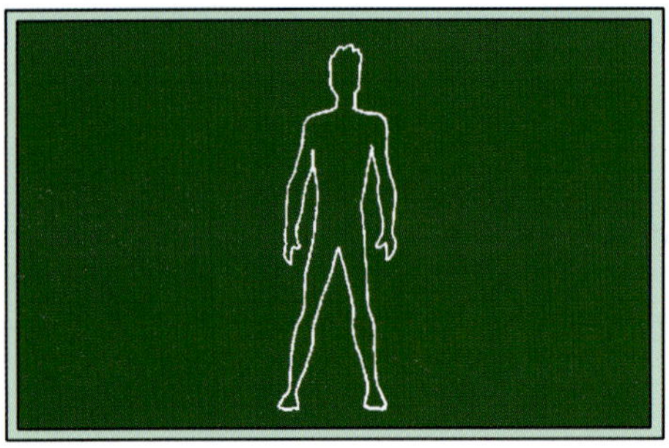

Con qué palabras

Para expresar estados físicos y anímicos

Estar + adjetivo

Está
- aburrido/a bored
- sorprendido/a surprised
- triste sad
- nervioso/a nervous
- tranquilo/a calm
- alegre happy
- enfadado/a angry
- cansado/a tired
- preocupado/a busy

Tener + sustantivo

tiene
- sueño sleepy
- hambre hungry
- sed thirsty
- frío cold
- calor hot

3. ¿Por qué parte de su cuerpo es famosa esta persona?

4. Escucha. Luego, relaciona cada expresión con la persona correspondiente.

5. Escribe las frases que utilizan para expresar dolor y malestar físico y busca más ejemplos en el cuadro **Con qué palabras** que tienes a la derecha.

Dolor

____

____

____

____

Malestar físico

____

____

____

____

Con qué palabras

Para expresar dolor

Pronombre + verbo doler en 3.ª persona + artículo + sustantivo

Me duele { **la** cabeza / **la** espalda / **una** muela }

me duelen { **los** oídos / **las** piernas / **las** muelas }

Tener + dolor de + sustantivo

Tengo dolor de { cabeza / estómago / espalda }

Para expresar estado físico

Estar + adjetivo / adverbio

Estoy { cansado / fatal / tranquilo / ______ / bien / mal }

Sentirse / encontrarse + adverbio / adjetivo

Me siento / **Me encuentro** { mal / bien / mejor / débil }

6. ¿Qué les duele?

__________ __________ __________ __________ __________ __________

2. Dar consejos

1. ¿Tú qué haces en estos casos?
Con tu compañero, mira otra vez los dibujos de la página anterior y piensa recomendaciones que puedes hacer a cada una de estas personas. Utiliza las frases que hay en el cuadro **Con qué palabras** que hay a la derecha.

- Para el dolor de muelas
- Para el dolor de espalda
- Para el dolor de cabeza
- Para el resfriado
- Para el dolor de garganta
- Para el cansancio

Con qué palabras

Para recomendar / aconsejar

¿Por qué no + presente?

- **¿Por qué no** { vas al médico? / descansas un poco? / vas a la farmacia?

Tener + que + infinitivo

- **Tienes que** { comer mejor / descansar / tomar alguna medicina

Lo mejor es + infinitivo
Lo mejor (para la gripe) **es** quedarse en casa.
Lo mejor (para el dolor de muelas) **es** tomar una pastilla.

Imperativo

- **Ve**
- **Vete**

{ al médico / a descansar / a la farmacia / a tu casa

Descansa

Ver el **Rincón de la Gramática.**

2. Escribe qué haces en los siguientes casos y después coméntalo con tus compañeros.

- Cuando estoy resfriado, tomo un vaso de leche caliente.
- Cuando tengo miedo enciendo la luz y digo en la telefon
- Cuando estoy aburrido boy a la cine con mis amigo
- Cuando tengo sueño me acuesto
- Cuando me duele la cabeza tomo la medicina
- Cuando estoy nervioso como mis unas

3. Tu compañero tiene los siguientes problemas. Escribe al menos dos consejos para cada uno de ellos.

Tengo insomnio. Tienes que hacer mas exhercisio / ver una programa de television que es muy aborrido.
Tengo acné. Tienes que lavar la cara dos veces a la dia
Tengo estrés. Tienes que comer mejor y dormir mas largo
Estoy agotado. Tienes que
No tengo dinero para llegar a fin de mes. Te queda en la casa
Tengo invitados en casa y no tengo comida. ______
Tengo que ir a trabajar en tren y hay huelga. ______

4. Tu compañero tiene problemas de corazón. Agrupa las cosas que tiene que hacer y las que no tiene que hacer.

tomar alcohol	comer mucha carne	hacer una vida sedentaria
fumar	hacer deporte	comer pescado
dormir 5 horas	beber mucho café	automedicarse
tomar drogas	ponerse nervioso	comer fruta

3. Vamos a la farmacia

1. Éste es el botiquín que tiene María en su casa. Relaciona los dibujos con la palabras.

- [ ] bote de alcohol
- [ ] caja de pastillas
- [ ] apósitos para quemaduras
- [ ] venda
- [ ] tubo de pomada
- [ ] tiritas
- [ ] frasquito de gotas
- [ ] frasco de jarabe
- [ ] algodón
- [ ] bote de agua oxigenada

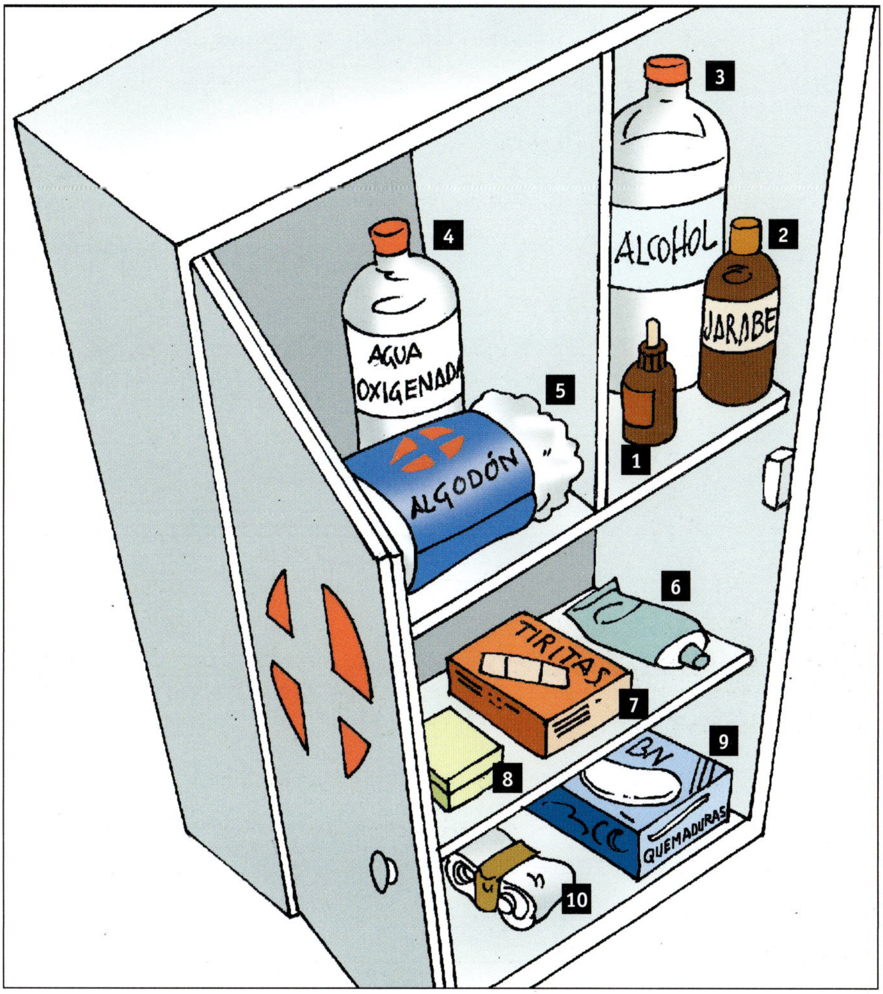

2. Comenta con tus compañeros para qué pueden servir estos productos.

3. Escucha y lee el siguiente diálogo.

Farmacéutico: *Hola, buenos días.*
Isabel: *Hola, me duele la cabeza, y la garganta, y tengo tos. ¿Me puede dar algo?*
Farmacéutico: *¿Tiene fiebre?*
Isabel: *No, creo que no.*
Farmacéutico: *Eso es un resfriado. ¿Es alérgica a algo?*
Isabel: *No.*
Farmacéutico: *Bueno, pues tómese estas pastillas, tres veces al día después de las comidas. ¡Ah!, y no puede beber alcohol.*
Isabel: *Muy bien. Gracias. ¿Cuánto es?*
Farmacéutico: *Son 5,60 euros.*
Isabel: *Aquí tiene.*
Farmacéutico: *Muy bien, gracias. ¡Que se mejore! Adiós.*
Isabel: *Adiós.*

4. Marca con verdadero o falso.

- [ ] Isabel está en un supermercado. Falso
- [ ] Le duelen la cabeza y la garganta. verdadero
- [ ] No tiene tos. Falso
- [ ] El farmacéutico le da un jarabe. Falso
- [ ] Puede beber alcohol con las pastillas. falso
- [ ] Tiene que tomar las pastillas por la noche. Falso

5. Imagina que te duele el estómago y vas a una farmacia para pedir un medicamento. Tú eres el enfermo y tu compañero es el farmacéutico. Escribe el diálogo y luego interprétalo. Tienes la ayuda del cuadro **Con qué palabras** que hay a continuación.

6. Habla con tus compañeros.

- ¿Vas mucho a la farmacia?
- ¿Qué compras normalmente?
- ¿Tienes medicinas en casa?
- ¿Prefieres ir al médico o automedicarte?
- ¿O preguntas a tu farmacéutico?
- ¿Las farmacias deben estar abiertas 24 horas?

7. ¿Sabes lo que es un "remedio casero"? Pregunta a tu profesor. ¿Conoces algún remedio casero para la tos, los mareos, los dolores premenstruales, el insomnio, las quemaduras? ¿Qué ingredientes tiene? ¿Qué hay que hacer?

Con qué palabras

Para pedir en una farmacia

• **Quería / Quiero + algo para**	la tos la acidez de estómago el resfriado
• **¿Me da**	un jarabe? aspirinas? esta receta?
• **¿Tiene**	pañales? alcohol? anticelulíticos?

3.2

La escuela

1. ¿Dónde está...?

1. Un poco de vocabulario. Tienes 3 minutos para escribir palabras sobre partes de la escuela.

Por ejemplo:

el aula

____

____

____

____

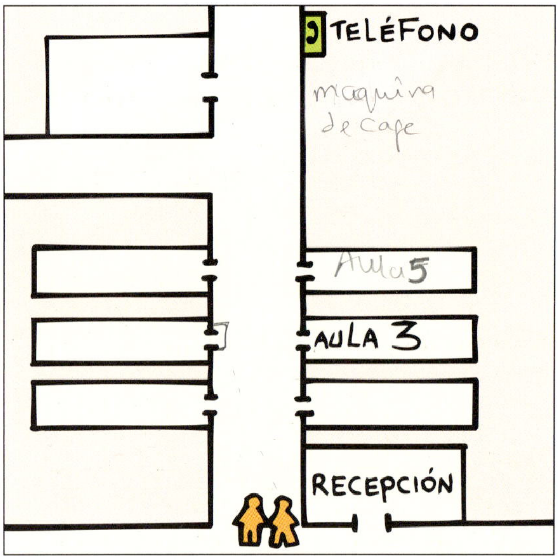

2. Escucha y lee.

- *Oye, por favor, ¿dónde está el tablón de anuncios?*
- *¿El tablón de anuncios? Sí, mira, en ese pasillo, enfrente del aula 3.*

- *¿El aula 5, por favor?*
- *Es la tercera puerta, a la derecha.*

- *No encuentro la máquina de café.*
- *Mira, está allí al fondo, al lado del teléfono.*

3. Escucha otra vez y marca en el plano los lugares y las cosas que buscan estos estudiantes. Fíjate en las palabras y frases que se utilizan en los diálogos y escribe algunos ejemplos.

Para preguntar	**Para indicar/situar**

Con qué palabras

Para preguntar

- **¿Dónde** **está** el tablón de anuncios? / **están** los servicios?

- **¿El** aula 5,
- **¿La** sala de vídeo,
- **¿Los** servicios,

por favor?

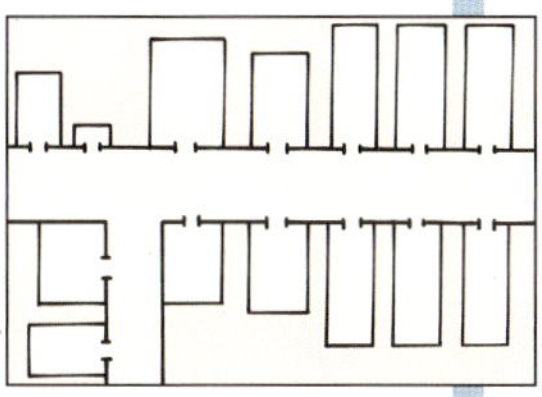

Para identificar

- (Es) la 1.ª/2.ª puerta / la puerta de la derecha/izquierda / esta/esa/aquella puerta

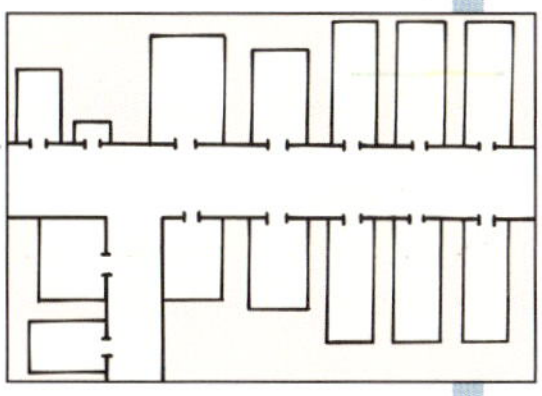

Para situar

- **Está / están**
  - aquí/allí
  - al fondo/final del pasillo
  - a la izquierda/derecha
  - enfrente del servicio/de la sala de profesores
  - al lado de la máquina de café/del tablón de anuncios
  - en el 1.er/2.º/ primer piso/segundo piso
  - en el piso de arriba/abajo

4. Compara con el cuadro.

5. Pregunta e indica.
¿Dónde está el...?

Estudiante A
- Sabes dónde están: la sala de profesores, los servicios, el aula 5. Sitúalas en el plano.
- No sabes dónde están: la sala multimedia, el aula 3, el laboratorio de idiomas. Pregunta a tu compañero y márcalo en el plano.

Estudiante B
- Sabes dónde están: la sala multimedia, el aula 3, el laboratorio. Sitúalas en el plano.
- No sabes dónde están: la sala de profesores, los servicios, el aula 5. Pregunta a tu compañero y márcalo en el plano.

2. En el aula

1. ¿Sabes cómo se llaman estos objetos? Relaciona los dibujos con las palabras.

1. el libro de texto
2. el diccionario
3. la hoja
4. la carpeta
5. el cuaderno
6. el bolígrafo
7. el lapicero
8. el estuche
9. la regla
10. la fotocopia
11. el rotulador
12. la goma
13. el sacapuntas
14. la mochila
15. el maletín

2. Escucha lo que dicen estos estudiantes.

- *¿Me dejas un rotulador rojo?*
- *Sí, cógelo, está en mi estuche.*

- *¿Me pasas esa carpeta, por favor?*
- *Sí, toma.*

- *¿Me dejas el diccionario?*
- *Lo siento, es que lo necesito ahora.*

3. Lee los diálogos y completa el cuadro.

Con qué palabras

Para pedir objetos	**Para reaccionar**
• ¿ Me ___________ el sacapuntas?	• Sí, claro, toma. • ___________ , está en mi estuche. • Lo siento, ___________
• ¿Me ___________ esa mochila? • Sí, ésa de ahí, ___________ al lado de tu silla	• ¿La roja?

4. Practica por parejas cómo pedir objetos y dónde están.

S.O.S.

al lado de
detrás de/delante de
encima de/debajo de
entre _______ y _______
en/sobre/dentro de
a la izquierda de/a la derecha de

5. Coloca en la mesa o al lado de ella los siguientes objetos: unas tijeras, un bolígrafo, una regla, el libro de ejercicios... Tu compañero te va a pedir algunas cosas, explícale dónde están.

El alojamiento

1. Anuncios

1. Lee los anuncios y completa la ficha.

	Zona	N.º habit.	Con/sin muebles	Servicios	Otras características	Precio
a)				calefacción	soleado	
b)						
c)						
d)						

Tablo de Anuncios

2. Relaciona las palabras con los dibujos.

1. lavadora
2. secador
3. televisión
4. platos y cubiertos
5. toallas
6. mesa de estudio
7. estantería
8. armario
9. microondas
10. cama
11. cocina
12. frigorífico

3. Relaciona en qué habitación está.

Ej.: *El frigorífico → en la cocina*

2. En un piso

1. Escucha.

2. Lee la conversación y completa los esquemas. Luego, compara con el cuadro **Con qué palabras** de la página siguiente.

- *Mira, éste es el salón, aquí cenamos. Tu habitación es esa segunda puerta. Ahora te la enseño.*
- *¿Hay televisión?*
- *¿En tu habitación? No, no..., pero puedes verla aquí.*
- *¿Y puedo utilizar el teléfono?*
- *Sí, pero sólo para recibir llamadas... Bueno y ésta es tu habitación. Tiene mucha luz; tienes tu mesa para estudiar, con las estanterías al lado, el armario, una cama muy cómoda... Muy completa, ¿no?*
- *¿Y el baño?*
- *No, no tiene baño, pero...*
- *No, no, quiero decir que dónde está el baño.*
- *Ay, sí, sí, perdona; es esa puerta.*

- *¿Tengo que limpiar mi habitación?*
- *No, no. Sólo tienes que recogerla y ordenar tus cosas.*
- *¿Y se puede fumar?*
- *Sí , sí, claro..., pero sólo en tu habitación. Mira, desde aquí se ve la piscina.*

EN EL PISO	**hay**	______________	**no hay**	______________
		______________		______________
EN SU HABITACIÓN	**tiene**	______________	**no tiene**	______________
		______________		______________
		______________		______________
SUS OBLIGACIONES	**tiene que**	______________	**no tiene que**	______________
		______________		______________
		______________		______________
ESTÁ PERMITIDO	**puede**	______________	**se puede**	______________
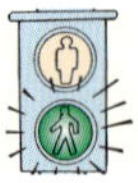		______________		______________
		______________		______________
NO ESTÁ PERMITIDO	**no puede**	______________	**no se puede**	______________
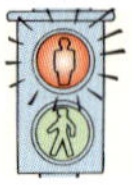		______________		______________
		______________		______________

Con qué palabras

Obligación

Personalizada: tener que + infinitivo
¿Tengo que limpiar mi habitación?

General: → **hay que + infinitivo**
- Normas → *Hay que ser puntuales.*
- Preguntas → *¿Hay que hacer el ejercicio 5 en clase?*
- Consejos → *Para aprender español hay que practicar.*

Permitido/no permitido

General → **(No) se puede + (frase con) infinitivo**
¿Se puede fumar en la escuela?
No se puede utilizar la fotocopiadora.

Personalizado → **(No) poder + (frase con) infinitivo**
¿Puedo fumar?
No puedes utilizar el vídeo.

Ver el **Rincón de la Gramática**.

Pronombres personales C.D./C.I.

Fíjate en estas frases:

Pr. personal C.D.
- *¿Tengo que limpiar la habitación?* F. S.
- *No, sólo tienes que recogerla.*
- *¿Y el teléfono?* M. S.
- *Sólo puedes utilizarlo para recibir llamadas.*

Pr. personal C.I. + C.D.
Tu habitación es esa segunda puerta... Ahora te la enseño.

3. Ordena estos dos diálogos.

- [ ] *¿Y la cama?*
- [ ] *Y ésta es tu habitación, pequeñita, pero completa.*
- [ ] *Es ese sofá-cama de ahí, es muy cómodo; ahora te explico cómo se abre.*
- [ ] *Éste es el salón, aquí comemos y cenamos. Ésta es la cocina..., y aquí está el baño.*
- [ ] *Sí, sí, ya veo. Está muy bien.*

- [ ] *¿Y me lavan la ropa?*
- [ ] *¿Puedo recibir visitas?*
- [ ] *Sí, por supuesto, pero sólo durante el día, ¡claro!*
- [ ] *¿Se puede fumar?*
- [ ] *Sí, la colada normal, pero las prendas delicadas tienes que lavarlas tú, o llevarlas a la tintorería; hay una muy cerca de aquí.*
- [ ] *Sí, sí, mi marido y yo también somos fumadores.*

3. Buscando alojamiento

1. Mira las imágenes y lee los anuncios.

Demandas

Ref. 104
Busco habitación en piso para compartir con otros estudiantes. Zonas Universidad o Barrio de las Flores. Con calefacción. Máx. 310 euros.

Ref. 105
Me llamo Sara, soy americana y tengo 26 años. Busco apartamento o estudio en la zona del Parque del Descanso o Estación del Sur. Hasta 540 euros.

Ref. 106
¡Urgente! Matrimonio necesita piso o apartamento en el centro. Amueblado y equipado. Imprescindible ascensor. Límite 750 euros.

Ref. 107
Hola, soy Tomoko, de Japón. Estoy estudiando español y quiero vivir con una familia española para practicar la lengua y también para conocer la cultura y las costumbres. No importa zona.

2. En Internet has encontrado estos anuncios. Léelos.

Atrás Adelante Detener Actualizar Página principal Autorrelleno Imprimir Correo

Dirección:

Sitios Web de Microsoft Sitios Web de MSN Apple

Favoritos Historial Buscar Álbum

OFERTAS

21
Se alquilan 2 habitaciones individuales en piso compartido. Cerca de la Universidad. Salón, cocina y baño compartidos. Calefacción eléctrica. 290 euros.

22
Familia española ofrece habitación para estudiante extranjero. Piso confortable y moderno, en zona tranquila y bien comunicada. Ambiente familiar.

23
Alquilo apartamento amueblado. Céntrico. Dormitorio, salón, cocina y baño independientes. Amueblado; cocina equipada. Calefacción central. Antena parabólica. Portero. 721 euros.

24
Estudio pequeño y cómodo. En edificio antiguo reformado. Situado en el típico Barrio de las Flores. 240 euros + comunidad.

3. ¿Qué oferta le interesa a cada uno de estos estudiantes? Relaciona.

Demanda	**Ref. 104**	**Ref. 105**	**Ref. 106**	**Ref. 107**
Oferta				

4. Enseña el piso al chico nuevo.

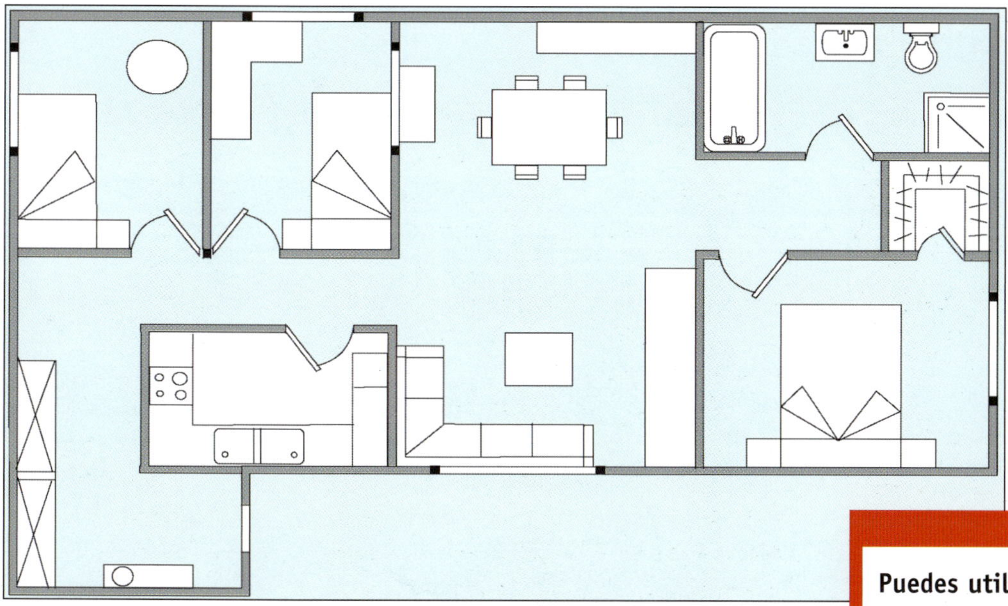

Alumno A
Un estudiante viene a ver tu piso, tú vas a enseñárselo y a explicarle las normas de convivencia más importantes.
- Sitúa los siguientes lugares: la habitación que se alquila, el cuarto de baño, el salón.
- Piensa en algunas normas de convivencia: obligaciones y cosas que están permitidas o no están permitidas.

S.O.S.

Puedes utilizar:
- Permitido/No permitido: organizar fiestas, utilizar la lavadora, traer amigos a casa, cocinar...
- Obligaciones: avisar cuando no cenas en casa, lavar tu ropa...

Alumno B
Vas a visitar un piso, tu compañero te lo va a enseñar y a explicarte lo más importante.
- Prepara preguntas sobre el piso y sobre la habitación. Haz también preguntas sobre lo que está permitido o no está permitido y sobre tus obligaciones.
- Sitúa en el plano: tu habitación, el salón y el cuarto de baño.
- Toma notas sobre las normas de convivencia.

S.O.S.

Puedes utilizar:
- Permitido/No permitido: organizar fiestas, estar en el salón, tener perro, fumar...
- Obligaciones: avisar cuando no cenas en casa, comer y cenar con la familia...

5. Alquilo habitación/busco habitación.

Quieres alquilar una habitación de tu piso:
a) Escribe un anuncio.
b) Pégalo en el tablón de anuncios de clase.

Buscas una habitación:
a) Piensa antes en tus necesidades y deseos.
b) Escribe un anuncio.
c) Pégalo en el tablón de anuncios de clase.

6. Mira el tablón de anuncios. Elige un anuncio y pide o da más información.

El lugar de trabajo

1. Equipamiento y objetos de oficina

1. Identifica en el dibujo.

- [ ] escritorio
- [ ] archivador
- [ ] armario
- [ ] impresora
- [ ] ordenador
- [ ] fax
- [ ] teclado
- [ ] disquetes
- [ ] teléfono
- [ ] fotocopiadora
- [ ] etiquetas
- [ ] flexo
- [ ] silla
- [ ] agenda
- [ ] percha
- [ ] carpetas archivadoras

2. Coloca en tu oficina las siguientes cosas: unas tijeras, una agenda, una caja de disquetes, etiquetas, una grapadora… Tu compañero te va a pedir algunas cosas y te va a preguntar dónde están. Luego, intercambiad los papeles.

2. Orientarse en un nuevo lugar de trabajo

1. Es tu primer día de trabajo. Un compañero te cuenta dónde están algunos sitios. Escucha y sitúa en el dibujo:

1. la recepción
2. los servicios
3. tu oficina
4. la administración
5. la sala de reuniones
6. el despacho del director
7. el almacén

2. Escucha y relaciona los diálogos con las imágenes.

a) • *¿Qué tal, señor Gómez?*
• *Muy bien, gracias. ¿Y usted?*
• *Bien, muy bien.*

b) • *¿La señora Clara García, por favor?*
• *Soy yo. ¿Qué desea?*

c) • *¿Diga?*
• *Hola, soy Edu, ¿está Elena?*
• *Sí, pero creo que está reunida.*

d) • *¿Está el señor Martín?*
• *Sí, un momento, por favor.*

1

2

3

4

3. Lee el cuadro **Con qué palabras** y busca ejemplos en los diálogos anteriores.

Con artículo

____

____

____

____

Sin artículo

____

____

____

____

Con qué palabras

Para preguntar por alguien

¿(Está) el/la + señor/señora + apellido...?
- **¿Está el** señor Gómez?
  la señora Muñoz?
- **¿El** señor Gómez, por favor?
- **¿La** señora Muñoz, por favor?

¿(Están) los + señores...?
- **¿Están los** señores Casas?

▸ ¡Con artículo!

¿(Está) + nombre + (por favor)?
- ¿Está Angélica?
- ¿Angélica, por favor?

▸ ¡Sin artículo!

4. Relaciona las dos columnas. ¡Cuidado!, hay más de una combinación posible. Luego escribe los diálogos.

- *¡Hola, Laura!*
- *¿Está el señor Moreno?*
- *¿Diga?*
- *¿Qué tal, señor Rodrigo?*
- *Quería hablar con Ruth Parra.*
- *Hola, soy Mónica, ¿está Mario?*
- *¿La señora Eva Echevarría?*

- *¿La señora Flores, por favor?*
- *Soy yo, ¿qué desea?*
- *Muy bien, gracias, ¿y usted?*
- *Buenas tardes, quería hablar con Rosa Torres.*
- *Es esa señora, la de la mesa del fondo.*
- *Hola, buenos días.*
- *Sí, pero en este momento no se puede poner.*

5. Pregunta e indica.

Alumno A
Mira el dibujo del ejercicio 1, sitúa a las siguientes personas: el Sr. Vargas, Carmen Acosta, el jefe de personal. Trabajas en la recepción. Indica a tu compañero dónde puede encontrar a las personas que busca.

Alumno B
Quieres hablar con: el Sr. Vargas, Carmen Acosta, el jefe de personal.
Tu compañero es el recepcionista. Pregunta por estas personas y luego marca en el dibujo del ejercicio 1 dónde están.

¿Qué tipo de vivienda?

1. Lee y relaciona las imágenes con estas características.

a) Está en el centro. Es una zona tranquila. Tiene calefacción individual, trastero y garaje. Es soleado. Es un 4.º piso. Tiene tres dormitorios, dos baños, una terraza, un salón y cocina muy amplios.

b) Tiene un dormitorio, un baño, un salón, una cocina. Es muy bonito y soleado. No tiene calefacción, ni ascensor.

c) Está en la sierra, a 40 km del centro de la ciudad. Es una urbanización privada, con vigilancia las 24 horas. Se llama Arcadia. Tiene dos plantas, piscina, garaje, pista de tenis, jardín, cuatro dormitorios, dos baños, un aseo, un salón con chimenea, un comedor, una cocina amplia. No tiene gimnasio.

2. Escucha y marca en la tabla. ¿Dónde viven estas personas?

a	b	c	d

3. Habla con tus compañeros. ¿Cómo son las viviendas en tu país? Descríbelas.

Ejemplo: *En mi país vivimos generalmente en pisos...*

Descubrir el significado de las palabras

En el Módulo 3 hay palabras relacionadas con...

- La vivienda, la escuela, el lugar de trabajo.
- Obligaciones: lo que está permitido, lo que no está permitido.
- Preguntar dónde está algo que necesitas encontrar.
- Hablar de la familia, los amigos y los compañeros: su aspecto y su carácter; su estado físico y su estado de ánimo.
- Presentar a alguien.
- Preguntar por alguien con quien quieres hablar.

1. El significado de una palabra en un texto escrito

1. ¿Qué haces cuando no entiendes una palabra en un texto escrito?

____

____

____

2. En esta ficha tienes algunas ayudas para adivinar el significado de las palabras. Léela.

- El contexto del tema del que trata: qué palabras esperas encontrar.
- La ubicación: el lugar en el que está.
- Su posición en la frase: al lado de qué palabras está.
- La forma: ¿es un verbo, un adjetivo, un nombre...?
- Se parece a otras palabras españolas.
- Se parece a palabras de tu lengua o de otras lenguas.

3. Lee estos dos textos y subraya todas las palabras que entiendas.
Rodea con un círculo las que no entiendas y utiliza todos los trucos de la ficha para adivinarlas.

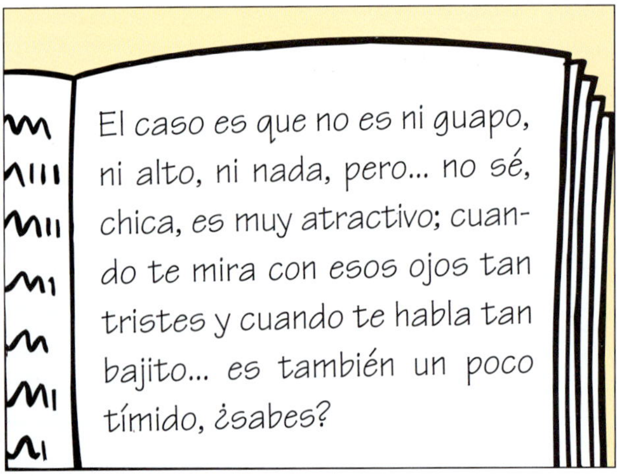

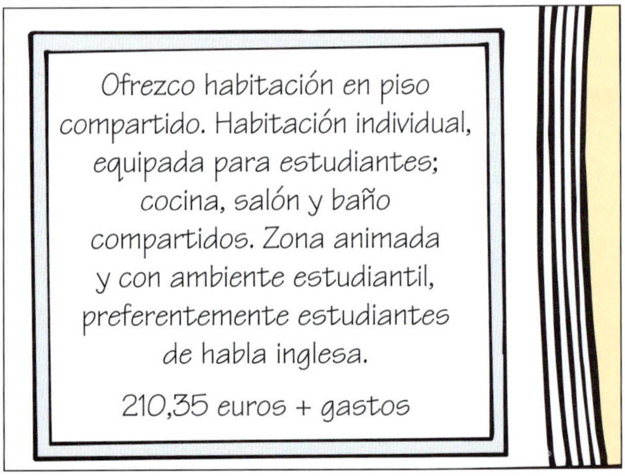

2. El significado de una palabra en un texto oral o en una conversación

1. Vamos a aprender a escuchar.
Cuando escuchas el casete en clase, ¿haces alguna de estas cosas?

- Utilizar el tema o la situación y preguntarte: ¿qué palabras esperas escuchar?
- Fijarte en las palabras que entiendes, y por el contexto adivinar las que no entiendes.
- Pensar primero en las "palabras clave" que necesitas entender y luego intentar adivinar las que no entiendes.
- Concentrarte en la información que buscas, en lo que necesitas entender.

2. Vamos a utilizar los trucos.
¿Qué palabras esperas escuchar en las siguientes situaciones? Escríbelas.

a) Cuando te encuentras con un compañero que no se siente bien.

____

b) Cuando llamas por teléfono para pedir información sobre una habitación.

____

3. Ahora escucha lo que dicen. ¿Coinciden algunas palabras con las que has escrito?

4. Vamos a imaginar dos situaciones.

Situación 1
Vas a ver tu piso nuevo. Un compañero te explica lo que se puede o no se puede hacer.
Imagina que principalmente necesitas respuesta a las siguientes preguntas:
- *¿A qué hora es la comida y la cena?*
- *¿Tienes que limpiar tu habitación?*
- *¿Puedes invitar a tus amigos?*

Situación 2
Es tu primer día de trabajo. Un compañero te explica dónde están las cosas y quién es quién.
- *¿Dónde está la sala de reuniones?*
- *¿A qué hora empieza la reunión?*
- *¿Quién es la señora morena y alta?*

Al escuchar concéntrate en las preguntas. Vuelve a escuchar y escribe las respuestas.

Adjetivos y pronombres demostrativos

Singular	**Plural**
Este / Esta	Estos / Estas
Ese / Esa	Esos / Esas
Aquel / Aquella	Aquellos / Aquellas

Adjetivo demostrativo:

– Acompaña a un sustantivo y concuerda con él en género y número.
Ej.: *Ese libro es tuyo, ¿verdad?*

Pronombre demostrativo:

– Va en lugar de un sustantivo que ha aparecido antes.
Ej.: • *El alto, con barba es mi marido.*
• *¿Éste?* ⟶

– Anticipa a un sustantivo que aparece después.
Ej.: *Mira, mamá, ésta es Carmela, mi profesora de español.*

También concuerda en género y número con el sustantivo.

Esto, eso, aquello sólo son pronombres.

Están relacionados con los adverbios de lugar: **aquí, acá, ahí, allí, allá.**

– Esto, esta, estos, estas ⟶ **aquí, acá**
Ej.: *Puedes verla aquí.*

– Eso, esa, esos, esas ⟶ **ahí**
Ej.: *Mira, está ahí, al fondo, al lado del teléfono.*

– Aquel, aquella, aquello, aquellas, aquellos ⟶ **allí, allá**
Ej.: *La escuela está allí.*

Expresiones de localización

ESTÁ
ESTÁN

- en
- entre
- al lado de
- delante de
- cerca
- detrás de
- debajo de
- encima de
- al final de
- al fondo de
- enfrente de
- a la derecha de
- a la izquierda de

Ej.: *El baño está al fondo del pasillo.*
Los ordenadores están en esa sala, al lado de la cafetería.
La grapadora está encima de la mesa de la secretaria.

Adjetivos y pronombres posesivos

ADJETIVOS + NOMBRE		PRONOMBRES	
Singular	**Plural**	**Singular**	**Plural**
mi	mis	mío/mía	míos/mías
tu	tus	tuyo/tuya	tuyos/tuyas
su	sus	suyo/suya	suyos/suyas
nuestro/a	nuestros/as	nuestro/a	nuestros/as
vuestro/a	vuestros/as	vuestro/a	vuestros/as
su	sus	suyo/a	suyos/as

Uso de los adjetivos posesivos:

- Los adjetivos posesivos van delante del nombre y concuerdan con la cosa poseída, no con el poseedor.
  Ej.: *Es **mi hija** pequeña.*
  *En **mi clase** somos cinco.*
  ***Mi novio** es guapo.*

Uso de los pronombres posesivos:

- Los pronombres posesivos nunca van delante del nombre. Concuerdan con la cosa poseída.
  Ej.: *Es una **amiga mía.***
  *Ese libro es **tuyo.***

- Pueden o no llevar artículo (el, la, los, las).
  Se usa con artículo: para dar énfasis y cuando es necesario diferenciar dentro de un grupo.
  Ej.: *Ese libro es **el nuestro.***
  *Aquel bolígrafo es **el mío.***

Algunos usos de ser y estar

Utilizamos el verbo **ser**:

- Para la descripción física de personas.
  Ej.: *Juan es alto.*
- Para la descripción de carácter.
  Ej.: *Juan es simpático.*
- Para describir lugares.
  Ej.: *Es una calle muy ancha.*
  Ej.: *Es un piso antiguo.*

Utilizamos el verbo **estar**:

- Con personas, para expresar el estado físico y anímico.
  Ej.: *Juan está cansado.*
- Con lugares, para expresar localización.
  Ej.: *Madrid está en el centro de España.*

Formas del imperativo afirmativo

Regulares	**escuchar**	**beber**	**vivir**
tú	escuch**a**	beb**e**	viv**e**
usted	escuch**e**	beb**a**	viv**a**
vosotros	escuch**ad**	beb**ed**	viv**id**
ustedes	escuch**en**	beb**an**	viv**an**

Son **irregulares en el imperativo** los mismos verbos que tienen la irregularidad de cambio vocálico en el presente.

Ej.: cerrar → cierro → cierra
pedir → pido → pide

	Ir	**Coger**	**Poner**	**Venir**	**Decir**	**Hacer**	**Salir**
tú	ve	co**g**e	pon	ven	di	haz	sal
usted	vaya	co**j**a	ponga	venga	diga	haga	salga
vosotros	id	co**g**ed	poned	venid	decid	haced	salid
ustedes	vayan	co**j**an	pongan	vengan	digan	hagan	salgan

Algunos usos del imperativo

- Dar instrucciones.
  Ej.: *Sigue recto hasta el final de la calle.*
- Recomendar y aconsejar.
  Ej.: *Ve al médico.*
  Descansa.
- Dar permiso.
  Ej.: *¿Puedo fumar?*
  Sí, claro, fuma, fuma.

Pronombres personales

DE COMPLEMENTO DIRECTO (Acusativo)	**DE COMPLEMENTO INDIRECTO (Dativo)**	**REFLEXIVOS**
me	me	me
te	te	te
lo / la (le)	le (se)	se
nos	nos	nos
os	os	os
los / las (le)	les (se)	se

- Los pronombres sirven para sustituir al nombre y evitar su repetición.
  Ej.: *Lleva el coche al taller → Llévalo al taller.*
  Compro flores a mi madre → Se las compro.
- Cuando el pronombre LE va seguido de LO / LA, el pronombre LE se convierte en SE.
  Ej.: *Leo el libro a los niños → Se lo leo.*

Colocación de los pronombres

- El pronombre va delante del verbo.
  Si están los dos, el complemento indirecto va antes que el complemento directo.
  Ej.: *Ahora te la enseño.*
  ¿Conoces a Luis?
  No, no lo conozco.
- Cuando el verbo está en infinitivo o gerundio, el pronombre puede ir delante o detrás.
  Ej: *La televisión puedes verla en tu habitación.*
  La televisión la puedes ver en tu habitación.
  Estoy leyéndolo ahora.
  Lo estoy leyendo ahora.
- Cuando el verbo está en imperativo, el pronombre va siempre detrás.
  Ej.: *Escríbelo.*
  Ordénala.
- Fíjate en el verbo **doler**: siempre se usa en 3.ª persona singular o plural y siempre va con los pronombres de complemento indirecto.
  Pronombre de C. I. + verbo
  Ej.: *A esa señora le duele la espalda.*
- Recuerda los verbos reflexivos que estudiaste en el Módulo 1.
  Ej.: *Luis se levanta siempre a las siete.*

Practica la gramática

1. Escribe debajo de cada dibujo el demostrativo correspondiente.

Este niño soy yo.

________ silla es roja.

________ mesa está rota.

________ es mi casa.

2. Haz frases utilizando un elemento de cada columna.

El Los La Las	despacho del director cafetería servicios aulas tablón	está están	al fondo al lado a la derecha a la izquierda al final	del pasillo del despacho del salón del comedor de la secretaría

3. Escribe frases utilizando las expresiones de localización.

4. ¿Dónde viven estas personas? Escríbelo.

a) ¿Dónde vive Juan?
b) ¿Dónde vive Marta?
c) ¿Dónde vive Ramón?
d) ¿Dónde vive Irene?
e) ¿Dónde vive Pablo?

5. Escribe los posesivos correspondientes.

a) Mi hijo es pequeño (yo).
b) El libro azul es el Tuyo (tu).
c) Su novio es muy alto (ella).
d) ¿Los de gafas son de Vuestros padres (vosotros)?
e) Esta casa es la Vuestra (vosotros).
f) Sus hermanas son muy guapas (ellos).
g) Luisa es mi profesora de Matemáticas (yo).
h) Julia es la Vuestra (vosotros).
i) Su nieto tiene hambre (usted).
j) El coche negro es el nuestro (nosotros).

6. Subraya la forma correcta.

a) Esta es mi / mía madre.
b) ¿Cómo están tus / tuyos hijos?
c) Estos pantalones son sus / suyos.
d) Juan, ¿dónde están mis / mías gafas?
e) Ese jersey es mío/mi.
f) Esa camiseta no es mía / mi , es tuya / tu.
g) El coche rojo es el mío / mi.
h) El bolígrafo de plata es el su / suyo.

7. Escribe **ser** o **estar** donde corresponda.

a) María es muy amable.
b) La calle Jaén esta al final de la plaza.
c) Hoy (yo) estoy nervioso porque tengo un examen.
d) La casa de la playa es muy bonita.
e) Este sofá es muy cómodo.
f) Elena esta preocupada por la salud de su amigo.
g) Málaga esta en Andalucía.

8. Escribe la forma correcta del imperativo.

a) (Tú, escribir) ___escribe___ una carta al director.

b) (Usted, ir) ___vaya___ hasta la Plaza del Sol.

c) (Vosotros, hacer) ___haced___ los ejercicios.

d) (Ustedes, comer) ___coman___ tapas, son famosas en mi país.

e) (Tú, decir) ___di___ la verdad a tu jefe.

f) (Usted, fumar) ___fume___ menos.

g) (Ustedes, seguir) ___sigan___ recto hasta el final de la calle.

h) (Tú, comprar) ___compra___ pastillas en la farmacia.

i) (Vosotros, salir) ___salid___ de esta oficina.

j) (Usted, girar) ___gire___ a la izquierda de esta plaza.

9. Lee lo que Ana le dice a Mar para llegar al banco y después completa el texto con los verbos que tienes a continuación.

tuerces bajas coges continúas caminas giras sigues

__________ el autobús número siete, __________ en la cuarta parada y __________ recto hasta la calle Juan Bravo, allí __________ a la derecha y __________ hasta la Plaza de Oriente, allí, __________ todo recto hasta el final y __________ la segunda calle a la izquierda. En la esquina está el Banco Pastel.

10. Localiza los errores y escribe la forma correcta.

- ¿Me dejas el rotulador verde?
- Sí, cógelos está en el estuche.

- ¿Me pasa esa carpeta, por favor?
- Sí, tómalo a

- ¿Me dejas el diccionario?
- Lo siento, es que lo necesito yo en este momento.

- Por favor, ¿me pasas la agenda negra?
- Sí, tómala.

- ¿Compro la revista a tu abuela?
- Sí, cómprasela.

- ¿Llevo el regalo a Juan?
- No, no le lo lleves. se

- ¿Apago la lámpara?
- Sí, apágala.

- ¿Pongo el abrigo a los niños?
- Sí, pónselo.

11. Sustituye lo que está subrayado por el pronombre correspondiente.

a) Come la sopa. comela
b) Enciende la luz. enciendela
c) Compren las cervezas. comprenlas
d) Lava las manos a los niños. lávaselas
e) Coged el autobús cogedlo
f) Escriban la carta al director. escríbansela
g) Ordena la mesa a tu padre. escríbansela
h) Estudien la lección. estudienla
i) Bebed el refresco. Bebedlo
j) Pon la televisión. Ponla
k) Explica la gramática a los estudiantes. explicasela

12. Sustituye la palabra que se repite por el pronombre.

a) Quiero comprarme un coche. Necesito un coche.

b) Siempre tengo caramelos. Compro caramelos todos los días. Tengo caramelos en los bolsos. Siempre como caramelos.

c) Compro una camisa a Juan. Compro la camisa en una tienda nueva. Regalo la camisa a mi hermano y no necesita la camisa.

d) Quiero un ordenador. Necesito un ordenador para el trabajo. Estoy buscando un ordenador bueno, bonito y barato.

Rincón de la Pronunciación

Sílabas y acentos

1. Saber separar sílabas ayuda a pronunciar bien en español. Lee la ficha de **S.O.S.**

2. Estas palabras están rotas. Intenta reconstruirlas y haz grupos de palabras con una, dos y tres sílabas como en el ejemplo.

so-ca-**me**-pi-**sa**-mi-**bo**-**lla**-do-rá-bre-ño-**luz**-fas-co-ga-da-hom-pi-**te**-mer-sol-do-ba

bo-te-lla	me-sa	luz
____	____	____
____	____	____
____	____	____
____	____	____

S.O.S.

- La composición de sílabas más frecuente es:
  - consonante + vocal: **me-sa** (una consonante entre dos vocales pertenece siempre a la segunda sílaba)
  - consonante + vocal + consonante: ga-**fas**
  - vocal + consonante: **or**-de-na-dor
  - vocal: **e**-le-gir
  - p/b/c/g/f + r/l + vocal: **blu**-sa
  - p/b/c/g/f + r/l + vocal + consonante: **pron**-to (dos consonantes juntas, que no sean erre o ele, están en sílabas diferentes)
  - t/d + r +vocal: **tra**-je
- Hay palabras que tiene sílabas con dos vocales juntas, en el último módulo hablamos de esto. Pregunta a tu profesor si las vocales están en la misma sílaba o son sílabas diferentes.

3. Vamos a practicar la acentuación (el acento).Tienes 5 minutos para recordar palabras de este módulo y de los anteriores. Escríbelas en la tabla que tienes a continuación. Después díctaselas a tu profesor.

botella	mesa	luz
____	____	____
____	____	____
____	____	____

4. Tu profesor ha escrito en la pizarra las mismas palabras pero con otro criterio. Responde a las siguientes preguntas:

- ¿En qué terminan casi todas las palabras?
- ¿Tienen todas acento gráfico o tilde (´)?

5. Lee estas reglas:

- En español, en todas las palabras hay una **sílaba fuerte** que suena con más intensidad que las otras. Es la que tiene el **acento tónico**.
- En español hay dos tipos de palabras que **no llevan acento gráfico:**
  - **Graves o llanas**: la sílaba fuerte es la segunda empezando por el final y terminan en vocal, -n o -s. Ejemplos: bo**te**lla, co**mi**da, mer**ca**do, **ba**ño, **hom**bre, **ce**na, **pi**so, **ga**fas, **lu**nes, e**xa**men (segundo grupo en la pizarra del ejercicio 3).
  - **Agudas**: la sílaba fuerte es la última y terminan en consonante diferente de -n o -s. Ejemplos: ha**blar**, dor**mir**, be**ber**, fi**nal**, se**guid** (tercer grupo en la pizarra del ejercicio 3).
- Sólo las palabras que están fuera de estos dos grupos **necesitan la marca del acento gráfico:**
  - **Esdrújulas**: la sílaba fuerte es la tercera. Siempre llevan acento gráfico. Ejemplos: **rá**pido, te**lé**fono (primer grupo en la pizarra del ejercicio 3).
  - **Graves o llanas** que terminan en consonante diferente de -n o -s. Ejemplos: **ár**bol, **lí**der.
  - **Agudas** que terminan en vocal, -n o -s. Ejemplos: es**tás**, es**tán**, ma**má**.

6. Aplica las reglas del ejercicio anterior y lee en voz alta las siguientes palabras. Luego ordénalas por su sílaba fuerte (acento tónico).

típico, mesa, brazo, tranquilo, nariz, cuñada, está, cálido,
reloj, lápiz, marido, además, morena, alto, hijo, crítica

Esdrújulas	**Llanas o graves**	**Agudas**
______________	______________	______________
______________	______________	______________
______________	______________	______________

Vamos a jugar

1. Escucha la primera estrofa de estos dos poemas.

Una ma*ñánica*	Una mañana
de prima*vérica*	de primavera
hallé un raton*cíllico*	hallé un ratoncillo
en la ve*rédica*.	en la vereda.

2. Aquí tienes el resto del poema. Primero escribe las palabras que faltan. Escúchalo completo y corrige.

Era muy *rárico*	Era muy ______________
con dos mil *rúlicos*	con dos mil ______________
sobre la *cárica*,	sobre la ______________,
según cal*cúlico*.	según ______________.
En su car*térica*	En su ______________
guardaba he*ládico*	guardaba ______________
de rica *crémica*	de rica ______________
y choco*lático*.	y ______________.
Y muy li*gérico*,	Y muy ______________,
se fue en un *cárrico*	se fue en un ______________
con su co*chérico*	con su ______________
y sus ca*bállicos*.	y sus ______________.

Elsa Bornemann
(adaptado)

3. Éste es el título que la autora ha dado a su poema, transfórmalo y conviértelo en un título para el poema que has completado tú.

Cuéntico bóbico para una nénica aburrídica

____

4. Juega con tus compañeros. Di una palabra cambiando la sílaba fuerte, otro estudiante la dice correctamente y sigue jugando.

Rincón de la Cultura

La familia en español

1. Observa el siguiente mapa. ¿Recuerdas el nombre de los países donde se habla español? Ahora vas a oír a diferentes familias que nos cuentan dónde y cómo viven.

Europa: la familia en cifras

1. Fíjate en los siguientes datos.

	Alemania	España	Holanda	Portugal	Reino Unido
– Dos adultos y niños	**14,7**	**17,0**	**17,7**	**21,9**	**17,9**
2 adultos + 1 niño	46,4	44,9	32,7	57,7	38,3
2 adultos + 3 niños	9,6	6,5	14,8	5,8	13,2
– 1 adulto y niños	**2,3**	**0,8**	**1,9**	**1,5**	**5,5**
Mujer + niños	89,8	93,0	90,1	95,0	91,2
– Adultos sin niños	**43,5**	**56,3**	**43,5**	**50,5**	**41,9**
2 entre 15-65 años	46,8	17,7	54,7	21,9	48,1
3 ó más	26,2	55,0	22,1	52,1	25,3
– Una persona	**34,9**	**14,3**	**32,4**	**14,2**	**29,6**
1 hombre entre 15-64	34,2	17,4	36,3	15,9	30,8
1 mujer + de 65 años	31,5	52,3	26,6	50,5	32,4

Fuente: Anuario 2001, de El País.

2. Lee el siguiente texto.

España. Conclusiones

La mayoría de los hogares están compuestos por los padres y los hijos, 1 ó 2, que viven en el mismo hogar hasta que los hijos tienen 30 años.

El siguiente grupo es el de parejas sin hijos, la mayoría casadas. Vivir juntos sin hijos es muy frecuente entre las personas jóvenes, que prefieren una unión sin "papeles".

A continuación están las familias formadas por un solo miembro de la pareja y los hijos de una unión anterior.

El grupo de personas que viven solas.

El grupo de los divorciados/as con pareja e hijos de anteriores relaciones.

La familia en tu país

1. Responde a las siguientes preguntas:

- ¿Cuántas personas forman la mayoría de las familias?
- ¿Cuál es el tipo de familia más frecuente? *
- ¿Qué tipo de familia es la tuya?
- ¿Crees que la familia es importante? ¿Lo es para ti? **

S.O.S.

***Utiliza**

- todos/as los/las
- la mayoría (de los/las)
- casi todos/as los/las
- muchos/as
- algunos/as
- no muchos/as

****Utiliza**

- (Yo) **creo que** la mayoría de las familias en mi país son...
- (A mí) **me parece que** casi todos viven con otra persona.

Miniproyecto

Cómo es la familia en el lugar donde vives ahora

1. Elabora una encuesta sobre la familia. Puedes seguir estos pasos:

- Piensa en las preguntas y escríbelas.
- Entrevista a algunas personas de tu entorno y recoge sus respuestas.

– ¿Cuántos miembros forman tu familia?

....

– ¿Qué estado civil tienen los miembros de tu familia?

....

– ¿Viven tus abuelos contigo? ¿Vive algún otro familiar?

....

– ¿Dónde vives?

....

– ¿Trabajas? ¿Quién trabaja en tu familia? ¿En qué?

....

– ¿Cómo es ese lugar de trabajo?

....

2. Presentad en la clase la información que habéis obtenido.

3. Ahora sacad conclusiones de los resultados. Describid cómo es la familia en el lugar donde vivís.

módulo 4

ViVe el Español

4

vas a aprender a...

4.1

Expresar gustos, opiniones y preferencias

1. Me gusta ir de compras

1. Conocer estas palabras te va a ayudar a entender el texto del ejercicio siguiente. Léelas. Si no sabes lo que significan, pregunta a tu compañero o al profesor.

arreglarse
mirar escaparates
antes de
recoger la casa
camiseta
de colores, de rayas, de cuadros
perfumería
probar
quedarse en casa
descansar
salir a comer o a cenar

2. En este e-mail Silvia cuenta lo que le gusta hacer los fines de semana. Léelo.

Enviar ahora | Enviar más tarde | Guardar como borrador | Añadir archivos adjuntos | Firma

Cuenta: | Prioridad: Normal
Para:
CC:
CCO:
Asunto:

Tamaño Medio | B | I | U | T

Los sábados me gusta levantarme pronto, arreglarme e ir de compras toda la mañana; me encanta entrar en un bar a media mañana y tomar un café o una caña con un pincho de tortilla.
Antes de salir, me gusta dejar la casa recogida y los libros ordenados encima de la mesilla.
Me gusta muchísimo mirar los escaparates de las tiendas y comprar ropa, libros y CD; pero sobre todo me encanta comprar camisetas. Me gustan mucho las camisetas, tengo camisetas de todo tipo: de manga larga, de manga corta, con cuello, sin cuello; y de todos los colores y dibujos: verde, rojo, negro, de flores, de rayas, de cuadros...
Me gusta entrar en las perfumerías y probar los perfumes y las cremas.
En cambio, el domingo me gusta quedarme en casa y descansar, leer periódicos y revistas; no me gusta pasar horas delante de la televisión sin hacer nada.
Cuando puedo, me encanta salir con amigos a comer o cenar a un restaurante; me gusta todo tipo de comida, pero me encanta, especialmente, la italiana.
No me gustan nada los domingos por la tarde, porque empiezo a pensar en el lunes...

3. Silvia utiliza mucho estas dos formas verbales: **gusta/gustan.**

Subraya todas las formas que encuentres y escribe las cosas que le gustan a Silvia y las cosas que no le gustan.

Le gusta	**No le gusta**
se Levanta pronto en los sabados	Pasar horas delante de la TV
ir de compras todo la mañana	
mirar los escaparates.	
comprar ropa, libros y CD	

Le gustan	**No le gustan**
Las camisetas	Nada los domingos por la tarde

4. Escucha esta entrevista con el cantante de moda Alejandro Sanzo. Nos habla de sus gustos. ¿Cuándo utiliza la forma "gusta" y cuándo la forma "gustan"?

5. Aquí tienes las reglas; compáralas con tus conclusiones de los ejercicios 3 y 4.

Con qué palabras

Para expresar gustos

(a mí)	**me**	
(a ti)	**te**	
(a él, ella, usted)	**le**	**gusta/gustan**
(a nosotros/as)	**nos**	
(a vosotros/as)	**os**	
(a ellos, ellas, ustedes)	**les**	

Para indicar gradación

\+ me encanta(n)
me gusta(n) mucho
me gusta(n) bastante
me gusta(n)
no me gusta(n)
no me gusta(n) nada
– odio

Pronombre + gusta + nombre singular		
Me	gusta	el chocolate
Pronombre + gusta + nombre plural		
Me	gustan	los caramelos
Pronombre + gusta + infinitivo		
Me	gusta	leer

Ver el **Rincón de la Gramática.**

Deberes

6. Ahora escribe como mínimo 4 cosas que te gustan y 4 cosas que no te gustan.

Me gusta(n)	**No me gusta(n)**
Me gustan los Champiñons	No me gusta el frío
me gusta la tienda, zara	No me gusta la baña
me gusta cocinar	No me gustan cerdos
me gusta viajar	No me gustan cucarachas

2. ¿A ti qué te parece?

1. Martín, Susana y Antonia van a comprar ropa. Escucha y lee lo que dicen.

a)
- *A mí éste me gusta bastante.*
- *A mí también, es muy bonito.*
- *A mí no, a mí me gusta el verde.*

b)
- *Mira esta camisa. ¿Qué te parece?*
- *No sé..., no me gusta mucho.*
- *¿Y qué te parecen estos pantalones?*
- *¿Los de pana?*
- *Sí.*
- *Me gustan, no están mal. ¿Cuánto cuestan?*
- *101 euros.*
- *¡Qué caros!*

Con qué palabras

Para expresar opinión y valorar

- ¿Te gusta éste/ésta?
- ¿Qué te parecen éstos/éstas?

- **me gusta** → mucho/bastante
- **no me gustan** → mucho/nada
- **me parece** → un poco cara
- **me parecen** → un poco caros
- **(es)** → un poco cara
- **(son)** → un poco caros
- **¡Qué** cara!/¡**Es** carísima!
- **¡Qué** caros!/¡**Son** carísimos!

Para expresar acuerdo y desacuerdo

Acuerdo		Desacuerdo	
• Me gusta(n). • Me parece un poco caro.	• A mí también.	• Me gusta(n). • Me parece un poco caro.	• A mí no.
• No me gusta. • No me parece caro.	• A mí tampoco.	• No me gusta(n). • No me parece caro.	• A mí sí.

Ver el **Rincón de la Gramática.**

2. Subraya en los diálogos todas las formas que utilizan Martín, Antonia y Susana para hablar de la ropa.

3. Opinamos: comparamos nuestros gustos. Pregunta a tu compañero si le gustan estas cosas y contrasta con él tus gustos y opiniones.

Ej.: • *¿Te gusta la tortilla de patatas?*
• *No, no mucho.*
• *Pues a mí me encanta.*

navegar por Internet	salir por las noches	la tortilla de patatas
el fútbol	los bebés	los toros
leer	los deportes	los juegos de «rol»
viajar	bailar	levantarse temprano
las películas de terror	los perros	cocinar

4. Vamos a hacer una cadena de gustos y opiniones. Dices algo que te gusta, en cadena tus compañeros dan su opinión, expresando acuerdo o desacuerdo con tus gustos.

Me gusta mucho el fútbol. → (acuerdo) *A mí también.*

(desacuerdo) *A mí no.*

(acuerdo) *Pues, a mí tampoco.*

3. Prefiero las ciudades grandes

1. Escucha a estas dos personas y marca en la tabla.

¿Qué les gusta más?	a él	a ella
a) Las ciudades grandes / b) las ciudades pequeñas	a	b
a) El vino / b) la cerveza	b	a
a) Ir a bailar / b) ir al cine	b	a
a) La carne / b) el pescado	a	b
a) La primavera / b) el otoño	b	a

S.O.S.

En la conversación se usa un verbo que no conoces: **preferir.**

(yo)	pref**ie**ro
(tú)	pref**ie**res
(él/ella/usted)	pref**ie**re
(nosotros/as)	pref**e**rimos
(vosotros/as)	pref**e**rís
(ellos/ellas/ustedes)	pref**ie**ren

¡Fíjate! Me gusta más = prefiero
• *A mí **me gusta más** la carne.*
• *Pues yo **prefiero** el pescado.*

2. ¿Y tú? ¿Y tus compañeros? Pregúntaselo.

- *¿Qué te gusta más el vino o la cerveza?*
- *El vino / **Prefiero** el vino.*

3. Completa con la forma apropiada del verbo **preferir.**

- *¿Te apetece una cerveza?*
- *Estoy helada,* prefiero *un café calentito.*

- *A mi marido y a mí nos gusta mucho la tranquilidad, los árboles... y todo eso, por eso* preferimos *vivir fuera de la ciudad.*

- *¿Qué te parece esa bufanda?*
- *¿La roja?*
- *No, no, la de cuadros.*
- *No sé, no me gusta mucho,* prefiero *la roja.*

- *A mis hijos les encanta el pescado.*
- *¿Sí? ¡Qué raro! Los míos* prefieren *la pasta, las hamburguesas y esas cosas, como casi todos los niños.*

- *¿Vamos a ver la película española o la de Woody Allen?*
- *Yo* prefiero *ver la española.*

4. Es el cumpleaños de tu compañero y no sabes qué regalarle. Hazle preguntas. Aquí tienes algunas ideas, tú puedes añadir otras cosas.

5. ¿Conoces a tus compañeros? Seguro que ahora sabes mucho sobre sus gustos, sus opiniones y sus preferencias.

- Escribe en una hoja una lista con tus gustos, opiniones y preferencias. ¡Atención! no pongas tu nombre.
- Dásela al profesor. El profesor va a leerla en voz alta y tú tienes que intentar adivinar de quién es la lista.

6. ¿Recuerdas el e-mail de Silvia al principio de la unidad? Imagina que quieres hacer un intercambio con ella. Responde a su e-mail. Háblale de ti: ¿quién eres?, ¿qué haces?, ¿qué te gusta hacer?

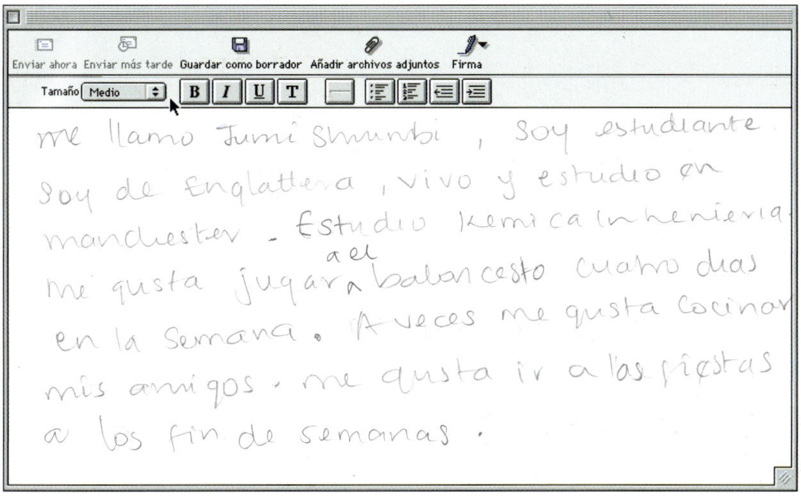

7. ¿Qué les gusta? ¿Qué prefieren?

- Haz primero una lista personal y luego coméntala con tus compañeros.

las mujeres
______

los abuelos
______

los padres
______

los gatos
______

los hombres
______

los bebés
______

los estudiantes de español
______

los perros
______

los políticos
______

los profesores de español
______

los caballos
______

¿Qué vas a hacer...?

1. Los fines de semana

1. Éstas son algunas cosas que hacen los españoles los fines de semana. Relaciona las imágenes con las palabras.

1. Montar en bici
2. Ir de compras
3. Escuchar música
4. Ir a pasear
5. Cenar fuera
6. Jugar al tenis
7. Poner la lavadora
8. Leer
9. Ir de tapas
10. Ir al parque
11. Ver la tele
12. Ir de excursión
13. Ir a la playa
14. Visitar monumentos
15. Quedarse en casa
16. Navegar por Internet
17. Ir al teatro
18. Ir a bailar
19. Ir a un concierto
20. Trabajar en el jardín

2. Comenta con tu compañero. ¿Qué haces tú los fines de semana?, ¿y tu compañero?

3. Juan y Pablo hablan de lo que van a hacer este fin de semana.
Escucha y escribe las actividades de Juan el viernes, el sábado y el domingo.

4. Lee la conversación y completa la agenda de Juan.

Pablo: *Juan, ¿qué vas a hacer este fin de semana?*
Juan: *Pues el viernes por la noche voy a salir con unos amigos, vamos a ir de tapas por la calle Santa Isabel.*
Pablo: *¿Y el sábado?*
Juan: *El sábado por la mañana voy a limpiar la casa: recoger, barrer, limpiar el polvo, fregar el suelo... Ya sabes, esas cosas, y por la tarde voy a ir con mi novia, Maite, al cine para ver la última película de Antonio Banderas, y después vamos a ir a cenar a un restaurante mejicano y luego vamos por la zona de Malasaña para tomar unas copas.*
Pablo: *Parece divertido. ¿Y el domingo qué vas a hacer?*
Juan: *Pues el domingo nada especial. Por la mañana voy a dormir y por la tarde, después de comer, voy a tomar un café con Maite y después vamos a dar un paseo por el centro, y por la noche voy a ver un rato la televisión y me voy a ir a dormir temprano, porque el lunes tengo que levantarme muy pronto para ir a trabajar.*
Pablo: *Muy bien, pues yo voy a quedarme en casa todo el fin de semana para descansar.*

5. Utiliza el cuadro **Con qué palabras** que hay a continuación y di qué vas a hacer este fin de semana.

Con qué palabras

Para expresar planes

Presente del verbo ir + a + verbo en infinitivo
Ej.: *Esta noche voy a cenar en un restaurante chino.*

Voy a **Vas a** **Va a** **Vamos a** **Vais a** **Van a**	+	comer visitar jugar

6. Esta estructura se utiliza también para hablar del futuro, por ejemplo en las predicciones del horóscopo. Pregunta a tu compañero qué signo del zodíaco es y escribe su horóscopo para la próxima semana. Piensa qué cosas van a sucederle en: la salud, el dinero, el trabajo, el amor, otras cosas...

2. El año que viene quiero viajar

1. Lee la carta de Marina.

Valencia, 10 de junio de 03

Querida Montse:

Te escribo esta carta para decirte que el próximo fin de semana, 16 de junio, vamos a Segovia. Nuestro plan es el siguiente.
Queremos salir el viernes por la tarde para llegar allí de madrugada e ir directamente a dormir al hotel.
El sábado por la mañana, queremos visitar el alcázar, la catedral, el acueducto, la plaza mayor, la iglesia de San Martín, y la de San Esteban. Después pensamos comer en el restaurante Cándido, que es el más famoso de toda la ciudad. Vamos a comer cochinillo, que es el plato típico de esa zona.
Por la tarde, vamos a ir a La Granja de San Ildefonso, es un pueblo que está a 10 kilómetros, y allí vamos a visitar el palacio de La Granja y sus jardines y después vamos a caminar por sus calles y comprar cosas típicas. Vamos a cenar de tapas.
Por la noche pensamos volver a Segovia para ir a la zona de copas de moda y bailar hasta la madrugada.
Volvemos el domingo después de comer.
Un abrazo, *Marina*

2. Ya conoces la estructura que se utiliza en español para hablar de planes. En esta carta Marina habla también de proyectos, deseos y decisiones. Con la ayuda del cuadro **Con qué palabras,** subraya con colores diferentes en la carta de Marina las frases que expresen proyectos, deseos y decisiones.

Con qué palabras

Para expresar proyectos
Presente del verbo pensar + verbo en infinitivo
Ej.: *En Segovia pienso visitar el acueducto.*

Para expresar deseos
Presente del verbo querer + verbo en infinitivo
Ej.: *Quiero aprender español en poco tiempo.*

Para expresar decisiones
Utilizamos el verbo en presente
Ej.: *Salgo esta noche con Juan.*
Ver el **Rincón de la Gramática.**

3. Piensa en los deseos que tienen estas tres personas. Escríbelos y coméntalos con tu compañero.

4. Después de limpiar la casa tienes muchas cosas que no quieres y que no vas a usar más. No quieres tirarlas a la basura. Decide a quién se las puedes dar o regalar. Recuerda los pronombres de complemento directo e indirecto del **Rincón de la Gramática** del Módulo 3.

Ej.: *Los libros se los regalo a mis primos.*

5. Se aproxima el nuevo año y, como siempre, tomamos decisiones para el año próximo.
Piensa y escribe los deseos, planes, proyectos y decisiones que tienes para el próximo año.
Recuerda el cuadro **Con qué palabras**.

1. Voy a Limpiar mi casa todos los días
2. No voy a comer el chocolate
3. Voy a decir mi oracions cada mañana
4. Voy a ir a el gymasio 2 veses de la semana
5. voy a estudiar mucho
6. Quiero ir a Sur Africa, el País su
7. me voy a Levantar antes 8 o clock cada mañana
8. me voy a apprendir español
9. Pienso comprar un coche
10. Voy a Licenciar … de el universidad

6. El próximo año quieres hacer el viaje de tus sueños. Aquí tienes varias posibilidades. Busca información (en Internet, en agencias de viaje, con tu imaginación) y con un compañero decide cómo va a ser tu viaje, qué países vas a visitar, etc. Después, explícaselo al resto de tus compañeros. Puedes escribir un plan de viaje o hacer un póster para ponerlo en la clase.

¿Quedamos este domingo?

1. Sí, dígame

1. Escucha el siguiente diálogo.

2. Contesta a las siguientes preguntas:

- ¿Se ven Elena y Ana?
- ¿Cuándo?
- ¿Dónde y a qué hora quedan?

S.O.S.

Algunas frases útiles al teléfono:

- ¿Sí? / ¿Diga? / ¿Dígame?
- ¿Está María?
- ¿De parte de quién?
- De Ruth.

3. Completa los diálogos con las palabras que faltan.

plan✓ al móvil✓ te llamo ✓ tengo que✓ ¿cómo estáis? ✓
hasta mañana ✓ de acuerdo ✓ ¿podéis?✓ adiós ✓

***Juan**: Sí, ¿dígame?*

***Enrique**: Hola, Juan, soy Enrique,* ¿como estaìs?

***Juan**: Bien, ¿y vosotros?*

***Enrique**: Bien, mira,* te llamo *para invitaros a cenar el viernes por la noche en nuestra casa,* ¿podeis? .

***Juan**: Pienso que sí, pero* tengo que *preguntar a Inés, no sé si ella tiene algún* plan .

***Enrique**: Vale.*

***Juan**: Entonces mañana te llamo* al movil *y te lo confirmo, ¿vale?*

***Enrique**: Sí,* de acuerdo.

***Juan**: Adiós,* hasta mañana.

***Enrique**: Hasta mañana,* Adios .

Al día siguiente

muy bien os esperamos podemos ir

***Enrique**: ¿Sí?*

***Juan**: Hola, Enrique, soy Juan. Oye, que sí, que* podemos ir *el viernes a cenar a vuestra casa.*

***Enrique**: ¡Ah! Muy bien, pues entonces,* os esperamos *en casa de nueve a nueve y media, ¿de acuerdo?*

***Juan**: Sí, sí,* muy bien *, adiós.*

***Enrique**: Adiós, adiós.*

4. En los ejercicios anteriores varias personas proponen actividades a otras y conciertan una cita. Subraya las frases donde proponen una actividad y donde se concierta la cita. Busca otras fórmulas para expresar esto en el cuadro **Con qué palabras** que hay a continuación.

Con qué palabras

Para proponer una actividad

Pronombre de complemento indirecto + apetece + infinitivo
Ej.: *¿Te apetece ir al cine?*

Presente del verbo querer + infinitivo
Ej.: *¿Quieres salir esta noche?*

Presente del verbo ir + a + sustantivo
Ej.: *¿Vamos al cine?*

Por qué no + presente del verbo
Ej.: *¿Por qué no alquilamos una película de vídeo?*

Para concertar una cita

Quedamos +

Quedamos +	hora	Ej.: *Quedamos a las cinco y media.*
	día	Ej.: *Quedamos el sábado.*
	lugar	Ej.: *Quedamos en la cafetería de la esquina.*
	persona	Ej.: *Quedamos con mi madre.*

Para rechazar una proposición

Es que + verbo	Ej.: *Es que salgo a las once.*
Tener que + infinitivo	Ej.: *Tengo que ir al médico.*
No puedo porque	Ej.: *No puedo porque tengo que trabajar.*
*Y también:	*No puedo, es que tengo que ir al médico.*

Quedamos **a** las siete / **en** el cine / **con** María

S.O.S.

El verbo **quedar** significa tener una cita, un encuentro con alguien.

Ej.: *Quedo con mis amigas todos los días para tomar un café.*

El verbo **quedarse** significa estar, permanecer en un lugar.

Ej.: *El fin de semana me quedo en Madrid.*

S.O.S.

La forma **tener que + infinitivo** se utiliza también para expresar obligación.

5. Algunas personas se despiden de ti.
Lee las frases y señala las explicaciones y disculpas que te dan.

- ¡Uf! Qué tarde es, <u>tengo que marcharme</u> a la peluquería porque tengo hora.
- ¡Uf! Me voy, es muy tarde y a las seis tengo que ver a un cliente.
- ¡Ay! Es tardisímo, tengo que ir a la plaza del Sol, tengo una cita con un compañero.
- Me tengo que ir, tengo que volver al trabajo rápidamente.
- Me voy rápido, tengo una cita con mi hermana para ir de compras.
- No, no puedo quedarme, tengo que ir al fisioterapeuta.
- Nos vemos el fin de semana, ¿vale? Ahora tengo que visitar a unos pacientes.
- Es que voy a salir muy tarde del trabajo.

6. Escribe en tu agenda todos los compromisos que tienes para esta semana. Luego escucha a tus amigos que te quieren invitar a varias cosas. Reacciona, aceptando o rechazando, de acuerdo con tus compromisos.

7. Tienes encima de la mesa esta serie de notas que te han dejado algunos compañeros de trabajo. Léelas y después acepta las invitaciones o recházalas con una explicación.

8. Mira los espectáculos que hay en el periódico, escoge uno y después llama por teléfono a uno o varios amigos tuyos para quedar con alguno.

4.2

Este año, este mes, esta semana...

1. ¡Nos mudamos!

1. ¿Qué está haciendo este señor? ¿Conoces otras palabras relacionadas con este tema?

pintar mudarse estar agotado subir muebles

2. Lee este correo electrónico de Esperanza a su amiga Inés.

Enviar ahora Enviar más tarde Guardar como borrador Añadir archivos adjuntos Firma

Tamaño Medio B I U T

Sábado, 14 de julio de 2003

1.30 a.m.

Querida Inés:

¡Perdona! No te he escrito antes porque hemos tenido un mes increíble. ¡Por fin tenemos piso! Después de meses de búsqueda, **hemos encontrado** el piso de nuestros sueños. Estamos muy contentos porque además la empresa de Luis ha conseguido un proyecto muy interesante y a mí me han subido el sueldo. Todo ha sucedido tan rápido que no hemos podido organizar nada hasta el último momento. Esta semana hemos comprado algunos muebles, **hemos limpiado** el piso, lo hemos pintado y nos hemos mudado. Estamos agotados, además hoy hemos invitado a algunos amigos y a la familia a una pequeña fiesta de inauguración. Imagínate, **me he levantado** prontísimo, Luis ha hecho la compra y yo he cocinado ¡para 20 personas! Menos mal que Luis me ha ayudado mucho. Él ya se ha acostado pero yo he decidido escribirte porque estos días he echado mucho de menos hablar contigo para contarte todas estas cosas. Bueno, me voy a dormir. ¿Cuándo vuelves? Espero verte pronto, un beso,

Esperanza

3. Escribe en estas tablas qué cosas les han pasado a Luis y a Esperanza y qué han hecho ellos en los siguientes períodos de tiempo. Luego compara con tu compañero.

Este mes	Esta semana	Hoy
hemos encontrado piso	hemos limpiado	me he levantado prontísimo
Ha consequido	hemos comprado	he hecho la compra
han subido		me ha ayudado
ha sucedido		ha acostado
hemos podido		he decidido
		hemos invitado

4. Esperanza utiliza un nuevo tiempo verbal. Pregunta a tu profesor cómo se llama. Completa tú la ficha siguiente de gramática.

Presente verbo **HABER + PARTICIPIO**

yo	he	comprado podido subido
tú	has	
él/ella/usted	ha	
nosotros/as	hemos	
vosotros/as	habéis	
ellos/ellas/ustedes	han	

Participios regulares

visitar	visitado
trabajar	Trabahado
leer	leído
beber	Bebido
venir	Venido
pedir	Pedido

Participios irregulares

hacer → **hecho**
decir → **dicho**

5. Lee este cuadro para saber cuándo usamos el pretérito perfecto.

Con qué palabras

Para hablar de acciones pasadas

Este año
Este mes
Esta semana
Hoy
...
→ **EN** Períodos de tiempo que no han terminado

+ Pretérito perfecto

Este fin de semana
Este sábado
Esta mañana
Esta tarde
Esta noche
...
→ **EN** Períodos o momentos que conectamos con el presente

¡Recuerda! Para hablar de acciones futuras y decisiones

Este año
Este mes
Esta semana
Hoy
Este fin de semana
...
ir a + infinitivo

Ver el **Rincón de la Gramática.**

6. Escribe qué has hecho tú este verano, esta semana, hoy. Utiliza el diccionario si lo necesitas.

Este verano Summer	Esta semana	Hoy
He Viahado	Me he quedado en la casa	Me he levantado
He ido a la playa		me he duchado
He estudiado español	He venido en España	He comendo
		He venido a la escuela

2. Hacemos balance

1. Escucha. ¿Qué fiesta es?

¿Una fiesta de cumpleaños? ¿Una despedida de soltero/a? ¿Nochevieja? ¿Una boda? ¿Navidad?

2. ¿Qué haces en tu país para celebrar la fiesta de Nochevieja? Si tu profesor es español o hispanoamericano, pregúntale qué se hace en su país. Hay más información en el **Rincón de la Cultura**.

3. En casi todo el mundo el día 31 de diciembre es el último día del año y normalmente se hace balance de lo sucedido en el año que termina. Estas personas lo han hecho, pero las frases están desordenadas. Lee las frases y relaciónalas con las personas.

ESTE AÑO

Un político del gobierno

He empezado la universidad.

Un hombre

He colaborado con los mejores directores.

Un deportista

He conocido al hombre de mi vida.

Una actriz famosa

Ha habido salud.

Una mujer

Ha sido excelente para el país.

Una chica

El equipo ha estado muy bien.

4. Alguno de ellos ha sido entrevistado en un típico programa de radio de fin de año. Escucha y di quién habla.

5. En la unidad anterior has estudiado diferentes formas de hablar del futuro, hacer planes, etc. Ahora vamos a hacer balance de lo que has hecho, te ha pasado, has visto, etc. en los últimos 12 meses. Escríbelo en un papel y dáselo a tu profesor (él también va a hacerlo). Él va a leer las notas y tenéis que descubrir de quién es cada papel. Puedes empezar así:

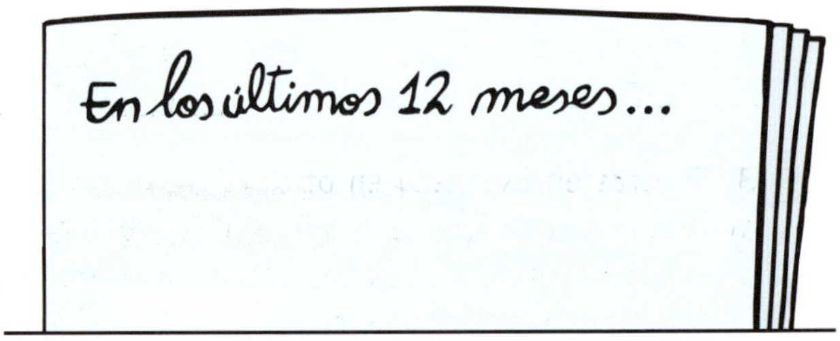

3. Ya..., pero todavía no...

1. Trabaja con tu compañero. Elegid una pareja y leed la ficha **S.O.S.**
A continuación completad la tabla con otros ejemplos de la pareja que habéis elegido.

1) Enrique y Pilar

Probarme el vestido ✓
Cerrar la lista de invitados
Probar el menú del restaurante ✓
Acompañar a Enrique a mirar trajes ✓
Hablar con el cura ✓ priest
Adelgazar 5 kilos
loose weight

2) Antonio y Antonia

Buscar iglesia
Decírselo a mis padres ✓
Decírselo a los padres de Antonia ✓
Llamar a los amigos
Hacer la lista de invitados
Buscar piso
Llamar a la agencia de viajes para el viaje de luna de miel ✓

3) Javier y Lucía

Hacer la mudanza
Quedar con la familia
Quedar con los amigos
Llevar los papeles al ayuntamiento ✓
Reservar mesa para 15 en La Parrilla
outside restaurante

YA	TODAVÍA NO
Ya han llevado los papeles al ayuntamiento	han hecho la mudanza
	han quedado con la familia
	han quedado con los amigos
	han reservado mesa para 15 en la Parrilla

S.O.S.

Enrique y Pilar **YA** han probado el menú del restaurante pero **TODAVÍA NO** han cerrado la lista de invitados.

Antonio y Antonia **YA** han informado a sus padres pero **TODAVÍA NO** han llamado a sus amigos.

2. Vas a oír a un turista que está haciendo un viaje por España con su mujer. Completad la siguiente tabla entre toda la clase.

YA
nos visitado en Madrid Barcelona y
quedamos con aceer
seville y granada
Codoba

TODAVÍA NO
hemos vistado

3. Si estás en España o en otro país hispanohablante temporalmente, comenta con tus compañeros y tu profesor las cosas que ya has hecho y las que quieres hacer pero todavía no has hecho. Si estás en tu país, piensa en las cosas que ya has hecho esta semana y en las que tienes que hacer pero todavía no has hecho. Coméntalo con tus compañeros.

El año pasado estuve en Hispanoamérica

1. ¿Has estado alguna vez en Hispanoamérica?

1. Hemos hecho esta pregunta a algunos españoles. Escucha y marca la respuesta en la columna correspondiente. En la última columna escribe la fecha o el momento exacto, si lo dice.

Muchas veces	Algunas veces	x veces	Nunca	¿Cuándo?
			✓	
		4/5		
				1990 Perú, México, Argentina
				hace muchos años
				año pasado

2. Escucha otra vez. En algunas respuestas, donde tenemos una fecha o un momento concreto, hay algunas formas de un tiempo de pasado diferente. Escribe las formas del nuevo tiempo de pasado dentro del círculo. Ejemplo: *En 1990* ***fui*** *a Perú.*

PRETÉRITO INDEFINIDO

fui

PRETÉRITO INDEFINIDO

	verbos regulares			verbos irregulares	
	MONT**AR**	COM**ER**	SUB**IR**	**SER / IR**	**ESTAR**
yo	mont**é**	com**í**	sub**í**	**fui**	**estuve**
tú	mont**aste**	com**iste**	sub**iste**	**fuiste**	**estuviste**
él /ella /usted	mont**ó**	com**ió**	sub**ió**	**fue**	**estuvo**
nosotros/as	mont**amos**	com**imos**	sub**imos**	**fuimos**	**estuvimos**
vosotros/as	mont**asteis**	com**isteis**	sub**isteis**	**fuisteis**	**estuvisteis**
ellos/as/ustedes	mont**aron**	com**ieron**	sub**ieron**	**fueron**	**estuvieron**

Ver el **Rincón de la Gramática.**

3. Haz las siguientes preguntas a tus compañeros. Para las respuestas, utiliza el recuadro.

	Nunca	1 vez	x veces	¿Cuándo?
¿Has subido a una montaña?				
¿Has comido hormigas?				
¿Has visto *Titanic?*				
¿Has viajado a otro continente?				
¿Has montado a caballo?				
¿Has dormido al aire libre?				

Con qué palabras

Para hablar de acciones pasadas sin especificar el momento exacto

Muchas veces
A veces
2, 3,... veces
1 vez
Nunca

+ **Pretérito perfecto**

Ver el **Rincón de la Gramática.**

Para hablar de acciones pasadas indicando el momento

En 1971
Hace 10 años
El año pasado

+ **Pretérito indefinido**

4. Escribid entre todo el grupo todos los verbos que han salido en el ejercicio anterior en pretérito indefinido. Luego subrayad las terminaciones de los verbos que habéis escrito y escribid la persona que es.

subí
comimos
durmieron

5. Repasa las formas del pretérito indefinido. Clasifícalas en regulares e irregulares.

Regulares	**Irregulares**
__________	__________
__________	__________
__________	__________
__________	__________
__________	__________
__________	__________

6. En parejas escribid los infinitivos al lado de las formas de pretérito indefinido. ¿Quién tiene más verbos correctos?

2. Las noticias de la semana

1. Luisa es una estudiante española que está pasando un año en Londres. No quiere perder el contacto con las cosas que suceden en España y utiliza Internet para informarse. Pero no tiene mucho tiempo, suele ver un resumen semanal de las noticias los sábados por la noche antes de salir con sus amigos.

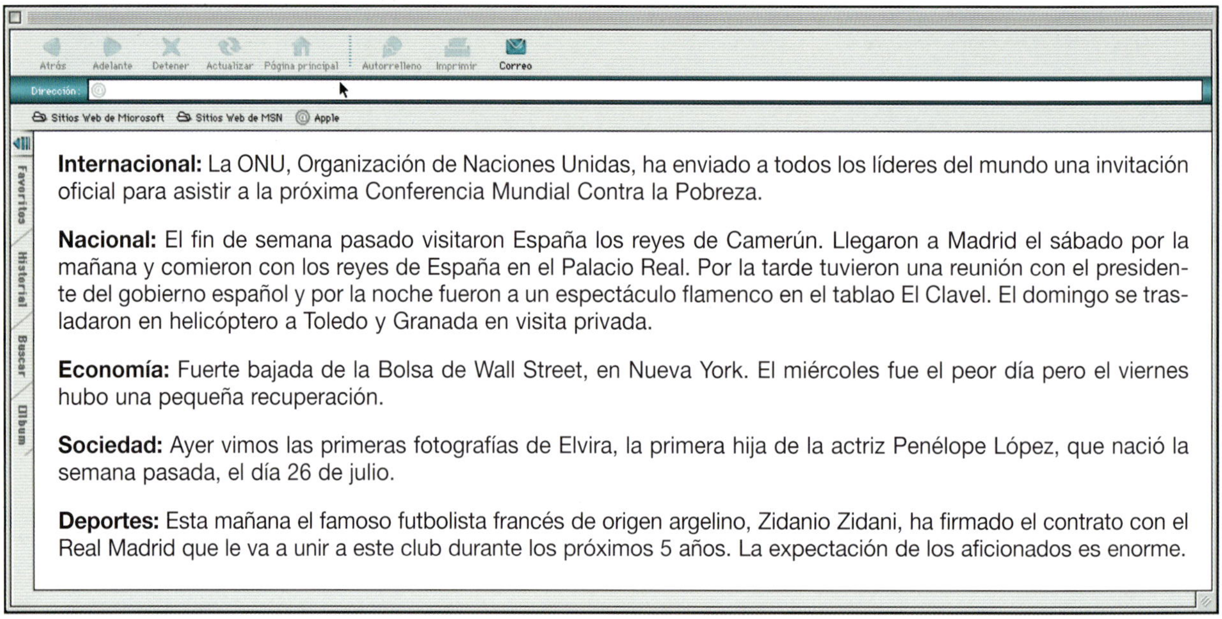

Internacional: La ONU, Organización de Naciones Unidas, ha enviado a todos los líderes del mundo una invitación oficial para asistir a la próxima Conferencia Mundial Contra la Pobreza.

Nacional: El fin de semana pasado visitaron España los reyes de Camerún. Llegaron a Madrid el sábado por la mañana y comieron con los reyes de España en el Palacio Real. Por la tarde tuvieron una reunión con el presidente del gobierno español y por la noche fueron a un espectáculo flamenco en el tablao El Clavel. El domingo se trasladaron en helicóptero a Toledo y Granada en visita privada.

Economía: Fuerte bajada de la Bolsa de Wall Street, en Nueva York. El miércoles fue el peor día pero el viernes hubo una pequeña recuperación.

Sociedad: Ayer vimos las primeras fotografías de Elvira, la primera hija de la actriz Penélope López, que nació la semana pasada, el día 26 de julio.

Deportes: Esta mañana el famoso futbolista francés de origen argelino, Zidanio Zidani, ha firmado el contrato con el Real Madrid que le va a unir a este club durante los próximos 5 años. La expectación de los aficionados es enorme.

2. Subraya con un color los verbos en pretérito perfecto y los marcadores de tiempo que los acompañan, y con otro color los verbos en pretérito indefinido y sus marcadores de tiempo.

3. Vamos a dividir la pizarra en dos mitades. En una escribimos: pretérito perfecto; y en la otra mitad: pretérito indefinido. Cada uno tiene que escribir en la pizarra un verbo y el marcador de tiempo que lo acompaña, si tiene, en la mitad correcta. Vuestros compañeros os van a corregir.

4. Piensa en los infinitivos de los verbos en pretérito indefinido. ¿Conoces todas las formas de indefinido de estos verbos? ¿Son regulares o irregulares? Comenta tus dudas con el profesor.

5. Completa el siguiente cuadro con la información que ya conoces y la ayuda de tu profesor.

Con qué palabras

Se usa pretérito perfecto con los siguientes marcadores de tiempo		Se usa pretérito indefinido con los siguientes marcadores de tiempo	
Esta semana ________ ________ ________ ________ ________ ________ ________ ________	**+ Pretérito perfecto**	Ayer ________ ________ ________ ________ ________ ________ ________ ________	**+ Pretérito indefinido**

6. Construye frases con un elemento de cada grupo.

Hoy		*Cien años de soledad*
Esta mañana		un vestido fantástico
Ayer	pasar	mucho tiempo con mi abuela
El verano pasado	ver	un piso muy bonito
Hace un rato	comprar	comida japonesa por primera vez
Este invierno	leer	a Nueva York
La semana pasada	ir	a ver a mis amigos en Berlín
Este fin de semana	comer	en casa
Hace tres años	estar	unos días en la playa
El sábado por la noche	conocer	a un hombre guapísimo
El mes pasado		un libro estupendo
Hace tres semanas		con una amiga a España

7. Dividid la clase en grupos. Cada grupo tiene que escribir un resumen de unos minutos de lo sucedido en vuestro país, en el mundo o en el lugar donde vivís durante los últimos 7 días, el último mes o año. Contádselo al resto de la clase. También podéis hacer un cartel y ponerlo en la clase.

3. Viajes: cuando fui a Hispanoamérica

1. Lee atentamente el siguiente texto. Es un fragmento del diario del famoso aventurero Aguirre Jones.

En mi vida me han sucedido muchas cosas interesantes o, al menos, curiosas, pero la que aquí les voy a contar ha quedado en mi memoria fresca como el primer día. La primera vez que fui a América fue en 1915. Primero estuve en México, allí pasé seis meses, fueron seis meses intensos y llenos de acontecimientos. Conocí a muchos revolucionarios, el que más me impactó fue Emiliano Zapata. Pasé algunos momentos peligrosos con ellos pero también me divertí muchísimo. Después de muchas aventuras llegué a Panamá y de allí volé a Perú en una de las primeras avionetas de la época. Tuve muchísimo miedo pero fue una experiencia inolvidable. En Perú subí a Cuzco en burro y después de varios días y muchos problemas con los burros, nos encontramos frente a un espectáculo impresionante, difícil de describir. No hablé durante algunos minutos y me quedé con la boca abierta. Mis acompañantes, peruanos, acostumbrados a la belleza del lugar, se rieron de mí. Viví allí algún tiempo y debo decir que la amabilidad de la gente y la tranquilidad del lugar me hicieron tener ganas de no irme de allí nunca. Pero después de algunos meses decidí volver a la vieja Europa y preparé mis cosas para marcharme. Mi sorpresa fue grandísima cuando el día de mi partida todo el pueblo salió a despedirme. Todavía recuerdo sus lágrimas... y las mías.

2. Escribe las formas de pretérito indefinido que hay en el texto y a la derecha el infinitivo correspondiente.

Pretérito indefinido	**Infinitivo**
______________	______________
______________	______________
______________	______________
______________	______________
______________	______________

3. Ahora tira el dado y di la forma que te ha tocado de estos verbos.

4. Para practicar con otros verbos vamos a formar equipos y a jugar. El profesor os va a dar a cada equipo algunos infinitivos; cada miembro del equipo tira el dado y dice la forma que le toque en suerte; si falla pasa al siguiente; si nadie dice la forma correcta juega el siguiente equipo.

5. Vas a escribir una pequeña historia sobre tu pasado imaginario. Tienes que utilizar al menos diez verbos de los ejercicios.

S.O.S.

Para ordenar un relato
primero...
después...
más tarde...
a continuación...
finalmente...

6. Observa estos anuncios e imagina que en tus últimas vacaciones estuviste en estos lugares. Después lee las anotaciones sobre cada uno de los viajes.

- Perú: Llegada a Lima, muy bonito, 2 días, paseos, cenas en restaurantes caros, visita al Museo del Oro.
  - Avioneta para Cuzco, muy pequeña, pasáis mucho miedo. Un día en Cuzco, todo el día enfermos.
  - Salida para Machu Picchu. Excursión en burro y a pie, 3 días en teoría, 5 en realidad. Ruinas de Machu Picchu impresionantes, vuelta en jeep.

- México: Llegada a México D.F., tres días en la ciudad.
  - Excursión de 3 días a Yucatán, traslado en autobús de línea, con mexicanos.
  - Llegada a las ruinas mayas por la noche, tenéis miedo.
  - Dos días en Cancún, estupendo, os quemáis en la playa.

- Argentina: Llegada a Buenos Aires, viaje en avión horrible. Tres días en la ciudad, una noche en un café de tangos.
  - Tomáis lecciones de tango.

- Cuba: Llegada a La Habana. Paseo nocturno por el malecón. Dos días en la ciudad.
  - Alquiláis un coche, hacéis un viaje por la isla hasta Santiago, muchos problemas.
  - Un día os quedáis sin gasolina, os perdéis, os metéis en un campamento militar.
  - Llegáis a Santiago, dormís durante 24 horas, una noche de salsa.
  - Cogéis el avión a casa.

7. De dos en dos tenéis que decidir dónde estuvisteis para contárselo a vuestros compañeros. Podéis tomar algunas notas pero no escribir la historia.

En el siguiente cuadro tenéis palabras y frases para reaccionar a lo que os cuentan vuestros compañeros.

Con qué palabras

Para expresar/compartir sentimientos cuando te cuentan algo (una historia, una noticia, etc.)

¡Qué bien!
¡Qué horror!
¡Qué pena!
¿De verdad?

Para mostrar interés

¿Y...? / ¿Y después?
¿Y después qué hiciste / hizo...?
¿Y que pasó?

¡Recuerda!
Para valorar un acontecimiento/dar una opinión

Pronombre + parecer + adverbio/adjetivo:
¡Nos pareció increíble!

Pronombre + gustar + (adverbio):
¡Nos gustó muchísimo!

He estado esperando más de media hora

1. Eduardo y Carolina

1. Fíjate bien en las escenas, lee las frases y completa la tabla.

¿Qué ha hecho Eduardo este fin de semana?

Ha limpiado la casa.

Ha hecho la compra.

Ha estado hablando con Carolina por teléfono durante dos horas.

¿Qué hizo ayer?

Se levantó a las 7.30 h.

Estuvo trabajando de 9 h. a 17 h.

Quedó con Carolina, su novia, a las 19:30 h. en el cine Odeón.

La estuvo esperando más de media hora.

A las 20:05 h. se fue a casa enfadado.

		Verbo	Expresión de tiempo
Pretérito perfecto	Hacemos énfasis en la duración		
	No hacemos énfasis en la duración		
Pretérito indefinido	Hacemos énfasis en la duración		
	No hacemos énfasis en la duración		

2. Compara la tabla del ejercicio anterior con el siguiente cuadro.

Con qué palabras

Para hacer énfasis en la duración de una acción

Pretérito perfecto
Pretérito indefinido
→ **del verbo ESTAR + gerundio + *(marcador de tiempo)**

Todo el día, mes...
Toda la mañana, tarde...

(Durante) + cantidad + período de tiempo

(Durante) cuatro
(Durante) varios
(Durante) muchos
→ minutos, horas, días...

Desde + marcador de tiempo + hasta + marcador de tiempo

Desde	las cuatro y media	hasta	las ocho
Desde	julio	hasta	el 15 de agosto

P. perfecto		**P. indefinido**		
he	**estado**	**estuve**		
has	**estado**	**estuviste**		pens**ando**
ha	**estado**	**estuvo**	+	com**iendo**
hemos	**estado**	**estuvimos**		conduc**iendo**
habéis	**estado**	**estuvisteis**		
han	**estado**	**estuvieron**		

* **¡Atención!** Usamos estas formas del verbo cuando queremos expresar o hacer hincapié en la duración de una acción o suceso, por esa razón suele usarse con estas expresiones de tiempo; a veces la expresión de tiempo no es necesaria porque con esta estructura y el significado del verbo ya damos la idea de duración.

Podemos decir:

*El sábado **cené** con unos amigos.* → Información, no hacemos énfasis en la duración de la acción.

*El sábado **estuve cenando** con unos amigos.* → Hacemos énfasis en la duración de la acción.

Ver el **Rincón de la Gramática.**

3. Utiliza el cuadro **Con qué palabras** de la página anterior.
Fíjate en las imágenes y en los datos y piensa: ¿qué ha hecho hoy Elena?

4. Ahora imagina: ¿qué hizo el martes? Escríbelo.

Muy nuestro

Los misterios de "quedar"

1. Christian Ibsen, un danés que vive en España, ha escrito un artículo para una revista. Antes de leer, ¿qué esperas encontrar en esta entrevista? ¿De qué temas o problemas se va a hablar?

Por favor, no leas todavía la entrevista, lee solamente el título y la entradilla.
- Primero trabaja con un compañero: haz una lista de posibles temas o problemas.
- Luego haz una lluvia de ideas con toda la clase.

Los misterios de quedar

"Quedar": ¿Cómo lo hacen los españoles? ¿Cómo consiguen tener una vida social?

Después de más de dos años en España mi español ha mejorado muchísimo. Entiendo casi todo y me dicen continuamente: «¡Qué bien hablas!». Yo sé que es un cumplido, porque hago muchas faltas y todavía hay muchas cosas que no entiendo: la diferencia entre perfecto e indefinido, el subjuntivo, las preposiciones 'a' y 'para' y... el verbo QUEDAR. Me explico. Por fin he entendido la diferencia con 'quedarse', es fácil: ***quedarse*** es permanecer en un lugar, 'to stay', 'bleiben', 'blijven', 'rimanere', 'rester', 'ficar'. Y ***quedar*** es concertar una cita, ponerse de acuerdo con alguien para verlo. Lo que todavía no he entendido es cómo se hace. Es tan complicado que a veces me pregunto cómo es posible que los españoles tengan una vida social tan intensa.

Hace unos días, hablando con Montse, una compañera de trabajo, salió el tema. Nuestra conversación fue tan interesante y Montse dijo cosas tan típicas que decidí publicarla. Lo que sigue es parte de nuestra conversación.

Ch. *Montse, ¿tú tienes agenda?*
M. *Sí, ¡claro!*
Ch. *¿Y la usas?*
M. *Depende.*
Ch. *Quiero decir, que si la llevas siempre, si apuntas cosas... y ¿qué cosas?*
M. *Sí, apunto las cosas importantes, cuando tengo hora con el médico, citas de trabajo y esas cosas...*
Ch. *¿Y las citas con los amigos? Quiero decir, cuando quedas con los amigos, ¿lo apuntas en la agenda?*
M. *No, no... Las citas con los amigos casi nunca las apunto; bueno, a lo mejor me lo escribo en un post-it y lo pego en la puerta del frigorífico.*
Ch. *Y cuando quieres quedar con un amigo, cuando quieres concertar una cita informal, ¿cómo lo haces?*
M. *¡Vaya pregunta!... Bueno, pues , por ejemplo, un lunes o un martes me llama una amiga. Como hace mucho tiempo que no nos vemos, yo le digo a ver cuándo quedamos y hablamos tranquilamente...*
Ch. *¿Y quedáis? ¿Fijáis un día y un lugar y todo eso?*
M. *A lo mejor, bueno, no sé... depende. Ya sabes que yo estoy siempre muy liada, que tengo mucho que hacer.*
Ch. *Sí, bueno, pero si quieres quedar con ella, ¿qué haces?, ¿qué dices?*
M. *Pues le digo (o ella me dice): mira, te llamo mañana y nos vemos un ratito después del trabajo o llámame el viernes y quedamos el fin de semana...*
Ch. *¡¿Te llama el viernes para quedar el fin de semana?!*
M. *Sí, ¿te parece raro? Sí, me llama el viernes o el sábado por la mañana y entonces ya decimos el sitio y la hora: en el Central entre 8 y 8:30 o después de cenar o sobre las 10, por ejemplo...*

Conclusión: Querido lector, saque usted sus conclusiones.

2. ¿Has entendido bien el artículo?
A continuación tienes alguno de los puntos más importantes; contesta a las preguntas:

–¿Has entendido bien la diferencia entre 'quedar' y 'quedarse'? Pon un ejemplo.
–¿Para qué utiliza Montse su agenda?
–¿Cómo propone Montse el encuentro? ¿Qué frase utiliza? ¿Recuerdas otras?
–¿Fijan lugar y hora en el primer contacto?
–¿Es normal para Montse llamar por teléfono el viernes para quedar el sábado?
–¿Cómo lo expresan, qué frases expresan la actitud de cada uno?
–¿Fija Montse una hora exacta para quedar con su amiga?

3. ¿Hay en tu país algún comportamiento social o cultural que produzca especialmente problemas a los extranjeros? ¡Seguro que sí! Piensa un poco en ello y cuéntaselo a tus compañeros.

Cuando te faltan palabras

En el Módulo 4 hay palabras relacionadas con...
- Expresar gustos, opiniones y preferencias: verbos, adverbios y adjetivos.
- Expresar acuerdo y desacuerdo.
- Hablar del tiempo libre.
- Concertar citas; quedar.
- Hablar de decisiones, planes y proyectos.
- Expresiones de tiempo con pretérito perfecto y pretérito indefinido.
- Viajes.

1. Hacerte entender cuando al hablar te faltan palabras

1. ¿Qué haces cuando no sabes o no recuerdas una palabra que quieres utilizar?

• *Yo no digo nada, me quedo callado.*

• *Pues yo salgo corriendo a buscar el diccionario.*

2. ¿Utilizas alguno de estos trucos?

- Pedir ayuda: ¿cómo se dice ...?, ¿qué significa...?
- Decirla en tu lengua.
- Inventarla, haciéndola parecida a como es en tu lengua o en otras lenguas que conoces.
- Explicar el significado de la palabra: cómo es, para qué sirve, de qué está hecho, dónde está normalmente, etc.
- Utilizar gestos, hacer un dibujo...
- Utilizar una palabra española parecida.
- Si sabes de qué vas a hablar, pensar en las posibles palabras que vas a necesitar.

3. ¿Qué ayuda utilizarías en los siguientes casos?

- Si no recuerdas la palabra "historia".
- Si no sabes cómo se dice en español "apointment".
- Si no recuerdas la palabra "esquiar".
- Si vas a llamar a un amigo español para quedar y no recuerdas las palabras que necesitas.

2. Practicamos con la ficha de trucos

1. Elige dos palabras de este recuadro. Imagina que estás contando algo y no las recuerdas.

mudanza, boda, montar en bici, Nochevieja, horóscopo, hacer balance, levantarse temprano, fin de siglo, guerra mundial, sueldo, limpiar la casa, verano, agenda

- Para hacerte entender puedes utilizar una de estas ayudas: describir las palabras, explicarlas o dibujarlas. Tus compañeros tienen que adivinar las palabras.

2. Elige dos palabras otra vez. Pero en esta ocasión, para hacerte entender:

- Utiliza una palabra española parecida.
- Invéntala haciéndola parecida a como es en tu lengua o en otras lenguas que conoces.

vacaciones, interesante, historia, siglo, fiesta, correo electrónico, cita, proyecto, fin de semana, visitar, pintar, muebles, opinión, Hispanoamérica, excursión

3. A veces podemos prepararnos. En ese caso es útil imaginar la situación y pensar en las palabras que vamos a necesitar para comunicarnos. Imagina las siguientes situaciones.
Piensa en las palabras que vas a necesitar.

Situación 1: Sabes que el profesor el lunes te va a hacer la siguiente pregunta: *¿qué tal el fin de semana?*

Situación 2: Estás haciendo un intercambio con un chico español y quieres hablarle de tus gustos e intereses y de tus planes para los próximos meses.

Expresar gustos, intereses y opiniones: *gustar, interesar, parecer*

1. Formas y construcción

(Prep. + pron. personal)	**+ pron. pers.**	**verbo**	**adverbio/adjetivo**
A mí	me		
A ti	te	gusta/n	mucho/nada
A usted/él/ ella	le	interesa/n	
A nosotros/nosotras	nos		
A vosotros/vosotras	os	parece/n →	interesante/aburrido
A ustedes/ellos/ellas	les		interesantes/aburridos

• **PARECER/INTERESAR**

sujeto + (negación) + pron. personal + parece/n + (adverb.)+ adjetivo
interesa/n + (adverb.)

Este libro (no) me ▸ *parece muy interesante.*
interesa mucho.

A + pron. + (negación) + pron. personal + parece/n + (adverb.) + adjetivo

A mí me parece un poco aburrida.

2. Diferencias de uso

Con **gustar** expresamos **gustos** → • *Me gusta mucho viajar en grupo...*

Con **parecer** expresamos **opiniones**, explicamos la razón → *porque me parece una forma de hacer amigos*

Con **interesar** expresamos nuestros **intereses** → • *Nosotros queremos ir a Hispanoamérica, porque nos interesan mucho las culturas indígenas*

3. Acuerdo y desacuerdo

ACUERDO

Me gusta / Me interesa ▸ **A mí también**

No me gusta / No me interesa ▸ **A mí tampoco**

DESACUERDO

Me gusta / Me interesa ▸ **A mí no**

No me gusta / No me interesa ▸ **A mí sí**

Hablar del futuro

1. Construcciones para expresar distintos matices

- Para expresar **decisiones** ⟶ **Marcador de tiempo + verbo en presente**
  Ej.: *El próximo sábado voy a una boda.*
- Para expresar **planes** ⟶ Verbo **ir a + infinitivo*** (Ver ficha **S.O.S.**)
  Ej.: *Después de este curso voy a estudiar mucho español.*
- Para expresar **intenciones** ⟶ Verbo **pensar + infinitivo**
  Ej.: *El día 1 de enero pienso dejar de fumar.*
- Para expresar **deseos** ⟶ Verbo **querer + infinitivo**
  Ej.: *Dentro de dos o tres años queremos tener un hijo.*

2. Indicadores de futuro

mañana/pasado mañana...
Ej.: *Pasado mañana vuelven mis padres.*

el/la + unidad de tiempo **+ que viene**
Ej.: *La semana que viene pienso estudiar más.*
el/la + próximo/a + unidad de tiempo
Ej.: *El próximo verano voy a trabajar de camarero.*

dentro de + unidad de tiempo
Ej.: *Te llamo dentro de unos días.*

S.O.S.

(*)
1. Esta construcción puede utilizarse en lugar de las otras.
2. Recuerda que con el infinitivo el pronombre puede ir en dos posiciones.
- **pronombre + ir a + infinitivo**
  Me voy a comprar un coche
- **ir a + infinitivo + pronombre**
  Voy a comprarme un coche

Hablar del pasado

1. Pretérito perfecto

Se forma con :	**pres. de haber**	**+ participio**		
Yo	**he**	estudi**ado**	verbos en **–AR**	estudi**ar**
Tú	**has**	compr**ado**		compr**ar**
Él/ ella/usted	**ha**	ten**ido**	verbos en **–ER/IR**	ten**er**
Nosotros/ as	**hemos**	com**ido**		com**er**
Vosotros/as	**habéis**	viv**ido**		viv**ir**
Ellos/ellas/ustedes	**han**	sal**ido**		sal**ir**

Participios irregulares

volver	**vuelto**	hacer	**hecho**
ver	**visto**	decir	**dicho**
escribir	**escrito**		
poner	**puesto**		
abrir	**abierto**		

Los pronombres personales de complemento directo e indirecto se colocan inmediatamente delante de las formas del verbo; la forma de haber y el participio no se pueden separar.

Ese libro **ya lo he leído.** ¡Nunca!: Este libro ya ~~he lo leído~~.

Se utiliza pretérito perfecto con los siguientes marcadores:

Hoy	*Hoy me he levantado muy temprano.*
Hace un rato/momento	*He visto a Martín hace un rato.*
Este mes/año/invierno/curso/...	*Este invierno ha hecho muchísimo frío.*
Esta mañana/tarde/noche/semana/primavera	*No he visto a Carolina esta semana.*
Estos días/meses/años/...	*Estos meses han sido los mejores de mi vida.*
Estas vacaciones/Navidades	*Estas vacaciones lo he pasado muy bien.*
Ya	*Ya he recogido mi habitación.*
Todavía no	*Todavía no he recogido mi habitación.*
Nunca	*No he estado nunca en África.*
Alguna/una, dos.../varias veces	*Te he llamado por teléfono cinco veces.*

2. Pretérito indefinido

Verbos regulares	Verbos en **–AR**	Verbos en **–ER / –IR**	
	escuchar	**aprender**	**escribir**
Yo	escuch**é**	aprend**í**	escrib**í**
Tú	escuch**aste**	aprend**iste**	escrib**iste**
Él/ella/usted	escuch**ó**	aprend**ió**	escrib**ió**
Nosotros/ as	escuch**amos**	aprend**imos**	escrib**imos**
Vosotros/as	escuch**asteis**	aprend**isteis**	escrib**isteis**
Ellos/as/ustedes	escuch**aron**	aprend**ieron**	escrib**ieron**

*Entre vocales la **–i-** cambia e **–y-** (3.ª pers. sing. y pl.)

Leer → leyó leyeron

Verbos irregulares en la 3.ª persona del singular y del plural

- Los verbos del grupo **–IR** que en presente cambian en la raíz: **e>i/ie** (s**e**ntir> s**ie**nto, m**e**dir> m**i**do); en pretérito indefinido cambian la **e** de la raíz en **i**, en la 3.ª persona del singular y plural.
- Los verbos del grupo **–IR** que en presente cambian en la raíz: **o>ue** (d**o**rmir> d**ue**rmo); en pretérito indefinido cambian la **o** de la raíz en **u**, en la 3.ª persona del singular y plural.

	medir	**sentir**	**dormir**
sing.	m**i**dió	s**i**ntió	d**u**rmió
pl.	m**i**dieron	s**i**ntieron	d**u**rmieron

Verbos con la raíz irregular

Todos estos verbos tienen las siguientes terminaciones:

tener	**tuv-**	**e**
estar	**estuv-**	**iste**
saber	**sup-**	**o**
poner	**pus-**	**imos**
venir	**vin-**	**isteis**
hacer	**hic-**	**ieron**
querer	**quis-**	
poder	**pud-**	

Verbos totalmente irregulares

ser/ir

fui
fuiste
fue
fuimos
fuiste
fueron

Se utiliza pretérito indefinido con los siguientes marcadores:

Ayer/ anteayer/ anoche — *Ayer tuve un examen muy difícil.*
La semana/ primavera/... **pasada** — *La semana pasada me encontré con Collin.*
El mes/ año/ otoño/ curso/... **pasado** — *El mes pasado estuve de vacaciones.*

Con fechas: día, mes, año, estación del año
el lunes/ martes /... — *El lunes hablé con él.*
el día 1, 2, 3... — *Recibí tu mensaje el día 2.*
en enero/ febrero/ marzo/... — *Empecé a trabajar aquí en febrero.*
en 1960/ 1992/... — *Nos conocimos en 1992.*
el 2 **de** julio **de** 1988 — *Mi hijo nació el 2 de julio de 1988.*

Para relacionar el pasado con el presente
hace + cantidad de tiempo (dos semanas, 4 meses, 5 años...) — *Se conocieron hace 5 años.*

Oraciones temporales con cuando: para presentar un suceso o una acción paralela a otra
Nos cambiamos de casa cuando nació mi hermano pequeño.
Cuando nació mi hermano pequeño nos cambiamos de casa.

S.O.S.

Hace + Pret. perfecto
Cuando el período de tiempo transcurrido es muy corto:
un rato, un momento,
unos minutos, un cuarto de hora.
Ha salido hace un momento
Cuando lo consideramos corto y usamos expresiones como
ni media hora, ni una hora/dos horas.
No hace ni dos horas que se ha ido.

3. Elegir un tiempo del pasado

Cuando el período de tiempo al que se hace referencia incluye el presente, elegimos:

Pretérito perfecto

lunes	martes	miércoles	jueves	viernes	... sábado	domingo

(estoy contándolo el sábado de esta semana)

– Esta semana he tenido mucho trabajo.

Cuando el período de tiempo al que se hace referencia no incluye el presente, elegimos:

Pretérito indefinido

La semana pasada	Esta semana

miércoles

La semana pasada tuve mucho trabajo.

(el miércoles de esta semana estoy contando algo de la semana pasada)

Practica la gramática

1. Completa con los verbos **gustar, interesar** o **parecer.**

- A mi novia y a mí ______ pasar las vacaciones en países lejanos, porque ______ lo extraño y lo desconocido y sobre todo porque ______ conocer otras culturas.
- Pues nosotros normalmente nos quedamos en nuestro país, ______ las cosas normales y conocidas.

- Ayer estuve en el Museo del Prado y me encantó: *Las Meninas, el Guernica*, Goya... Sobre todo los cuadros de Goya ______ muy especiales, impresionantes.

- Hanneke, ¿ ______ Madrid?
- Sí, sí me gusta, está bien; pero ______ las ciudades pequeñas, ______ más acogedoras.

2. Expresa acuerdo o desacuerdo. Da tu opinión.

- ¿Por qué no nos vamos? No me gusta nada este bar, está lleno de tipos raros.
- ______

- A nosotros nos gusta pasar las vacaciones en familia, todos juntos en la playa o en una casita en el campo.
- ______

- Me encanta este cuadro, los colores, las figuras..., todo es impresionante.
- ______

- Yo soy muy deportista, me gusta correr, jugar al tenis, nadar...
- ______

3. ¿Qué matices se expresan en las siguientes frases? ¿Planes, decisiones, intenciones o deseos?

- El próximo domingo como en casa de mis padres, es que es el cumpleaños de mi madre. ______

- ¿Qué vais a hacer en vacaciones?
- Nos vamos a España, vamos a hacer un curso de español. ______

- El año que viene quiero cambiar de trabajo, voy a buscar algo con más responsabilidad. ______

- Este fin de semana pienso quedarme tranquilamente en casa descansando, no voy a hacer nada, bueno... ver la tele y estar tumbada en el sofá con mi música y comiendo mi helado favorito. ______

4. Ahora escribe otros ejemplos.

5. Marianne ha estado de vacaciones con su novio; va a enviar este e-mail a un compañero de trabajo. Ayúdale a elegir bien los tiempos de los verbos para hablar del pasado. ¡Fíjate bien en los marcadores temporales!

La semana pasada (VOLVER) ____________ de las vacaciones. (SER) ____________ las mejores de mi vida: ¡casi un mes en Perú!
Como sabes, (ESTAR) ________________ en Perú. La primera semana de julio (ESTAR) ______________ en Lima, en casa de unos amigos. El lunes (EMPEZAR) ____________________ el Camino Inca, una ruta preciosa para llegar a Machu Picchu, ¡impresionante! Después (VISITAR) ________________ Ayacucho, allí (ESTAR) ________ tres días y luego (VISITAR) _________ a unos familiares de Pedro Enrique en Trujillo y, bueno, la última semana (VOLVER) __________________ a Lima a descansar un poco.
Esta semana (SER) _____________ un poco extraña, todavía tenemos que acostumbrarnos a la vida normal. Pedro (EMPEZAR) ________________________ a trabajar el lunes y yo he empezado hoy. Esta mañana (PREGUNTAR) ____________ por ti, y Quique (DECIR) __________________ que estás de baja, que en julio (ROMPERSE) _________________ una pierna jugando al fútbol , pero que ya estás mucho mejor y que vuelves la próxima semana.
Hace un ratito (LLAMAR) ___________________ Laura Perales preguntando por ti y se lo he dicho; me (PEDIR) ___________________ el teléfono de tu casa y no se lo (DAR) ______________, ¡qué pesada! Bueno, te dejo, que todavía tengo muchas cosas que hacer. Ya (ORDENAR) _______________ los papeles y he (CONTESTAR) _______________ los mensajes, pero todavía no (MIRAR) _______________ el plan general de este mes, ni (REVISAR) _________________ las notas para la reunión de mañana.
No te preocupes por nada y cuídate mucho.

Un besazo, Marianne

6. Haz frases. Responde a la pregunta según el modelo.

a) **Con énfasis en la duración de la acción** b) **Sin hacer énfasis en la duración de la acción**

• ¿Habéis visto las fotos de las vacaciones?

a) Sí, **estuvimos viéndolas** ayer en su casa. b) Sí, **las vimos** ayer en su casa.

• ¿Qué tal con Nacho?
• ¡Fatal! / discutir

a) ______________________________ b) ______________________________

• ¿Qué hicisteis en Nochevieja?
• cenar en casa de mis suegros/beber mucho/jugar a las cartas

a) ______________________________ b) ______________________________

• Hola, cariño, ¿qué tal el día?
• resolver asuntos aburridos/comer con dos clientes pesadísimos/preparar la fiesta de Navidad

a) ______________________________ b) ______________________________

eRRe que eRRe

1. La teoría

1. Lee y escucha.

CaRoLiNa

Se escribe ⟶ aCCión peRRo caLLe iNNecesario

Se pronuncia ⟶ /k//θ/ /r/ /ʎ/ /n//n/

- En español no hay consonantes dobles.
- Cuando hay dos letras **c** seguidas **-cc-** cada una tiene un sonido diferente.
- La **elle** -**ll**- es un solo sonido diferente del de la **ele** -**l**-.
- La doble **ene** son dos sonidos de la **ene** que se repiten de forma casi inapreciable. Es muy poco frecuente en español.
- La **erre** tiene dos sonidos: uno es suave y el otro es más fuerte. Vamos a verlo paso a paso.

2. Practicamos

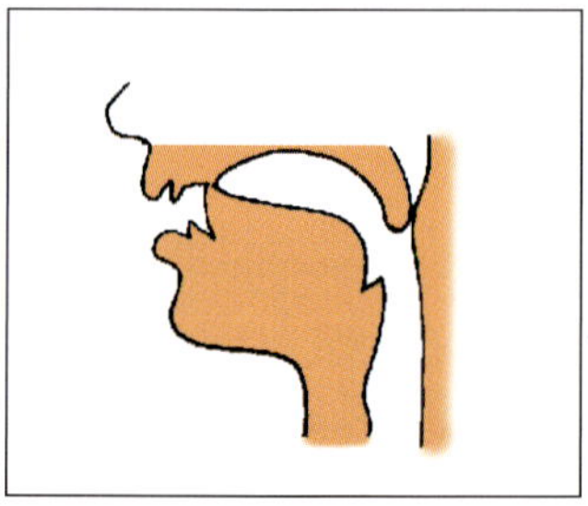

1. La **erre** en español tiene dos sonidos diferentes. Escucha y repite.

moro / morro caro / carro piro / pirro
pero / perro cero / cerro curo / curro

2. Lee las reglas.

pero, cero ⟶ Sonido suave.
Es siempre una erre entre dos vocales.

Roma / co**r**to / bebe**r** ⟶ Sonido fuerte. Se escribe una erre al principio o al final de la palabra y entre vocal y consonante.

pe**rr**o, ce**rr**o, e**rr**e ⟶ Sonido fuerte.
Dos erres entre dos vocales.

3. Cierra los ojos y repite algunas veces la sílaba: **de** / **de** / **de** / **de**

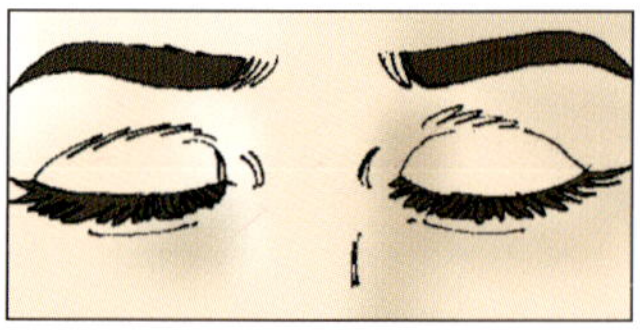

Ahora añade la sílaba te: de / **te** / de / **te** / de / **te**...
Ahora una más: de / te / **le** / de / te / **le** / de / te / **le**...
Y por fin : de / te / le / **re** / de / te / le / **re** / de / te / le / **re**...
¿Notas dónde está la lengua? Ése es el punto de articulación de la erre.

4. Lee en voz alta.

El pe**rr**o de san **R**oque no tiene **r**abo,
po**r**que **R**amón **R**odríguez se lo ha co**r**tado.

Acento y entonación

1. ¿Preguntas o afirmas?

1. Escucha las frases y di cuál corresponde a cada expresión.

Escúchalas otra vez y repítelas. Intenta imitar la "melodía" de la frase.

2. Escucha estas frases. Sólo vas a oír una de cada grupo. Marca la que oyes.

1. Este libro es el tuyo.
2. ¿Este libro es el tuyo?
3. ¡Este libro es el tuyo!

1. ¿Mañana es su cumpleaños?
2. ¡Mañana es su cumpleaños!
3. Mañana es su cumpleaños.

1. Ha venido Javier.
2. ¿Ha venido Javier?
3. ¡Ha venido Javier!

1. ¡El café está caliente!
2. El café está caliente.
3. ¿El café está caliente?

3. Escribe una frase en la pizarra y pide a tus compañeros que la pronuncien con diferentes entonaciones.

2. Más sobre la tilde

1. Los monosílabos son palabras que tienen sólo una sílaba. Ejemplos: *sal, mes, mar.* ¿Conoces otras? Tenéis 5 minutos para escribir en la pizarra entre toda la clase todas las palabras con un sílaba que recordéis. Normalmente los monosílabos no tienen tilde, pero hay algunas excepciones. Lee la ficha de **S.O.S.**

2. Intenta con toda la clase explicar la función que tienen las palabras marcadas en el siguiente texto. Piensa si son un pronombre, un verbo, un artículo, un adverbio, etc. Tu profesor te va a ayudar.

- ***Él*** *no sabe que yo* ***sé*** *lo que* ***tú*** *sabes.*
- ***Mi*** *hermana* ***se*** *levanta* ***más*** *pronto que yo.*
- ***Tu*** *madre prefiere el* ***té, te*** *lo he dicho muchas veces.*
- *Pues, a* ***mí, sí*** *me gusta* ***el*** *fútbol, ¿y a ti?*
- *No* ***sé si*** *es* ***de*** *Felipe o* ***de*** *María*

S.O.S.

– Algunos monosílabos llevan tilde porque tienen dos significados (o dos funciones dentro de la frase).

dé /de	sé / se
él /el	sí /si
más/mas	té / te
mí / mi	tú / tu

– Los pronombres interrogativos y exclamativos también pueden llevar acento si preguntan o exclaman, pero no lo llevan si funcionan como conectores de frases independientes.
¿Qué? ¿Cuándo? ¿Dónde?
¿Quién? ¿Cómo?

3. Entre toda la clase tenéis que hacer una lista en la pizarra con los monosílabos que tienen acento, como en la ficha de **S.O.S.**, y al lado la función que tienen cuando llevan tilde y cuando no la llevan.

4. Escribe dos frases con alguno de los ejemplos de la ficha de **S.O.S.** Tus compañeros tienen que escribir las tildes correctamente.

Fiesta, fiesta, fiesta

1. Un paseo por las fiestas de España

1. Aquí tienes un calendario de fiestas de una guía turística.

– ¿Conoces alguna de estas fiestas?
– ¿Has estado alguna vez en alguna de ellas?

EN PRIMAVERA

• **Marzo**
- **Las Fallas** - En Valencia. La semana del 19 de marzo, festividad de San José.
- **La Semana Santa** - En toda España. Conmemora la pasión y muerte de Jesús. Fecha variable.

• **Abril**
- **La Feria de Abril** - En Sevilla. Dos semanas después de Semana Santa.

• **Mayo**
- **San Isidro** - En Madrid. A mediados de mes.

EN OTOÑO

• **Septiembre** - Fiestas populares en muchas ciudades y pueblos de toda España.

• **Octubre**
- **Día de la Hispanidad** - En España y en Hispanoamérica. 12 de octubre.

• **Noviembre**
- **Día de todos los Santos** - En toda España. 1 de noviembre.

EN VERANO

• **Junio**
- **La noche de San Juan** - En toda España. 24 de junio.

• **Julio**
- **San Fermín** - En Pamplona (Navarra). Del 7 al 14 de julio.
- **Santiago Apóstol** - En Galicia. 25 de julio.

• **Agosto**
- **La Asunción** - En toda España. 15 de agosto.

EN INVIERNO

• **Diciembre**
- **Navidad** - En toda España. 24 y 25 de diciembre.
- **Nochevieja** - En toda España. 31 de diciembre.

• **Enero**
- **Año Nuevo** - En toda España. 1 de enero.
- **Los Reyes Magos** - En toda España. 6 de enero.

• **Febrero - Marzo**
- **Carnaval** - En toda España, 40 días antes del Viernes Santo.

2. En la página siguiente tienes más información sobre alguna de las fiestas más populares: Semana Santa, Fallas, San Fermín, Navidad y Carnaval.

– Mira las fotos, lee los textos y pregunta las palabras que no entiendas.

3. Ahora vas a escuchar un programa cultural en el que hablan de las mismas fiestas. Es la misma información con algún detalle más. ¡No es importante entenderlo todo! Presta atención a la información nueva e intenta anotar dos datos nuevos de cada una de ellas.

SEMANA SANTA: LAS PROCESIONES

En toda España se celebra la Semana Santa, para recordar la pasión y la muerte de Jesús. Sin embargo, las celebraciones son distintas en cada región: las procesiones castellanas son sobrias y silenciosas, en cambio las andaluzas son coloridas y ruidosas.

LAS FALLAS: PÓLVORA Y FUEGO

En la festividad de San José (19 de marzo), en Valencia se queman en hogueras cientos de esculturas de cartón-piedra (fallas), elaboradas a lo largo del año. Sólo unas pocas, las premiadas, se salvan del fuego para sobrevivir en un museo.

EL HOMBRE Y EL TORO: ¡VIVA SAN FERMÍN!

A las 12 en punto del mediodía del 6 de julio una multitud se reúne en la Plaza, frente al Ayuntamiento de Pamplona. Desde el balcón un concejal grita: ¡Viva San Fermín! y enciende el "chupinazo", un petardo gigante que anuncia el comienzo de una de las fiestas españolas más conocidas en el mundo.

CARNAVAL: DESFILES Y DISFRACES

El Carnaval es el período anterior a la pasión y muerte de Jesús. Estas fechas se celebran prácticamente en toda España. Los carnavales más famosos y espectaculares son los de Cádiz y los de Tenerife.

NAVIDAD: UNA FIESTA FAMILIAR

La Navidad se celebra prácticamente igual en toda España. Las fechas más importantes son el 24 y 25 de diciembre (Nochebuena y Navidad), el 31 (Nochevieja) y el 6 de enero (día de los Reyes Magos). En España es típico: el belén, el turrón, los villancicos y las doce uvas.

2. En mi país también hay fiestas

1. Seguro que en tu país también hay fiestas especiales. Tienes que hacer:
- Un calendario de fiestas.
- Un póster con información específica de las fiestas más populares o famosas.

Si estudias español en tu país, imagina que esta información es para un grupo de turistas o estudiantes españoles.

Miniproyecto

Las vacaciones

1. Los españoles y las vacaciones

1. Mira estos datos (la tabla sólo recoge las respuestas con porcentaje más elevado).

a)	¿Cuáles son los tres **aspectos** más importantes a la hora de planear sus vacaciones?	Descansar, divertirme, conocer otros lugares
b)	¿**Dónde** pasa sus vacaciones?	73% en un lugar fijo en España 40% en la costa o en un lugar cercano a la costa
c)	¿**Cuándo** va de vacaciones? ¿Son **continuadas o partidas**? ¿**Cuánto tiempo**?	82% entre julio y septiembre, 83% continuadas 70% 21 días
d)	¿**Con quién** va de vacaciones?	78% con la familia o amigos de confianza
e)	¿**Cómo organiza** sus vacaciones?	85% por cuenta propia
f)	¿**Dónde se aloja**?	30% en casa de familiares y amigos 20% en hotel
g)	¿**Qué medio de transporte** utiliza para desplazarse al lugar de vacaciones?	72% el coche
h)	¿Tiene **planes para las próximas vacaciones**?	60% todavía no

(Datos del CIS, octubre de 1995)

2. Vas a hacer una encuesta sobre las vacaciones a algunos españoles o latinoamericanos.
Pregunta a personas de diferente sexo, edad, ocupación, nivel cultural y nivel económico.
Tu profesor te va a dar una ficha con las preguntas, pero si quieres o te parece importante tener otros datos, puedes añadir más preguntas.
– Compara tu ficha con los datos oficiales del CIS (Centro de Investigaciones Sociológicas).

a)		
b)		
c)		
d)		
e)		
f)		
g)		
h)		

2. Mi país y las vacaciones

1. Busca datos sobre la gente de tu país y las vacaciones. Compara el resultado de tu investigación con los datos sobre "Los españoles y las vacaciones".

2. Coméntalo con tus compañeros y escribe las conclusiones.

3. Tú y las vacaciones

1. Comenta con tu compañero tus respuestas a estas preguntas: ¿Cuándo tienes vacaciones? ¿Dónde las pasas? ¿Con quién? ¿Dónde te alojas? ¿Qué medio de transporte utilizas? ¿Cómo las preparas? ¿Cuánto dinero gastas? ¿Tienes planes para las próximas vacaciones?

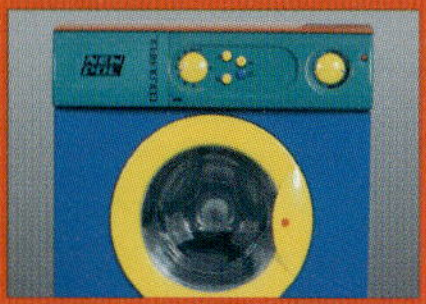

módulo 5

ViVe el Español

vas a aprender a...

5.1

Dar instrucciones

1. ¿Cómo funciona? ¿Qué hay que hacer?

1. Aquí tienes dos textos en los que se dan instrucciones. Léelos.
¿Dónde puedes encontrar este tipo de textos u otros parecidos? Coméntalo con tu compañero.

PARA GRABAR

1.º Introduzca una casete en el vídeo. Si ya hay una casete dentro, enciéndalo con el botón "OPERATE".

2.º Seleccione el programa con los botones del cursor (o con los botones numéricos).

3.º Para grabar en el modo 'Larga Duración', compruebe que en el display frontal aparece la indicación "LP". Pulse el botón "LP" en caso necesario.

4.º Pulse el botón "REC/QSC" para comenzar la grabación.

5.º Para finalizar la grabación pulse el botón "STOP".

- El sábado por la mañana pon la lavadora, ¡separa la ropa blanca de la de color! y tiéndela el mismo día (se arruga menos). Las corbatas de tu padre llévalas a la tintorería y recoge el traje (el resguardo está en la mesita del teléfono).
- Haz la compra en el supermercado (está abierto al mediodía). Para el pan vete mejor a la panadería (el del súper es malísimo).

- Dile al portero que arregle el grifo del lavabo (sigue goteando).

- Llama a la tía Carmen y pídele el teléfono de su dentista.
- No te olvides de dar de comer a Chispas y sacarle todos los días ¡por la mañana y por la noche!
- Cierra bien la puerta (las dos cerraduras).

- Vuelve prontito a casa.
- Ven a comer el domingo, es el cumpleaños de la abuela y estaremos todos. Sé bueno, hijo, y sobre todo ten mucho cuidado con la moto.

2. Las siguientes frases también se utilizan para dar instrucciones. ¿Las reconoces? ¿Dónde puedes encontrarlas?

Completa la tabla.	Escucha lo que dicen estas personas.
Subraya todos los verbos.	Pregunta a tu compañero y escribe sus respuestas.

3. Para dar instrucciones utilizamos un modo especial del verbo: el **imperativo.** Aquí tienes algunos verbos que aparecen en los ejercicios 1 y 2. Escribe el infinitivo.

Imperativo: tú	Imperativo: usted	Infinitivo
subray**a**	subray**e**	______
selecciona**a**	seleccion**e**	______
encien**de**	encien**da**	______
llam**a**	llam**e**	______
le**e**	le**a**	______
recog**e**	recoj**a**	______
escrib**e**	escrib**a**	______

4. Completa la tabla.

	escuch**AR**	cerr**AR**	le**ER**	volv**ER**	escrib**IR**	ped**IR**
tú	escuch**a**		le**e**		escrib**e**	p**i**d**e**
usted		c**ie**rr**e**			escrib**a**	
vosotros/as		cerr**ad**		volv**ed**		ped**id**
ustedes	escuch**en**		le**an**	v**ue**lv**an**		

* **¡Fíjate!** Sólo existen las formas de segunda persona, singular y plural.

5. Estos verbos tienen algunas formas irregulares. Completa la tabla con las formas que aparecen en la bolsa.

di id ten vayan haga haz diga ponga hagan venga tenga pon sean venid decid salga poned tened salgan ven pongan vaya salid haced sal tengan sed ve sea digan se vengan

	poner	decir	hacer	salir	tener	venir	ir	ser
tú	pon							
usted								
vosotros								
ustedes								

Ver el **Rincón de la Gramática.**

6. Te vas de vacaciones y un amigo va a cuidar tu casa. Déjale notas, explicándole lo que tiene que hacer.

S.O.S.

Aquí tienes los infinitivos de algunos verbos que tienes que utilizar:

- coger los mensajes
- bajar/ subir las persianas
- encender y apagar las luces
- poner: música, la tele, la radio
- regar las plantas
- dar de comer: al pájaro, al gato

7. Vamos a jugar a ser inventores. Trabaja con tu compañero. Pensad en una máquina o aparato útil. Dibujadlo (si queréis) y escribid las instrucciones. Dádselo al resto de la clase. Si no entienden cómo funcionan vuestras máquinas, explicádselo.

Aquí tenéis algunas ideas: una máquina para ordenar tu habitación, una máquina 'teletransportadora', una máquina para desaparecer...

2. ¿Cómo se prepara?

1. Aquí tienes los ingredientes necesarios para preparar dos platos típicos, uno español y otro argentino, uno frío, otro caliente: gazpacho y empanadas argentinas de carne. Escribe el nombre de los ingredientes.

Gazpacho

Empanadas de carne

2. Los dibujos muestran cómo se preparan estos dos platos. Ordénalos.

Yo creo que el orden correcto es:

1.º ____________________

2.º ____________________

3.º ____________________

4.º ____________________

5.º ____________________

6.º ____________________

7.º ____________________

8.º ____________________

9.º ____________________

10.º ____________________

Yo creo que el orden correcto es:

1.º ____________________

2.º ____________________

3.º ____________________

4.º ____________________

5.º ____________________

6.º ____________________

7.º ____________________

8.º ____________________

9.º ____________________

3. Aquí tienes los infinitivos de los verbos que aparecen en las recetas. Escríbelos:
- en **imperativo**
- con **se + 3.ª pers. del pres. sing. y pl.**

Hay tres formas de dar instrucciones en recetas:

en imperativo	*triture todo*
en infinitivo	*triturar todo*
se + 3.ª pers. del presente	*se tritura todo*

→ ______________________________
____
____
____
____

→ ______________________________
____
____
____
____

4. Completa estas recetas.

Gazpacho

Ingredientes para cuatro personas
1 kg de tomates muy maduros, 1 pepino, 1 pimiento verde y 1 pimiento rojo (pequeños), una cebolla, un vasito de aceite de oliva, 2 ó 3 cucharadas de vinagre, 1 diente de ajo, pan del día anterior, sal y pimienta.

Preparación
Pela los tomates, el pepino y la cebolla; __________ las semillas al tomate y a los pimientos.
__________ las hortalizas y la cebolla. __________ algo en un plato.
__________ en el recipiente de la batidora, __________ el aceite, el vinagre, el pan y un poco de sal.
Batir a fondo y __________ agua fría poco a poco, la sal y la pimienta. Si te gusta un poco picante __________ el diente de ajo picado.
__________ en el frigorífico hasta el momento de servir.
Se sirve bien frío y __________ con la guarnición de hortalizas.

Empanadas argentinas de carne

Ingredientes para cuatro personas
- 12 discos de hojaldre
- 500 g de carne picada
- 2 cucharadas de aceite de girasol
- 200 g de cebolla picada
- 2 huevos duros y un huevo batido
- Aceitunas (trozos)
- 1 tomate, sin semillas, picado en cubos
- sal y laurel

Modo de preparación
- Ponga el aceite en una cacerola y __________ suavemente la cebolla, luego __________ el tomate, cortado en cuadradillos y la carne picada, __________ con las especias y __________ durante media hora; __________ los huevos duros picados y los trozos de aceituna.
- Luego __________ una porción en cada disco de hojaldre, __________, formando una media luna y __________ los bordes presionando con un tenedor.
- Se colocan en una placa para horno, engrasada, ______ con el huevo batido y __________ a una temperatura de 180° durante 15 minutos.
- __________ calientes y acompañadas de ensalada.

Ver **Muy nuestro**.

3. ¿Cómo se va?

1. Esta pareja no sabe cómo se va a su hotel y pregunta a una chica. Escucha y completa.

- *Perdona, ¿sabes dónde está el Hotel Quijano?*
- *¿El Hotel Quijano? Sí, sí, está ____________ ¿Ven esa iglesia? Pues cruzan aquí, siguen todo recto por ____________ y después de la iglesia cogen ____________*
- *Vale, después de ____________, la primera calle a la izquierda.*
- *Ay, no, perdonen, ____________, sí claro, la primera a la derecha. Al final de esa calle hay una plaza, pues entran por ____________ y allí está el Hotel Quijano. ¡Es muy fácil, no tiene pérdida!*
- *Sí, sí, muchas gracias.*

2. Los señores Nielsen no han entendido bien cómo se va al hotel y preguntan a un policía. Escucha y marca el camino. Vuelve a escuchar y anota las formas verbales que utiliza el policía para explicar cómo se va. ¿Son las mismas que en el ejercicio 1? ¿Cómo se llama esta forma del verbo?

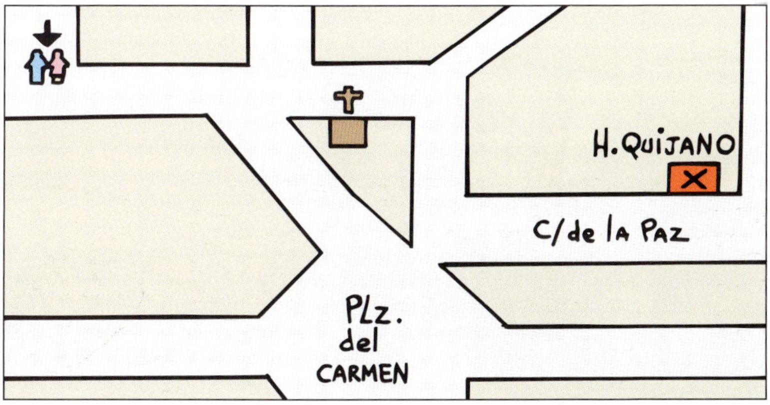

Formas verbales

____
____
____
____
____
____
____

3. Explícale a Rebeca cómo llegar a tu casa.

Aconsejar, recomendar, persuadir y convencer

1. Recomendaciones, consejos y sugerencias

1. Aquí tienes algunas recomendaciones que la D.G.T. (Dirección General de Tráfico) da a los conductores. Léelas; luego subraya las frases que empiezan con la palabra "no ...".

Si bebe, no conduzca. Pare y duerma en caso de cansancio. No use el móvil al volante.

Descanse cada 200 km. Respete los pasos de peatones.

Para aconsejar lo que no hay que hacer, se utiliza el presente de subjuntivo; sólo necesitas aprender las siguientes formas:

	usAR	bebER	conducIR
tú	-es no uses	-as no bebas	no conduzcas
usted	-e no use	-a no beba	no conduzca
vosotros	-éis no uséis	-áis no bebáis	no conduzcáis
ustedes	-en no usen	-an no beban	no conduzcan

Ver el **Rincón de la Gramática.**

2. Consejos de lavado: "lo que hay que hacer", "lo que no hay que hacer". Completa.

mezclar /vaciar/ cerrar/ lavar/ usar	**Seleccionar** – __________ colores oscuros con colores claros. – __________ todos los bolsillos. – __________ las cremalleras. – __________ al revés los vaqueros. – __________ una bolsita protectora para lavar la lencería.
seguir	**Temperatura de lavado** – __________ siempre las instrucciones de lavado de las etiquetas.
dosificar/ usar	**Dosificar** – __________ el detergente siguiendo las instrucciones del envase. – __________ de más; usar más detergente no da mejor resultado. – __________ detergentes blanqueantes o lejía en prendas de color.
prestar atención/ tener en cuenta/ estirar/ secar	**Secar** – __________ a los símbolos de secado. – __________ que algunas prendas no pueden secarse en secadora. – __________ las costuras y sacuda las prendas antes de tenderlas. – __________ las prendas de punto en posición horizontal.
disolver/ evitar/ estrujar/escurrir	**Lavado a mano** – __________ bien el detergente en agua antes de introducir la prenda. – __________ dejar la prenda en remojo. – __________ , retuerza o frote las prendas. – __________ la prenda con mucho cuidado.
fijarse/ tener en cuenta	**Lavado en seco** – __________ bien en el símbolo de 'lavar en seco'. __________ que algunas prendas deben lavarse sólo en seco.

3. Más consejos. Escucha esta conversación entre Clara y Laura y completa las frases.

Laura tiene problemas con ______________ .

Luis y Laura discutieron ______________ y no ha llamado a Laura ______________ .

Clara sugiere a Laura ______________ .

Laura no tiene ganas de ______________ .

Clara propone ______________ .

Al final le da los siguientes consejos ______________ ,
______________ , ______________ , ______________ .

Laura contesta ______________ .

4. Lee este cuadro. En él tienes varias formas de dar consejo que expresan distintos matices: sugerencia, posibilidad, recomendación u obligación. Luego vuelve a escuchar la conversación y señala en el cuadro las formas que utiliza Clara.

Con qué palabras

Para hacer una sugerencia

¿Por qué no / **¿Y si**	**+ presente...?**	• ¿Por qué no le escribes un e-mail? • ¿Y si le escribes un e-mail?

Para ponerse en lugar de la otra persona

Yo / **Yo que tú** / **Yo en tu lugar**	**+ pret. imperfecto**	• Yo, le escribía un e-mail. • Yo que tú, le escribía un e-mail. • Yo en tu lugar, le escribía un e-mail.

Para presentarlo como una posibilidad

Puedes + infinitivo • Puedes escribirle un e-mail.

Para presentarlo como una recomendación

Imperativo • Escríbele un e-mail.

Para presentarlo como una obligación

Debes / **Tienes que**	**+ infinitivo**	• Debes escribirle un e-mail. • Tienes que escribirle un e-mail.

5. Escribe los consejos, siguiendo las instrucciones.

a) Hacer más ejercicio → Preséntalo como una obligación
– (Tú) *Tienes que hacer más ejercicio*

b)Tomarse unas vacaciones → Preséntalo como una recomendación
– (Usted) ______________________

c) Preguntar en el quiosco → Preséntalo como una sugerencia
– (Ustedes) ______________________

d) Ir en autobús → Preséntalo como una posibilidad
– (Vosotros) ______________________

e) Hablar con ella → Ponte en el lugar de la otra persona
– (Tú) ______________________

f) Dormir más → Preséntalo como una obligación
– (Ustedes) ______________________

g) Contárselo a todos → Preséntalo como una recomendación
– (Vosotros) ______________________

6. Elige dos propuestas y da consejos a tu compañero.
Utiliza las formas que prefieras del cuadro **Con qué palabras** de la página anterior.

a) Para hacerse rico.
b) Para ser feliz.
c) Para encontrar un buen trabajo y conservarlo.
d) Para estar en forma.
e) Para encontrar el amor de tu vida.
f) Para educar bien a los hijos.
g) Para llevarse bien con la familia.
h) Para mejorar el medio ambiente.
i) Para sobrevivir en tiempos difíciles.

7. Escribe una lista de cinco consejos para aprender mucho español; compara tu lista con la de algún compañero y añade a tu lista algún consejo de la suya que te parezca bueno.
Luego, con toda la clases haced un decálogo: "Diez consejos para aprender bien español". La lista puede tener forma de póster y podéis pegarlo en las paredes del aula. Y, por supuesto, tenéis que intentar seguir los consejos.

2. La publicidad

1. Piensa un poco en cuál es el principal objetivo de la publicidad.

2. Fíjate en estos anuncios.
¿Qué anuncia cada uno?
Coméntalo con tus compañeros.

3. Todos los anuncios nos sugieren, nos proponen, nos animan a hacer algo.
¿Te has fijado en qué forma verbal están los verbos que sugieren, proponen y animan?
Subraya todos los verbos que encuentres en esta forma y luego trata de adivinar el infinitivo de cada una de ellas.

4. Ahora fíjate en estas frases del primero de los anuncios del ejercicio 2 y contesta a las preguntas:
– ¿Estas palabras se refieren a personas o a cosas?
– ¿Se refieren a personas o a cosas concretas?

¿Busca algo diferente?
¿Para alguien especial?
¡No vaya a cualquier sitio!

Ver el **Rincón de la Gramática**.

5. En el lenguaje de la publicidad se utilizan con frecuencia los pronombres personales en función de complemento directo e indirecto. En los anuncios del ejercicio 2 aparecen en las siguientes formas: *inscríbase, díselo.*

– ¿Recuerdas la regla de colocación de estos pronombres cuando acompañan a un verbo en imperativo?
– ¿A quién o a qué se refieren estos pronombres? Discútelo con tu compañero.

Inscríbase ⟶ ¿Quién? ______________

Díselo ⟶ ¿Qué? ______________
⟶ ¿Quién? ______________

6. Aquí tienes dos imágenes de dos anuncios. Piensa qué se anuncia en cada uno y escribe el texto.

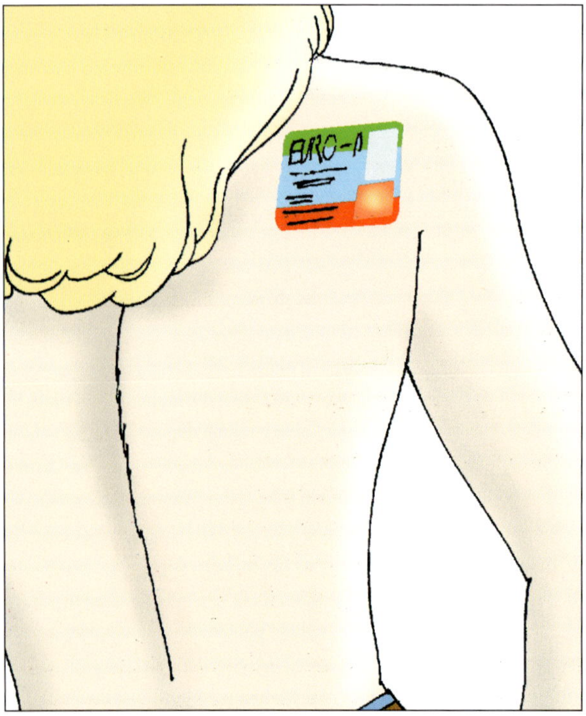

Dar permiso, dar órdenes, ofrecer algo

1. Así se hace

1. Escucha y lee.

2. Relaciona. ¿En qué diálogo?

- [ ] Se ofrece algo*
- [ ] Se concede permiso
- [ ] Se dan órdenes

* Generalmente comida o bebida

a) • *¡Quédate aquí, Toby! ¡Quieto, siéntate!*
¡Pablo, ven aquí! ¡No toques eso!
¡Deja esas galletas!

b) • *Venga, hombre, quédate otro ratito.*
• *Que no puedo, de verdad, que es tardísimo.*
• *Tómate sólo otra copita y luego te vas, ¿vale?*
• *Vale.*

c) • *¿Puedo fumar?*
• *Fuma, fuma..., pero abre un poco la ventana.*

2. Dar permiso

1. Estudia este cuadro y utilízalo para hacer los ejercicios 2 y 3 de la página siguiente.

Con qué palabras

Para pedir algo*

• **¿Me deja/s + objeto**
- tu libro?
- tu chaqueta?
- el diccionario?

• **¿Me da/s**
- un cigarro?
- su/tu dirección/e-mail/teléfono?
- un poco de...?
- un trozo de...?

Para decir que sí/decir que no

• **Sí, claro,**
- **tome/toma**
- **cójalo/cójala/cógelo/cógela**

• **No, lo siento**
- (+ es que) + (explicación)
- es que estoy usándolo
- es que tengo frío

• **Tome/toma**
• (Apunte/a) **Es...** + dirección/n.º de tel./e-mail

*Con: **¿Me deja/s...?** pedimos cosas que tenemos que devolver
¿Me da/s...? pedimos cosas que no tenemos que devolver

Para pedir permiso

• **¿Puedo...? + frase en infinitivo**

¿Puedo
- pasar?
- abrir la ventana?
- fumar?
- usar tu libro?

Para conceder permiso

• (Sí, claro,) **+ imperativo***
- pase/pasa
- ábrala/ábrela
- fume/fuma
- cójalo/cógelo

* Cuando se concede permiso a menudo se repite el imperativo. Ej.: • *¿Puedo pasar?* • *Sí, pasa, pasa.*

2. Aquí tienes varias situaciones en las que necesitas pedir permiso para hacer algo. Trabaja con tu compañero.

- Estás en casa de unos conocidos y necesitas hacer una llamada urgente.
- Estás en un bar, la persona sentada a tu lado tiene un periódico que no está leyendo, tú quieres mirarlo para ver la cartelera de cine.
- Quieres hablar con tu jefa, la puerta del despacho está abierta, pero ella parece muy ocupada.
- Estás en casa de unos amigos, tienes mucha sed y te apetece beber algo.

3. Imagina que necesitas las siguientes cosas. Pídeselas a tu compañero. Utiliza: *¿Me dejas...?* o *¿Me das...?*

3. Distintas maneras de dar órdenes

1. Escucha y mira las imágenes.

- ¿Quiere lo mismo el jefe en a) y en b)?
- ¿En qué situación crees que va a conseguir lo que quiere?

a) "Ordeno y mando"

- *Ricardo, ¡tráeme el informe en seguida!*

- *Pasa y siéntate, tenemos que hablar.*

- *Lleva estos paquetes a Correos antes de que cierren.*

b) "Se cazan más moscas con miel que con hiel"

- *Ricardo, ¿quieres traerme el informe en seguida? Es bastante urgente.*

- *¿Por qué no te pasas esta tarde por mi despacho? Quería hablar un momento contigo.*

- *¿Te importaría llevar ahora estos paquetes a Correos?, es que cierran a las dos.*

2. Ahora lee lo que dice y fíjate bien en las palabras y frases que se utilizan para dar órdenes. ¿Hay diferencias en la lengua?

3. Aquí tienes las frases que se utilizan para dar órdenes con cortesía. Vuelve a leer "Ordeno y mando" y completa el cuadro.

Con qué palabras

Para dar órdenes con cortesía		Para dar órdenes
¿Quieres + Inf. + (por favor)? ¿Quiere	→	____________________
¿Te importa/te importaría* + Inf.? + (por favor)? ¿Le importa/le importaría	→	____________________
¿Por qué no + verbo en forma personal?	→	____________________

* La forma **importaría** es condicional, aquí se usa como una fórmula de cortesía. Los usos y forma completa del condicional se estudian en otro nivel.

4. Este papá está desesperado. Ayúdale a dar órdenes a su hijo.

4. Ofrecer algo

1. Mira los dibujos y completa las frases.

a) ______________ otra cervecita.

b) ________________, por favor.

c) ________________ otro ratito.

d) Venga, hombre, _______ otro pastel.

e) Anímate, chica, _______ otra copita.

2. Ahora imagina alguna situación y escribe pequeños diálogos, utilizando las frases del ejercicio 1.

5.2

Biografías

1. Nació en...

1. Mira estos dos cuadros. ¿Cuál te gusta más? ¿Por qué? ¿Sabes quiénes son sus autores? ¿Conoces otros cuadros suyos? Lee sus biografías.

Vendedoras de flores

Diego Rivera nació en Guanajuato (México), en 1886. Diez años más tarde su familia y él se trasladaron a la Ciudad de México, allí vivió y estudió pintura hasta 1907. Desde ese año hasta 1920 vivió y viajó por España, Francia e Italia. Empezó a ser un pintor conocido y entró en contacto con los movimientos artísticos y políticos de la época.

Cuando volvió a México, en 1920, pintó grandes murales en edificios públicos que representaban los ideales y sucesos de la Revolución Mexicana. Esto le hizo internacionalmente famoso.

A partir de la década de los 40, y hasta su muerte, pintó también retratos de hombres y mujeres destacados en esos años en México y cuadros relacionados con el mundo indígena.

Fue famoso por sus difíciles relaciones con diferentes mujeres, entre las que destacó la que fue dos veces su esposa, la pintora mexicana Frida Kahlo. Murió en la Ciudad de México en 1957.

Maja Vestida

Francisco de Goya nació en 1746 en Fuendetodos (España). Vivió y estudió en Zaragoza hasta 1763. Ese año se trasladó a Madrid, donde siguió estudiando pintura. Durante esta época pintó algunos frescos en diferentes iglesias, viajó a Italia, y en 1785 fue nombrado pintor de la Corte. Desde ese año y hasta más o menos 1800, pintó muchísimos cuadros con temas populares, alegres y llenos de color, y también retratos de la familia real y de hombres y mujeres de la vida cultural y política españolas. Fue relacionado sentimentalmente con algunas de las mujeres más famosas de su tiempo.

Son muy conocidas sus series de dibujos (grabados) críticos sobre la sociedad del momento y sobre el mundo de los toros.

Durante la invasión francesa en España, de 1808 a 1812, pintó cuadros muy famosos sobre la guerra y la crueldad humana.

En los últimos años vivió aislado por su enfermedad y por sus ideas políticas. Pintó las famosas "Pinturas Negras" en las paredes de su casa, que reflejan horror y amargura. Las circunstancias políticas en España le hicieron exiliarse a Francia y murió en 1828.

Con qué palabras

Para relacionar dos momentos del pasado

cantidad de tiempo + **después**
cantidad de tiempo + **más tarde**
al cabo de + cantidad de tiempo
después de + cantidad de tiempo/infinitivo

Para referirse al inicio y final de una acción

desde + marcador de tiempo/fecha
a partir de + marcador de tiempo/fecha
hasta + marcador de tiempo/fecha

Para hablar de dos acciones simultáneas

cuando + pretérito indefinido + frase con pretérito indefinido

2. Lee el cuadro **Con qué palabras** y busca ejemplos de estas funciones en los dos textos anteriores.

Observa esta frase: *Goya **fue nombrado** pintor de la Corte en 1785.*
Fue nombrado es un ejemplo de voz pasiva en español.
Se construye con el verbo **ser + participio**.
Se utiliza sobre todo en textos periodísticos.

3. Entre toda la clase pensad y decid vuestros propios ejemplos.

4. ¿Sabes quién fue Miguel de Cervantes? Lee las frases y escribe debajo de cada dibujo la frase que corresponde. A continuación cambia los verbos en presente por formas de pretérito indefinido.

29 de sep. de 1547	Nace en Alcalá de Henares (Madrid).
1547-1569	Su familia tiene problemas económicos. Viven en Valladolid, Córdoba y Sevilla.
1570-1575	Se traslada a Italia. Entra en el ejército. Participa en batallas navales. Es herido en la batalla de Lepanto contra los turcos.
1575	Es capturado por piratas en el Mediterráneo de regreso a España.
1575-1580	Está cautivo en Argel.
1580	Vuelve a España.
1580-1600	Tiene problemas económicos. Trabaja para el Estado y escribe, sobre todo, obras de teatro. Vive en Andalucía y Madrid.
1600-1605	Mejora su situación económica. Escribe *El Quijote*.
1605	Publica *El Quijote*. Tiene mucho éxito.
1615	Publica la segunda parte de *El Quijote*.
22 de abril de 1616	Muere en Madrid.

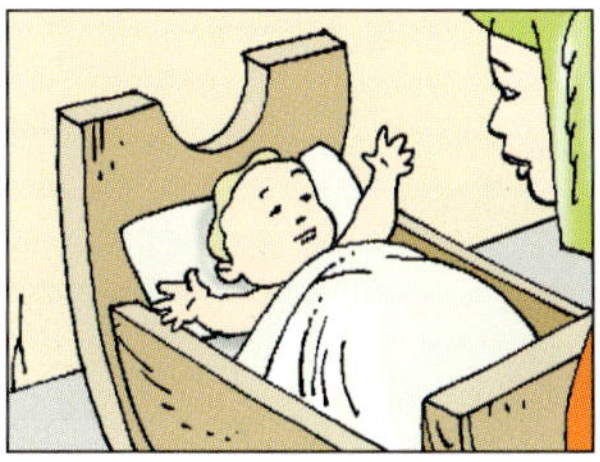

S.O.S.

Cuando utilizamos el presente para hablar del pasado, como en la biografía de Cervantes, se llama presente histórico.

5. Entre toda la clase contad la vida de Cervantes. No es un telegrama: unid las frases con las palabras del Módulo 4.2 (pág. 138) y con la ayuda del cuadro **Con qué palabras** de la página anterior.

6. En el periódico de la escuela hay una sección de grandes personajes de la Historia. Cada uno de vosotros tiene que mandar la biografía de una persona que considere importante o admire. Recuerda el último cuadro **Con qué palabras**.

Hoy recordamos a...

2. Cuando eras pequeño

1. Marisol y Alejandro han ido a visitar a su abuela. Están mirando un álbum de fotos. Escucha sus comentarios.

2. Lee las frases que hay a continuación.
Escucha otra vez lo que dicen y completa la información sobre estas personas y cosas.

Comía y lloraba mucho.

Tenía el pelo muy largo.

Estaba delgadísima.

Había muchísima nieve.
El salón estaba lleno de flores.

Era muy alto.

3. Tu profesor te va a dar la transcripción del diálogo. Léelo y subraya en el texto los verbos que hablan del pasado. Hay dos formas: una ya la conoces, es el pretérito indefinido; la otra es nueva para ti, se llama pretérito imperfecto. Vamos a estudiar los dos tiempos de pasado que hay en el diálogo. Lee otra vez el diálogo y escribe debajo de cada columna el verbo que consideres correcto.

Después lee el cuadro **Con qué palabras** que tienes en la página siguiente y corrige este esquema con tus compañeros.

Describe (cosas, personas, atmósferas)	**Expresa acciones repetidas del pasado**	**Expresa acciones que suceden una vez en el pasado**
Tu madre era muy guapa.	*Comías mucho.*	*Allí vi a vuestro abuelo.*

Con qué palabras

En pasado:

- **Usamos pretérito imperfecto:**

Para describir personas
*La abuela **era** alta y delgada cuando **era** joven.*

Para describir lugares
*El salón **estaba** decorado con flores.*

Para describir ambientes, atmósferas, contextos
***Era** Navidad, **hacía** mucho frío.*

Para hablar de acciones repetidas
*¿Qué **hacía** cuando era pequeño?*

- **Usamos pretérito indefinido:**

Para hablar de acciones que sucedieron una vez
*En **esa** fiesta **vi** a vuestro abuelo por primera vez.*

4. Completa las formas de pretérito imperfecto de estos verbos. Busca ejemplos en el diálogo anterior.

SER	ESTAR	HACER	VIVIR
era	______	______	vivía
______	estabas	______	______
______	______	hacía	______
éramos	______	______	vivíamos
______	estabais	______	______
______	______	hacían	______

Ver el **Rincón de la Gramática.**

5. Éste es Andrés. Su vida ha sido bastante agitada. Su madre conserva algunas fotos de su pasado. Míralas, piensa y comenta con tus compañeros cómo era su vida en cada etapa, qué le gustaba comer, con quién vivía, cuáles eran sus aficiones, qué transporte utilizaba, etc.

6. Éste es un típico pueblo español hace 50 años y ahora. Observa las diferencias y coméntalas con tus compañeros.

7. Piensa en la ciudad donde vives normalmente, ¿ha cambiado mucho en los últimos años? Cuenta a tus compañeros cómo era antes y cómo es ahora. Si estás en una ciudad nueva estudiando español, pregunta a tu profesor o a otras personas.

8. Un tango dice "...sentir que 20 años no es nada". ¿Estás de acuerdo? Piensa y comenta con tus compañeros cómo han cambiado algunas cosas en los últimos 20 años. Para ayudarte un poco, te damos algunas pistas:

- las comunicaciones (teléfono, televisión, ordenadores...)
- los medios de transporte
- los negocios
- las viviendas
- las tareas domésticas
- las relaciones entre las personas
- el medio ambiente

9. De dos en dos o en pequeños grupos podéis hacer un póster o una lista de las cosas que se han dicho en la clase: ¿se vivía mejor hace 20 años?, ¿y hace 40?

10. Pregunta a tu compañero cómo era hace 10 años (su físico, su carácter, su forma de vestir, etc.). Toma notas. Descríbelo al resto de la clase. Recuerda qué palabras utilizamos para hablar de frecuencia en el pasado. Lee antes el siguiente cuadro:

Con qué palabras

Para hablar de acciones habituales

soler + infinitivo

en el presente	en el pasado
suelo	sol**ía**
sueles	sol**ías**
suele	sol**ía**
solemos	sol**íamos**
soléis	sol**íais**
suelen	sol**ía**

desayunar mucho = **normalmente** desayuno mucho
comer pronto = **normalmente** como pronto
acostarme a las 10 = **normalmente** me acuesto a las 10

Y recuerda las palabras para hablar de frecuencia:

siempre	habitualmente	muchas veces
a menudo	frecuentemente	a veces
normalmente	casi siempre	de vez en cuando

3. La situación era complicada

1. Vas a leer un artículo sobre España durante los años 70 y 80 del siglo XX. Pero, primero, piensa: ¿sabes algo de estos años en España? Comenta con tu profesor las ideas que tienes de España en esa época.

2. Lee el artículo.

Y España cambió
Hoy celebramos 25 años de democracia en España.

Hace 25 años este país era una absoluta incógnita. La situación era muy complicada, había manifestaciones de protesta de los estudiantes y trabajadores en contra de la dictadura. Había atentados, la economía iba mal, el dictador llevaba mucho tiempo enfermo, y el 20 de noviembre de 1975 murió.
Ese acontecimiento fue el comienzo de una sucesión de cambios en todos los aspectos de la vida española que terminó el 6 de diciembre de 1978 con el referéndum que aprobó la Constitución.
Desde ese momento la vida política española entró en el territorio de la "normalidad". La transición española de la dictadura a una monarquía democrática y parlamentaria fue pacífica y admirada por todo el mundo, pero hubo también gravísimos momentos de tensión y violencia que no debemos olvidar.

Fechas clave:

20 de noviembre de 1975: muerte de Franco.
22 de noviembre de 1975: coronación de Juan Carlos de Borbón como rey de España.
Julio de 1976: nombramiento de Adolfo Suárez como presidente del gobierno.
15 de diciembre de 1976: referéndum que aprobó la Ley de Reforma Política.
Primavera de 1977: legalización de los partidos políticos.
15 de junio de 1977: elecciones para elegir nuevo Parlamento y gobierno. Gana UCD (Unión de Centro Democrático).
6 de diciembre de 1978: aprobación de la Constitución en referéndum.
23 de febrero de 1981: intento de golpe de Estado.
28 de octubre de 1982: nuevas elecciones al Parlamento y gobierno. Gana el PSOE (Partido Socialista Obrero Español).
A partir de este momento, cada 4 años aproximadamente, nuevas elecciones.

3. En el artículo de periódico: ¿qué tiempo verbal es el más utilizado?

4. Sonia y Miguel Ángel eran pequeños cuando todo esto sucedió. Están comentando sus recuerdos. Escúchalos y responde a estas preguntas:
- ¿Cuál es el tiempo de pasado que más utilizan?
- ¿Recuerdan momentos concretos, fechas o la atmósfera general?

5. Escribe tres palabras o frases que utilizan para describir su infancia.

6. Escucha el diálogo otra vez y haz una lista de los verbos que aparecen. Comparadla y escribid los verbos en la pizarra.

7. ¿Cómo era tu país hace 25 años? ¿Ha habido muchos cambios? ¿Cómo era cuando tus padres eran jóvenes? Explícaselo a tus compañeros.

8. Lee otra vez el primer párrafo del artículo de periódico titulado *Y España cambió.* Fíjate después en el siguiente cuadro:

Con qué palabras

Para hacer una descripción y para explicar una situación

Pretérito imperfecto

La gente ***estaba*** *muy nerviosa...*

Había *manifestaciones...*

Para introducir acciones

*...**y** ese acontecimiento la cambió.*

*...**(y) entonces** Franco murió.*

*...**(y) de repente** la situación cambió.*

Para hablar de una acción/un suceso concreto

Pretérito indefinido

*...**y** el 20 de noviembre Franco* ***murió.***

9. Aquí tienes algunas personas que han cambiado sus vidas. Como siempre, el libro ha sufrido un pequeño terremoto y las frases están mezcladas. Piensa cuál de estos personajes ha hecho algunas de las acciones de la derecha y cuál, o cuáles, eran sus motivaciones (frases de la izquierda).

Mi trabajo me aburría.

Estaba cansada de la rutina.

Quería conocer otras culturas.

Estaba harto de guerras.

...Y decidí trabajar en un hospital en Nepal.

...Y decidí visitar otros planetas.

...Y dejé mi trabajo y estuve viajando durante dos meses por África.

...Y empecé a estudiar filosofía.

10. Ahora explica a tus compañeros alguna de estas cosas:
- cómo conociste a tu novio/a, marido/mujer
- por qué decidiste hacer este curso de español
- cómo conociste a tu mejor amigo/amiga
- por qué elegiste tu carrera
- cómo encontraste el trabajo que tienes en la actualidad

Datos y detalles

1. Había una vez...

1. ¿Sabes lo que significan estas palabras?

paciente · observador · impaciente · directo · detallista · meticuloso · inquieto

2. Escucha la historia que te va a leer tu profesor.

Había una vez, en un país muy lejano llamado Hispalandia, una madre que vivía con sus dos hijos gemelos. Se llamaban Meticuloso e Impaciente. Y, como eran gemelos, se parecían mucho, pero tenían formas muy diferentes de ver la vida. Cuando la madre quería saber algo tenía que hablar con los dos por separado para reconstruir la realidad.
Un día, la madre notó que algo extraño sucedía. Sus hijos no estaban de buen humor, como era habitual; era sábado por la mañana y cada uno estaba en su habitación. La madre intentó descubrir cuál era el problema.
Primero fue a la habitación de Impaciente y le hizo algunas preguntas. Impaciente fue directo al grano y le contó lo siguiente:
–El viernes por la noche decidimos ir a una discoteca. Entramos, saludamos a nuestros amigos y conocimos a una chica. Yo empecé a hablar con ella y estuvimos charlando durante media hora. Y entonces, Meticuloso nos interrumpió y empezó a bailar con ella. Yo me enfadé mucho, y por eso, desde anoche, no he vuelto a hablar con mi hermano.
–¿Era guapa? –le preguntó la madre.
–Sí, claro... –respondió él–. Bueno, no sé. Ya sabes, en las discotecas no hay mucha luz, y todo fue muy rápido.
–Ya –dijo la madre–. ¿Y era alta? –preguntó luego.
–Sí..., como yo, más o menos –respondió Impaciente–. No tuve tiempo de fijarme, mamá, Meticuloso nos interrumpió.
–Y, ¿cómo se llamaba? –insistió la madre.
–¡Hummm! Pues creo que no le pregunté. Me entusiasmé y se me olvidó...
–Ya, bueno –dijo la madre–. Parece que no dedicaste mucho tiempo a los detalles, ¿verdad?
Su hijo Impaciente se quedó un poco pensativo. Su madre sonrió y salió de la habitación.
Se fue a la habitación de Meticuloso y habló con él. Después de dar algunos rodeos, Meticuloso le contó esto:
–Bueno, el viernes, después de toda la semana de exámenes, estábamos cansados, teníamos ganas de relajarnos y fuimos a la discoteca de siempre y, aunque no había mucha gente, nuestros amigos estaban al fondo. En el grupo había algunas personas que no conocíamos, entre ellas una chica... Era maravillosa, mamá, parecía muy tímida, era un poco más baja que yo, ni gorda ni delgada, tenía el pelo castaño y los ojos preciosos, y además llevaba una gafas muy graciosas, y... yo..., yo me enamoré inmediatamente. Pero, como siempre, mi hermano fue más directo que yo, y empezó a hablar con ella mientras yo la miraba. Entonces sonó una canción que a mí me gusta mucho. Me decidí, me acerqué a ella y empezamos a bailar... Fue muy especial, mamá. Yo no quería molestar a mi hermano, pero él se enfadó y se fue.
La madre intentaba no sonreír. Se puso seria y le hizo algunas preguntas más:
–Bueno, pero, ¿diste alguna señal a tu hermano de tu interés por la chica?
–Pues, claro, mamá. Estaba observando, valorando la situación para no dar un paso en falso –respondió Meticuloso.
–Ya, pero ¿hiciste algún movimiento para acercarte a la chica?, ¿intentaste hablar con ella? –insistió la madre.
–Mamá –dijo él–, sabes que necesito tiempo para tomar una decisión y que Impaciente la toma sin pensar. Supongo que debí ser más rápido, pero...
La madre sonrió y salió de la habitación, sabía que la tormenta era pasajera. Quería mucho a sus hijos, pero, a veces, pensaba que eran mejor juntos que por separado, y que, así, juntos, hacían un ser humano perfecto. Aunque todos sabemos que nadie es perfecto.

3. Son muy diferentes estos dos hermanos, ¿verdad? Lee otra vez la descripción que hace Impaciente de la chica y la que hace Meticuloso. ¿Qué diferencias hay? ¿Utilizan las mismas palabras?

Impaciente: Conocimos a una chica. Yo empecé a hablar con ella y estuvimos charlando durante media hora.

Meticuloso: En el grupo había algunas personas que no conocíamos, entre ellas una chica... Era maravillosa, parecía muy tímida, era un poco más baja que yo, ni gorda ni delgada, tenía el pelo castaño y los ojos preciosos, y además llevaba una gafas muy graciosas, y... yo..., yo me enamoré inmediatamente.

4. Y tú, ¿eres directo y vas al grano, como Impaciente, o te gustan los detalles y observar la situación antes de tomar una decisión, como Meticuloso?

5. Lee de nuevo el texto de los hermanos gemelos. Busca y subraya las frases donde están estas palabras. Si no entiendes su significado, pregunta a tu profesor.

y pero entonces aunque además por eso así que como porque

Con qué palabras

Para conectar ideas

Se fue a la habitación de su hijo **y** habló con él.
Se parecían mucho, **pero** tenían formas muy diferentes de ver la vida.
Aunque los dos hermanos son muy parecidos, tienen puntos de vista muy diferentes.
La madre pensó que estaban enfadados **porque** estaban cada uno en su habitación.
Como parecían enfadados, la madre intentó saber el motivo.
Mi hermano estaba hablando con ella (y) **entonces** sonó una canción que me gusta mucho.
No la vi muy bien porque todo fue muy rápido (y) **además** no había mucha luz.
Los interrumpí **por eso / así que** se enfadó y se fue.

6. El uso de las "pequeñas palabras" es difícil en todos los idiomas. Vamos a practicar un poco. Tenemos un dado, por turnos tienes que tirar el dado y tienes que hacer una frase lo más completa posible utilizando el conector que te salga.

2. Un viaje a África

1. Escribe la historia del viaje a África de Charlie y Hugo. Son dos amigos ingleses. Les gusta viajar por todo el mundo y contar sus experiencias a sus amigos, pero no siempre les salen las cosas bien. Cuando volvieron de su último viaje a África estaban exhaustos y nos lo contaron como en un telegrama y con todos los verbos en infinitivo. Ayúdalos. Mira el cuadro **Con qué palabras** de la página anterior.

Tener (nosotros) muchas ganas de ir a África.
Conseguir (nosotros) una semana de vacaciones.
El 25 de junio salir (nosotros) para Mombasa.
Haber mucha gente en el aeropuerto.
Haber vuelos con mucho retraso.
El vuelo durar 12 horas.
Llegar a Mombasa a las tres de la mañana.
Estar (nosotros) muy cansados.
Ir (nosotros) directamente al hotel, dormir hasta las 2 de la tarde.
Cuando levantarnos, irnos a comer.
Ser domingo.
Llover mucho.
Solamente encontrar (nosotros) un restaurante indio abierto.
Cuando terminar (nosotros) de comer, hacer mucho sol y calor.
Todavía estar muy cansados.
Irnos a la playa.
Dormir 2 horas de siesta al sol.
Cuando despertar (nosotros) no sentirnos muy bien.
El siguiente recuerdo es un hospital. Pasar (nosotros) una semana entera en un hospital de Mombasa con gastritis.
Ayer volver a España.

Con qué palabras

Para informar de hechos concretos usamos el pretérito indefinido

Cuando terminamos de comer nos fuimos a la playa porque hacía sol.

Para explicar una situación usamos el pretérito imperfecto

Como el vuelo duraba 12 horas nos dieron de comer dos veces.

Comimos toda la comida en el avión **porque estaba muy buena.**

Ver el **Rincón de las Palabras.**

Para hablar del tiempo atmosférico

hace: calor / sol / frío / viento / buen tiempo / bueno / mal tiempo / malo

hay: niebla / nubes

está nublado
llueve
nieva

2. ¿Alguna vez te ha pasado algo así en un viaje? Cuéntaselo a tus compañeros.

3. El rompecabezas

1. Lee el siguiente cuadro. Busca y subraya en el texto de los hermanos gemelos otros ejemplos de estas funciones.

Con qué palabras

Para expresar el inicio de una acción

empezar a + infinitivo

Cuando salí de casa **empezó a llover.**

Para expresar el momento de comienzo de una acción

desde + marcador de tiempo

Lo conozco **desde septiembre.**

desde + que + frase

Lo conozco **desde que** entré a trabajar aquí.

Desde que está enfermo no lo he visto.

Para expresar la duración de una acción

verbo en pasado + hace + cantidad de tiempo

Vine a España **hace 2 meses.**

hace + cantidad de tiempo + que + frase

Hace dos meses que vine a España.

Hace tres meses que lo conozco.

Para expresar el momento de comienzo de una acción y su duración

desde hace + cantidad de tiempo

Lo conozco **desde hace tres meses.**

Para expresar que se repite una acción

volver a + infinitivo

verbo + de nuevo / otra vez

Ayer **volví a ver** a Pedro en el metro. = Ayer **vi** a Pedro **de nuevo** / **otra vez.**

2. Escribe dos ejemplos más para cada una de las funciones del cuadro **Con qué palabras**. Corrige las frases con tus compañeros.

____

____

3. Dividimos la clase en grupos de 3 ó 4. Cada grupo tiene que buscar ejemplos para cada función del cuadro anterior **Con qué palabras**. El grupo que haga mayor número de frases correctas gana.

4. Observa los siguientes dibujos y después piensa y escribe una historia. Utiliza todo lo que has aprendido en este Módulo. Puedes usar el diccionario.

a) Elige uno de estos lugares como lugar en el que ocurre tu historia

b) Escoge una de estas personas como protagonista de tu historia

c) Al menos dos de estas profesiones tienen que aparecer en la historia

d) Tienen que aparecer dos descripciones de este grupo

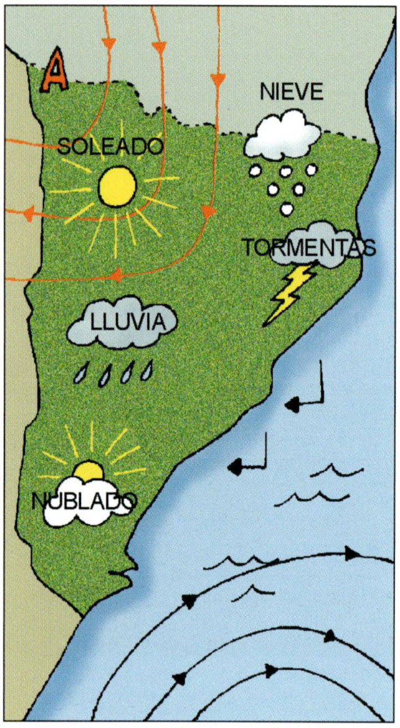

e) Describe el ambiente en general

f) Escribe dos acciones repetidas en el pasado

g) Estas palabras o expresiones deben aparecer todas

pero   por eso   porque

como   de repente   así que

volver a + infinitivo

empezar a + infinitivo   desde

desde hace

S.O.S.

Recuerda:

Usamos el **pretérito indefinido**
- para hablar de acciones que suceden una vez en el pasado.
- para informar de hechos concretos y sucesos.

Usamos el **pretérito imperfecto**
- para describir: personas, cosas, lugares, ambientes.
- para explicar situaciones.
- para hablar de acciones repetidas en el pasado.

Gastronomía

1. Relaciona las diferentes fotos con los nombres de los platos.

☐ Paella ☐ Cebiche ☐ Asado de costilla

– Busca información sobre ellos: ¿de qué país son?, ¿qué ingredientes llevan?, ¿cómo se preparan?

2. En una columna tienes una lista con algunos platos típicos de España y, en la otra, el nombre de algunas Comunidades Autónomas. Relaciona cada plato con una Comunidad. ¿Conoces alguno? ¿Los has probado? ¿Sabes qué ingredientes llevan o cómo se preparan?

Parrillada de pescado y marisco	Extremadura
Migas	Canarias
Fabada	Asturias
Anchoas	Galicia
Bacalao a la vizcaína	Cataluña
Escalibada	Castilla-La Mancha
Paella	Andalucía
Gazpacho	Castilla y León
Asados	Baleares
Cocido	Madrid
Ensaimadas	C. Valenciana
Pisto	Cantabria
Mojo picón	País Vasco

3. Dibuja el mapa de tu país y explica a tus compañeros cuáles son los platos típicos de cada zona. Luego puedes elegir uno y escribir la receta para tus compañeros.

¿Qué truco te funciona mejor para...?

En el Módulo 5 hay palabras relacionadas con...
- Instrucciones de uso y funcionamiento.
- Recetas.
- La publicidad.
- Biografías.
- Acontecimientos históricos.
- El tiempo atmosférico.

1. Repasa los trucos que has trabajado en el **Rincón de las Palabras** de los Módulos 2, 3 y 4.

Recuerda los trucos para...
1. Recordar palabras.
2. Descubrir el significado de una palabra en un texto escrito.
3. Descubrir el significado de una palabra en un texto oral o en una conversación.
4. Hacerte entender cuando al hablar te faltan palabras.
5. Estudiar palabras.

1. Recordar palabras de este Módulo

1. Utilizando tus trucos favoritos, intenta recordar palabras de este Módulo. Tienes 10 minutos. Escríbelas. ¿Cuántas palabras has conseguido recordar?

2. Cuenta a tus compañeros qué truco has utilizado y por qué.

2. Descubrir el significado de una palabra en un texto escrito

1. Aquí tienes algunos textos de distinto tipo que has visto en este Módulo: un fragmento de la biografía de Francisco de Goya y un fragmento de un artículo de periódico. Léelos, subraya las palabras que no entiendas y luego utiliza tus trucos para adivinar su significado.

a) Son muy conocidas sus series de dibujos (grabados) críticos sobre la sociedad del momento y sobre el mundo de los toros.
Durante la invasión francesa en España, de 1808 a 1812, pintó cuadros muy famosos sobre la guerra y la crueldad humana.
En los últimos años vivió aislado y pintó las famosas "Pinturas Negras", que reflejan horror y amargura. Las circunstancias políticas en España le hicieron exiliarse a Francia y murió en 1828.

b) Hoy celebramos 25 años de democracia en España. Hace 25 años este país era una absoluta incógnita. La situación era muy complicada, había manifestaciones de protesta de los estudiantes y trabajadores en contra de la dictadura. Había atentados, la economía iba mal, el dictador llevaba mucho tiempo enfermo, y el 20 de noviembre de 1975 murió. Este acontecimiento fue el comienzo de una sucesión de cambios en todos los aspectos de la vida española...

3. El significado de una palabra en un texto oral o en una conversación

1. Vas a pasar unos días en Mallorca. El año pasado estuviste en esta misma época y el tiempo no era muy bueno; además, las noticias del tiempo en el periódico tampoco son muy esperanzadoras. Llamas a tu amiga Isabel y entre otras cosas le preguntas qué tiempo hace.
En general es más difícil entender por teléfono que cara a cara, pero tú ya conoces trucos para entender lo que necesitas saber.
Ahora vas a escuchar a Isabel. Aplica tus trucos para conseguir la información que necesitas.

4. Hacerte entender cuando al hablar te faltan palabras

1. Piensa en algo interesante que has visto en Internet. Pregunta a tus compañeros si les interesa y luego explícales cómo encontrarlo. Si te faltan palabras, aplica tus trucos para hacerte entender.

2. Piensa en alguna persona famosa y muy conocida que ha cambiado en los últimos años. Descríbesela a tus compañeros. Ellos tienen que adivinar de quién se trata. Si te faltan palabras, aplica tus trucos para hacerte entender.

5. Estudiar palabras

1. Selecciona las palabras que crees que debes aprender de este Módulo; también puedes pedir consejo al profesor.

2. Elige un sistema de estudio y ponlo en práctica.

3. Dentro de unos días intenta recordar palabras de este Módulo.

El modo imperativo

1. Imperativo afirmativo: formas

Verbos regulares

	-AR	-ER	-IR
tú	**-a** subray**a**	**-e** le**e**	escrib**e**
usted	**-e** subray**e**	**-a** le**a**	escrib**a**
vosotros vosotras	**-ad** subray**ad**	**-ed** le**ed**	**-id** escrib**id**
ustedes	**-en** subray**en**	**-an** le**an**	escrib**an**

Los verbos que en presente de indicativo tienen cambios de vocal en la raíz mantienen estos mismos cambios en imperativo.

Inf.	**Pres. ind.**	**Imperativo**	
c**e**rrar	c**ie**rro	(usted) c**ie**rre	(tú) c**ie**rra
v**o**lver	v**ue**lvo	v**ue**lva	v**ue**lve
m**e**dir	m**i**do	m**i**da	m**i**de

¡Fíjate! Las terminaciones no cambian.

Verbos irregulares

	poner	decir	hacer	salir	tener	venir	ir	ser
tú	**pon**	**di**	**haz**	**sal**	**ten**	**ven**	**ve**	**sé**
usted	ponga	diga	haga	salga	tenga	venga	**vaya**	**sea**
vosotros	poned	decid	haced	salid	tened	venid	id	sed
ustedes	pongan	digan	hagan	salgan	tengan	vengan	**vayan**	**sean**

¡Fíjate!

1) Sólo la forma utilizada para "tú" y el resto de las formas en negrita son completamente irregulares.

2) La raíz de las formas de "usted" y "ustedes" es la misma que la de presente de indicativo. Por ejemplo:

Pres. indicativo	**Imperativo**
pongo →	**pong**a
	pongan

2. Imperativo negativo: formas

	usAR	bebER	subIR
tú	**-es** no us**es**	**-as** no beb**as**	no sub**as**
usted	**-e** no us**e**	**-a** no beb**a**	no sub**a**
vosotros vosotras	**-éis** no us**éis**	**-áis** no beb**áis**	no sub**áis**
ustedes	**-en** no us**en**	**-an** no beb**an**	no sub**an**

Verbos regulares

	estudiar	beber	subir
tú	no estudies	no bebas	no subas
usted	no estudie	no beba	no suba
vosotros/as	no estudiéis	no bebáis	no subáis
ustedes	no estudien	no beban	no suban

Verbos irregulares

Al igual que en el imperativo afirmativo, todos los verbos que tienen irregularidades en el presente de indicativo las mantienen en el imperativo negativo.

	decir	ir	hacer	oír	poner
tú	no digas	no vayas	no hagas	no oigas	no pongas
usted	no diga	no vaya	no haga	no oiga	no ponga
vosotros/as	no digáis	no vayáis	no hagáis	no oigáis	no pongáis
ustedes	no digan	no vayan	no hagan	no oigan	no pongan

	venir	ser	salir	tener
tú	no vengas	no seas	no salgas	no tengas
usted	no venga	no sea	no salga	no tenga
vosotros/as	no vengáis	no seáis	no salgáis	no tengáis
ustedes	no vengan	no sean	no salgan	no tengan

3. El imperativo y los pronombres personales

Con todas las formas del imperativo los pronombres personales van unidos al verbo.

- *¿Dónde dejo esto?*
- *Pon**lo** encima de la mesa.*

Con la forma vosotros + el pronombre **os**, la **-d** final se pierde.
Sentad + os → sentaos

*La forma gramaticalmente correcta del verbo IR es idos (id + os); aunque incorrecto gramaticalmente, generalmente se utiliza la forma *iros* (- d → - r-).

Cuando hay más de un pronombre, se pone primero el complemento indirecto y después el complemento directo.

*Tóma**telo,** está muy bueno.*
*No **te lo** bebas todavía, está muy caliente.*

4. Usos del imperativo

El imperativo se utiliza:

– Para dar instrucciones.
Introduzca la moneda y elija su bebida.
Corte el pepino en trozos grandes.
Coja la segunda calle a la derecha.
No mezcle colores claros y oscuros.

– Para dar consejos.
Coma más fruta y reduzca el consumo de café.
Descanse como mínimo cada 200 km.
No fumes tanto.

– Para ofrecer algo, para invitar.
Venga, hombre, tómate otra copita.
Pásate por mi casa el viernes, es mi cumpleaños.

– Para dar permiso.
- *¿Me dejas el diccionario?*
- *Sí, cógelo, está ahí encima.*

– Para dar órdenes.
Cállate de una vez, me duele la cabeza.
No cojas eso.

Tiempos del pasado

1. Pretérito imperfecto: formas

Verbos regulares

	-AR	-ER	-IR
	hablar	**beber**	**subir**
yo	habl**aba**	beb**ía**	sub**ía**
tú	habl**abas**	beb**ías**	sub**ías**
él/ella/usted	habl**aba**	beb**ía**	sub**ía**
nosotros/as	habl**ábamos**	beb**íamos**	sub**íamos**
vosotros/as	habl**abais**	beb**íais**	sub**íais**
ellos/as/ustedes	habl**aban**	beb**ían**	sub**ían**

Hay tres verbos irregulares

ser	ver	ir
era	veía	iba
eras	veías	ibas
era	veía	iba
éramos	veíamos	íbamos
erais	veíais	ibais
eran	veían	iban

2. Pretérito imperfecto: usos

- Para describir personas, lugares, cosas. Ej.: *Mi hermano hace 15 años tenía el pelo largo.*
- Para hablar de acciones repetidas en el pasado. Ej.: *Antes hacía mucho deporte, ahora no hago nada.*
- Para explicar o describir la situación. Ej.: *Tenía mucho calor y me fui a la playa.*

3. Contraste de usos de los tiempos del pasado

Pretérito indefinido/ Pretérito imperfecto

- El indefinido expresa los hechos o sucesos y el imperfecto describe el contexto en el que se producen.
  Ej.: *Ayer, cuando salía de casa, sonó el teléfono.*

Pretérito perfecto / Pretérito imperfecto

- El perfecto expresa los hechos o sucesos y el imperfecto describe el contexto en el que se producen.
  Ej.: *Esta mañana, cuando salía de casa ha sonado el teléfono.*

Pretérito perfecto/ Pretérito indefinido

- Cuando en la frase hay una expresión temporal que indica que el período de tiempo ha terminado, se usa el pretérito indefinido. Ej.: *La semana pasada estuve enfermo.*
- Cuando no ha acabado o el hablante siente ese período próximo al presente, se utiliza el pretérito perfecto.
  Ej.: *Esta semana he estado enfermo. Este fin de semana ha hecho mal tiempo.*

Pronombres y adjetivos indefinidos

	Afirmativo	Negativo	
Se refieren a cosas	**algo**	**nada**	• ¿Tienes algo para mí? • No, no tengo nada.
Se refieren a personas	**alguien**	**nadie**	• ¿Hay alguien en el salón? • No, no hay nadie.
Se refieren a personas y cosas	**algún/o/a/os/as***	**ningún/o/a**	• Algunos jóvenes fuman mucho. • ¿Ha venido algún estudiante? • No, no ha venido ninguno.
Se refieren a personas	**cualquiera**		• Cualquiera sabe esas cosas.
Se refieren a personas o cosas	**cualquier***		• Cualquier restaurante está abierto a estas horas. • Cualquier niña de su edad puede hacerlo.

* Algún(o) y ningún(o) pierden la -o cuando van delante de un nombre masculino singular.
Ej.: *No ha venido ninguno/No ha venido ningún estudiante.*

* Cualquier es adjetivo, por tanto debe ir siempre acompañado de un sustantivo masculino/femenino.

Practica la gramática

1. Escribe la forma correcta del imperativo afirmativo.

a) Hace calor (abrir, tú) ________________ la ventana.

b) (hablar, usted) ________________ más despacio.

c) (venir, vosotros) ________________ después de cenar.

d) (salir, tú) ________________ y (comprar) ________________ el pan.

e) (ir, ustedes) ________________ a visitar el nuevo museo.

f) (oír, tú) ________________ la radio.

g) (hacer, tú) ________________ los deberes antes de cenar.

h) (tener, usted) ________________ cuidado con el coche.

i) (dormir, tú) ________________ mucho este fin de semana.

j) (pedir, vosotros) ________________ la cuenta al camarero.

2. Escribe el imperativo de estos verbos y sustituye las palabras subrayadas por un pronombre.

a) (apagar, tú) <u>la lámpara</u> →

b) (comprar, tú) <u>las revistas</u> →

c) (ponerse, vosotros) <u>los abrigos</u> →

d) (lavarse, tú) <u>el pelo</u> →

e) (echar, tú) <u>la carta</u> al buzón →

f) (preparar, vosotros) <u>el café</u> →

g) (decir, tú) <u>la verdad a María</u> →

h) (leer, ustedes) <u>el periódico</u> →

i) (hacer, vosotros) <u>la cama</u> →

j) (probarse, tú) <u>el jersey</u> →

3. Escribe la forma correcta del imperativo negativo.

a) No (jugar, vosotros) ____________ con la pelota en el salón.

b) No (fumar, ustedes) ____________ en la oficina.

c) No (sentarse, tú) ____________ en el sofá.

d) No (beber, usted) ____________ tanto vino.

e) No (empezar, vosotros) ____________ el chocolate.

f) No (venir, tú) ____________ tarde esta noche.

g) No (correr, vosotros) ____________ mucho con el coche.

h) No (ponerse, tú) ____________ las botas nuevas.

i) No (trabajar, vosotros) ____________ tanto.

4. Escribe la forma negativa.

- Bébetelo ________________________
- Cómprenlos ________________________
- Díganoslo ________________________
- Quitáoslo ________________________
- Escríbela ________________________
- Probadlo ________________________
- Ábranlos ________________________
- Búscala ________________________
- Ciérralos ________________________
- Espéranos ________________________

5. Contesta a las siguientes preguntas.

a) ¿Me pongo el traje azul?
b) ¿Te traigo las fotos mañana?
c) ¿Nos llevamos estos libros?
d) ¿Limpio el salón ahora?
e) ¿Me pruebo esta falda?
f) ¿Os doy la revista el jueves?

6. Un amigo quiere venir a conocer tu ciudad y te pide ayuda. Escríbele una carta diciéndole las cosas que debe hacer, las que no debe hacer, si viajar en metro, taxi, autobús, museos que debe visitar...
Utiliza el imperativo afirmativo y el negativo.

7. Escribe la forma correcta de imperfecto o de indefinido.

a) Ayer (comer, nosotros) __________ en un restaurante nuevo y la comida (estar) __________ muy buena.
b) Maribel (dormir) __________ tranquilamente y de repente (sonar) __________ el timbre.
c) Todos los días (caminar, él) __________ por el parque pero ayer no (caminar) __________ .
d) El mes pasado (visitar, ellos) __________ Toledo y les gustó mucho.
e) El domingo por la mañana (salir, yo) __________ a comprar, pero las tiendas (estar) __________ cerradas.
f) Antes de ayer (llamar, yo) __________ a Sara pero no (estar) __________ en casa.
g) Después de comer siempre (tomar, él) __________ un café.

8. Completa la historia con los verbos del recuadro en el tiempo correcto.

empezar ver(2) preguntar caminar tener volver estar
acercarse conocer llevar trabajar mirar explicar

Yo __________ a mi novio en Sevilla; él __________ como guía turístico desde que __________ 22 años. Un día __________ con una amiga por la Plaza de España y __________ cómo un chico que __________ una gorra roja me __________ sin parar, mientras __________ la historia a los turistas. Al día siguiente, __________ y allí __________ sentado tomando el sol, cuando nos __________ , __________ y nos __________ ¿queréis tomar un café? En ese momento __________ nuestra relación.

9. Completa con pretérito perfecto o indefinido.

a) Hoy (yo) __________ el último CD de Café Quijano (escuchar).
b) Ayer (nosotros) __________ la última película de Amenábar (ver).
c) En 1999 __________ mi sobrina (nacer).
d) Esta mañana (nosotros) __________ al mercado y __________ verdura y fruta (ir-comprar).
e) Este año la cosecha de trigo __________ muy mala porque no __________ (ser-llover).
f) Miguel de Unamuno __________ la novela *Niebla* (escribir).
g) Pedro __________ Salamanca este fin de semana con unos amigos (visitar).
h) Juan __________ su trabajo de recepcionista el mes pasado (dejar).
i) Hoy (yo) __________ el coche a mi padre (pedir).
j) Ayer la profesora __________ el pretérito perfecto y yo lo __________ perfectamente (explicar-entender).

10. Completa la carta que Markus ha escrito a su profesora de español, poniendo los verbos en el tiempo correcto.

Querida profesora:

(llegar) ______________ a mi ciudad hace dos semanas. Mis padres (esperarme) ______________ en el aeropuerto y después (ir) ______________ a casa. Allí (ver) ______________ a mi perro que (ponerse) ______________ muy contento al verme. Después (hablar) ______________ con mis padres de mi experiencia en España y (estar) ______________ viendo fotos y, como (ser) ______________ muy tarde, (irse) ______________ a dormir porque (estar) ______________ muy cansado.

Ya (hacer) ______________ muchas cosas. Esta semana (ver) ______________ a mis amigos y el viernes pasado (cenar) ______________ en un restaurante y después (ir) ______________ a una discoteca para bailar. Allí (conocer) ______________ a una chica que también (estudiar) ______________ dos años de español en España.

Ayer (ir) ______________ a la facultad para hacer la matrícula de mi nuevo curso y (ver) ______________ a muchos compañeros, (hablar) ______________ de las vacaciones y (quedar) ______________ esta semana para tomar un café.

Esto está muy bien pero echo de menos España. Espero volver el verano próximo.
Un saludo,

Markus

11. Completa con **algo/alguien**.

a) ¿En esa casa vive ________ ?
b) ¿Hay ________ de valor en la caja de seguridad?
c) ¿Habéis oído ________ esta noche en la calle?
d) ¿Viene ________ a cenar?
e) ¿Ha venido ________ preguntando por mí?
f) ¿Tienes ________ que decir?
g) ¿Quieres tomar ________ ?

12. Contesta con **nada/nadie**.

a) ¿Qué has comido?
b) ¿Con quién has quedado?
c) ¿Qué estáis haciendo?
d) ¿Quién ha llamado?
e) ¿Qué pasó el domingo?
f) ¿Quién ha venido?

13. Completa con **algún/a/os/as** o **ningún/o/a.**

a) ¿Has visto ________ ovni?
b) ________ niños comen muy mal.
c) Sólo ________ mujeres tienen cargos importantes.
d) No, no tenemos________ mesa libre.
e) No, no hay ________ tren a Marbella.
f) Lo siento, no hay ________ habitación en este momento.

14. Completa con **algo/nada/alguien/nadie, algún/o/a/os/as** o con **ningún/o/a.**

a) Lo siento, no me queda ________ bolígrafo rojo.
b) Compra ________ cosa para mí.
c) ¿ ________ viene a tomar unas cervezas?
d) No tengo ________ de dinero en la cartera.
e) ________ niños van muy tarde a dormir.
f) ¿Tienes ________ que darme?

Las vocales

1. Escucha y repite.

a	**e**	**i**	**o**	**u**
pata	mete	mili	loco	cucú
manda	vende	vivir	tonto	tuntún
vas	mes	mis	pon	
mar	ser	ti	sor	

2. Mezclamos vocales en una palabra. Escucha y repite.

pato	copa	toca
topa	teka	quita
taco	peca	Paco
poca	pico	cota
cato	tapo	poco

3. Lee estos pares de palabras. Pon especial atención en las vocales.

ingleses	alemanes	mito	tila	pila
inglesas	alemanas	meto	tela	pela

mudo	burro	bruma	busque	bala	bola
modo	borro	broma	bosque	vela	bula

4. Ahora escúchalas y subraya la palabra que oigas.

5. Escucha y repite.

ia	**ía**	**ai**	**aí**	**au**	**aú**	**ua**	**úa**
italiano	comía	aire	ahí	Laura	Raúl	lenguaje	púa
lluvia	habíamos	baile	país	Australia	baúl	paraguas	grúa

ei	**eí**	**ie**	**íe**	**eu**	**eú**	**ue**	**úe**
reina	reí	viejo	líe	Europa	peúco	rueda	actúe
peine	leímos	cierto	píe	euro	reúma	abuelo	puntúe

io	**ío**	**oi**	**oí**	**uo**	**úo**
idioma	impío	hoy	oído	continuo	continúo
limpio	pío	boina	oír	defectuoso	actúo

iu	**ui**	**uy**
viuda	intuición	huy
ciudad	ruiseñor	muy

6. Escucha y canta.

Cuando Fernando VII usaba paletó,
cuando Fernando VII usaba paletó,
cuando Fernado VII usaba paletó, paletó,
usaba paletó.
Ahora con la A:
Canda Farnanda Sáptama asaba palatá,
canda Farnanda Sáptama asaba palatá,
canda Farnanda Sáptama asaba palatá, palatá,
asaba palatá.

Cambia la vocal. Tenéis que cantarlo, toda la clase, con la **e**, la **i**, la **o**, la **u**.

7. Lee atentamente.

- Las vocales en español son 5:

/a/	/e/	/i/	/o/	/u/	
f**a**ther b**a**t	th**ey**/p**e**t tel**e**phone	m**ea**n mach**i**ne	c**o**t l**o**gic	r**u**le y**ou**	 
p**a**tte m**a**rque	**é**t**é** t**é**l**é**phone	v**i**te/m**y**the phys**i**que	P**au**/d**o**s l**o**gique	m**ou** Per**ou**	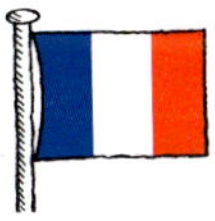
l**a**gar/**á**l**a**mo	l**e**gar	l**i**gar	l**o**grar	l**u**gar	
M**a**rke	Tel**e**phon	Phys**i**k	l**o**gisch	Per**u**	

- Su sonido es siempre igual. No cambia por su posición dentro de la palabra, no depende de las letras que tienen antes o después. No se redondean como en alemán o francés. El sonido no varía durante la emisión de la vocal.
Por ejemplo: m**a**nd**a**, m**a**rtes, b**a**t**a**

- Hay dos grupos de vocales:
Fuertes o abiertas: a, e, o, í, ú
Débiles o cerradas: i, u

- Dos vocales fuertes juntas están en sílabas diferentes, pero una vocal fuerte y una débil o dos débiles forman un diptongo, esto quiere decir que están en la misma sílaba. Su pronunciación no cambia sustancialmente.
Ejemplo: **a-e**-ro-p**ue**r-to, co-m**í-a**, na-d**ie**

- Si el diptongo está en la sílaba tónica y, dentro de ésta, la vocal tónica es la fuerte, como en *aeropuerto*, se siguen las reglas generales de la acentuación que vimos en el **Rincón de la Pronunciación** del Módulo 2. En este caso *aeropuerto* no lleva tilde porque la sílaba tónica es la penúltima, es una palabra grave y termina en vocal.

- Si la vocal tónica del diptongo es la débil, se convierte en fuerte: í, ú, y el diptongo se rompe y lo marcamos siempre con tilde.
Ejemplo: ten**í**a- t**e**nia

- Si el diptongo es la combinación de i-u, generalmente la vocal tónica es la segunda: tri**u**nfo, jesu**í**tico. Lleva tilde si responde a las reglas generales de acentuación, porque sigue siendo la unión de una vocal débil y una fuerte, por tanto, un diptongo.

Rincón de la Cultura

España y América

1. En este Rincón vas a encontrar un poco de información sobre la historia de América y de alguno de sus protagonistas. Aquí tienes algunas palabras importantes para entender esa información. ¿Las conoces?

descubrimiento · indígena · conquistadores · aventurero
soldado · nativo · religión · reino · continente · fraile
colonización · expedición · invasor · evangelización

2. Observa este mapa y mira atentamente los retratos. ¿Conoces a alguna de estas personas? ¿Sabes algo de ellos? Todos ellos han influido en la historia de la América hispana. Coméntalo con tus compañeros. En la página siguiente tienes un texto que te explica un poco quiénes fueron estas personas.

3. Lee el texto.
En parejas, o grupos pequeños, elegid 2 ó 3 personas del texto y contadles a vuestros compañeros lo que sabéis de ellos. El profesor os va a dar más información.

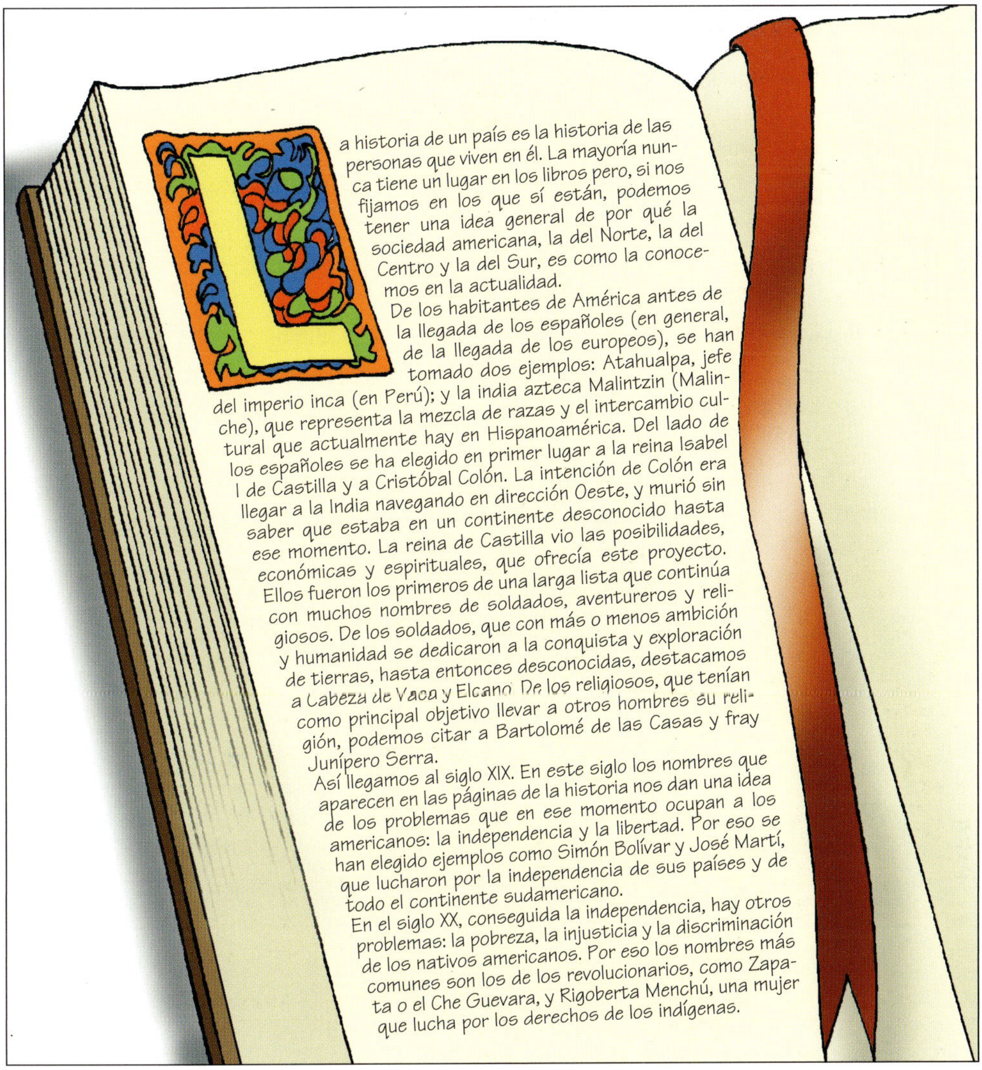

La historia de un país es la historia de las personas que viven en él. La mayoría nunca tiene un lugar en los libros pero, si nos fijamos en los que sí están, podemos tener una idea general de por qué la sociedad americana, la del Norte, la del Centro y la del Sur, es como la conocemos en la actualidad.

De los habitantes de América antes de la llegada de los españoles (en general, de la llegada de los europeos), se han tomado dos ejemplos: Atahualpa, jefe del imperio inca (en Perú); y la india azteca Malintzin (Malinche), que representa la mezcla de razas y el intercambio cultural que actualmente hay en Hispanoamérica. Del lado de los españoles se ha elegido en primer lugar a la reina Isabel I de Castilla y a Cristóbal Colón. La intención de Colón era llegar a la India navegando en dirección Oeste, y murió sin saber que estaba en un continente desconocido hasta ese momento. La reina de Castilla vio las posibilidades, económicas y espirituales, que ofrecía este proyecto. Ellos fueron los primeros de una larga lista que continúa con muchos nombres de soldados, aventureros y religiosos. De los soldados, que con más o menos ambición y humanidad se dedicaron a la conquista y exploración de tierras, hasta entonces desconocidas, destacamos a Cabeza de Vaca y Elcano. De los religiosos, que tenían como principal objetivo llevar a otros hombres su religión, podemos citar a Bartolomé de las Casas y fray Junípero Serra.

Así llegamos al siglo XIX. En este siglo los nombres que aparecen en las páginas de la historia nos dan una idea de los problemas que en ese momento ocupan a los americanos: la independencia y la libertad. Por eso se han elegido ejemplos como Simón Bolívar y José Martí, que lucharon por la independencia de sus países y de todo el continente sudamericano.

En el siglo XX, conseguida la independencia, hay otros problemas: la pobreza, la injusticia y la discriminación de los nativos americanos. Por eso los nombres más comunes son los de los revolucionarios, como Zapata o el Che Guevara, y Rigoberta Menchú, una mujer que lucha por los derechos de los indígenas.

4. ¿Qué personas de la historia de tu país te parecen importantes?
Cuéntaselo a tus compañeros.
¿Qué acontecimiento histórico, de tu país o de otro lugar, te parece interesante?
Escribe algunas fechas y personas relacionadas con él y explica a tus compañeros por qué son importantes.

5. Escribe un pequeño texto sobre uno de los acontecimientos que se han comentado en el ejercicio anterior. Puedes utilizar como modelo el texto del ejercicio 3.

Proyecto: Todos en español

1. Antes de empezar

La asociación "Todos en español" ha convocado un concurso para promocionar el estudio del español.

Las bases del concurso son las siguientes:
- **Participantes**: estudiantes de español de todo el mundo.
- **Tarea**: diseñar un anuncio de promoción del estudio del español.
- **Premio**: un curso de español en un país hispano, con todos los gastos pagados.

1. Piensa en 2 ó 3 buenas razones para aprender español. Coméntalas.

2. Escucha las razones de tus compañeros.

3. Pregunta a otros estudiantes de español, a tu profesor y a cualquier persona que conozcas relacionada con el español, con España o con Hispanoamérica.

4. Anota las razones.

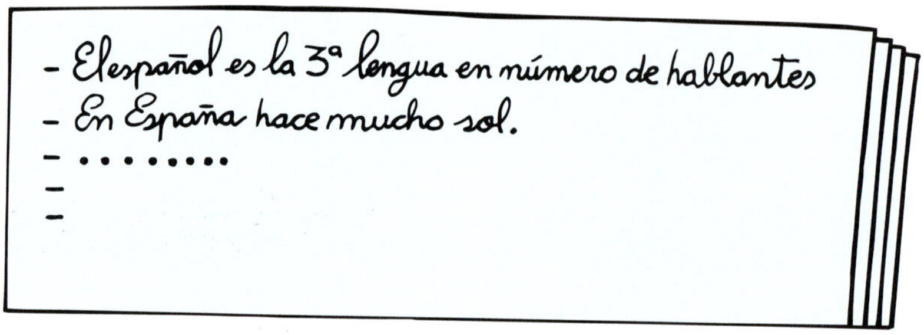

2. Manos a la obra

Ya tienes por escrito un montón de razones para estudiar español, ahora tienes que utilizarlas. Tienes que "vender" estas razones a personas que todavía no estudian español, con tu anuncio tienes que "crearles la necesidad" de hacerlo. Trabaja con tu grupo.

1. Tenéis que hacer una selección de las razones que habéis apuntado en el apartado 1 y debatir cuáles son mejores para convertirlas en "argumentos de venta".

2. Luego repasáis el apartado dedicado a la publicidad de este Módulo. Fijaos bien en los anuncios y comentad las respuestas a estas preguntas:

- ¿Cuántas partes tienen?
- ¿Qué tipo de frases utilizan para sugerir y crear necesidad?
- ¿Cómo invitan al destinatario del anuncio a actuar?

3. Ahora ya podéis hacer un borrador del anuncio, buscar imágenes (fotos o dibujos) que lo hagan más atractivo y efectivo y comentarlo con el profesor antes de hacer la versión definitiva.

4. Presentación: podéis utilizar distintos "soportes"; aquí tenéis algunas sugerencias:

- póster o mural
- página de Internet
- vídeo

Apéndices

Vocabulario

Módulo 1

ESPAÑOL	INGLÉS	FRANCÉS	ALEMÁN	PORTUGUÉS BRASILEÑO
Abogado	Lawyer	Avocat	Rechtsanwalt	Advogado
Academia	Academy	Académie	Akademie, Privatschule	Academia
Albañil	Bricklayer	Maçon	Maurer	Pedreiro
Alemán	German	Allemand	Deutsch, Deutscher	Alemão
Ama de casa	Housewife	Maîtresse de maison	Hausfrau	Dona de casa
Amigo	Friend	Ami	Freund	Amigo
Apellido	Surname	Nom	(Nach-)Name	Apelido
Apuntar	To note down	Noter	notieren	Anotar, Apontar
Argentino	Argentinean	Argentin	Argentinier	Argentino
Arquitecto	Architect	Architecte	Architekt	Arquitecto
Avenida	Avenue	Avenue	Allee	Avenida
Azafata	Air hostess	Hôtesse	Stewardess	Assistente (de bordo)
Banco	Bank	Banque	die Bank	Banco
Besarse	To kiss	S'embrasser	sich küssen	Beijar-se
Beso	Kiss	Baiser	Kuss	Beijo
Brasileño	Brasilian	Brésilien	Brasilianer	Brasileiro
Buenas noches	Good night	Bonne nuit	Gute Nacht	Boa noite
Buenas tardes	Good afternoon	Bonsoir	Gunten Abend	Boa tarde
Buenos días	Good morning	Bonjour	Guten Morgen	Bom dia
Bufete	Lawyer's office	Étude	Anwaltsbüro	Escritório de advogados
Calle	Street	Rue	Strasse	Rua
Canadiense	Canadian	Canadien	Kanadier	Canadiano/a
Casa	House	Maison	Haus	Casa
Cerca	Near	Près	nahe	Perto
Ciudad	City	Ville	Stadt	Cidade
Código postal	Post code	Code postal	Postleitzahl	Código postal
Colegio	School	École	Schule	Escola
Cómo	How	Comment	wie	Como?
Con	With	Avec	mit	Com
Correo electrónico	E-mail	Courrier électronique	e-mail	E-mail
Cuándo	When	Quand	wann	Quando
Dar	To give	Donner	geben	Dar
Decir	To say	Dire	sagen	Dizer
Dedicarse	To do (as job)	Travailler, se consacrer	von Beruf sein	Dedicar-se
Dentista	Dentist	Dentiste	Zahnarzt	Dentista
Dependiente	Shop assistant	Employé	Angestellte (r), Verkäufer	Empregado/a de balcão
Despacho	Office	Bureau	Büro	Gabinete
Dirección	Address	Adresse	Adresse	Morada / *Endereço*
Dónde	Where	Où	wo	Onde?
Edad	Age	Âge	Alter	Idade
Empresa	Company	Entreprise	Unternehmen	Empresa
Enfermera	Nurse	Infirmière	Krankenschwester	Enfermeira
Escocés	Scottish	Ecossais	Schotte	Escocês
Escribir	To write	Ecrire	schreiben	Escrever
Escuela	School	Ecole	Schule	Escola
Estadounidense	American	Américain des Etats-Unis	Nordamerikaner	Estado-unidense

ESPAÑOL	INGLÉS	FRANCÉS	ALEMÁN	PORTUGUÉS *BRASILEÑO*
Estar	To be	Être	sein	Estar
Estar en paro	To be unemployed	Être au Chômage	Arbeitslos sein	Estar desempregado
Estudiante	Student	Étudiant	Student	Estudante
Estudiar	To study	Étudier	studieren (Uni), lernen	Estudar
Fábrica	Factory	Usine	Fabrik	Fábrica
Familia	Family	Famille	Familie	Família
Farmacéutico	Chemist	Pharmacien	Apotheker	Farmacêutico
Fijo	Fixed	Fixe	fest (Telefon)	Fixo
Fisioterapeuta	Physiotherapist	Physiothérapeute	Physiotherapeut	Fisioterapeuta
Francés	French	Français	Franzose	Françês
Funcionario	Civil servant	Fonctionnaire	(Staats-)beamter	Funcionário
Gracias	Thank you	Merci	danke	Obrigado/a
Hacer	To do	Faire	machen, tun	Fazer
Hambre	Hunger (to be hungry)	Faim	Hunger	Fome
Hasta luego	See you later	A bientôt	bis später	Até logo
Hasta mañana	See you tomorrow	A demain	bis morgen	Até amanhã
Hola	Hello	Salut	Hallo	Olá
Hombre	Man	Homme	Mann	Homem
Hospital	Hospital	Hôpital	Krankenhaus	Hospital
Hotel	Hotel	Hôtel	Hotel	Hotel
Idioma	Language	Langue	Sprache	Idioma
Inglés	English	Anglais	Engländer, Englisch	Inglês
Inmobiliaria	State agency	Immobilier	Inmobilienagentur	Imobiliária
Italiano	Italian	Italien	Italiener	Italiano
Japonés	Japanese	Japonais	Japaner	Japonês
Jubilado	Pensioner	Retraité	Pensionär	Reformado / *Aposentado*
Juez	Judge	Juge	Richter	Juiz
Leer	To read	Lire	lesen	Ler
Lejos	Far	Loin	weit	Longe
Llamarse	To be called	S'appeler	heissen	Chamar-se
Lugar	Place	Lieu	Ort	Lugar
Mano	Hand	Main	Hand	Mão
Masajista	Masseur	Masseur	Masseur	Massagista
Mecánico	Mechanic	Mécanicien	Mechaniker	Mecânico
Médico	Doctor	Médecin	Arzt	Médico
Mejilla	Cheek	Joue	Wange	Face
Móvil (teléfono)	Mobile	Mobile (téléphone)	Mobiltelefon, Handy	Telemóvel
Mujer	Woman, wife	Femme	Frau	Mulher
Nacionalidad	Nationality	Nationalité	Nationalität	Nacionalidade
Negocio	Business	Affaire	Geschäft	Negócio
No	No	Non	nein, nicht	Não
Nombre	Name	Prénom	Vorname	Nome
Número	Number	Numéro, nombre	Nummer	Número
Ocupación	Occupation	Occupation	Beschäftigung	Ocupação
País	Country	Pays	Land	País
Pensionista	Pensioner	Retraité	Rentner	Pensionista
Periódico	Newspaper	Journal	Zeitung	Jornal
Periodista	Journalist	Journaliste	Journalist	Jornalista

ESPAÑOL	INGLÉS	FRANCÉS	ALEMÁN	PORTUGUÉS BRASILEÑO
Persona	Person	Personne	Person	Pessoa
Peruano	Peruvian	Péruvien	Peruaner	Peruano
Piso	Flat	Appartement, étage	Wohnung	Apartamento, Andar (1º, 2º)
Poder	To be able to, can	Pouvoir	können	Poder
Puertorriqueño	Puerto Rican	Portoricain	Puertoricaner	Porto-riquenho
Portugués	Portuguese	Portugais	Portugiese, Portugiesisch	Português
Presentar	To introduce	Présenter	vorstellen	Apresentar
Profesión	Profession	Profession	Beruf	Profissão
Profesor	Teacher	Professeur	Lehrer	Professor
Qué	What	Que / quoi	Was	O quê? Quê?
Químico	Chemist	Chimiste	Chemiker	Químico
Recepcionista	Receptionist	Réceptionniste	Empfangsangestellte	Recepcionista
Repetir	To repeat	Répéter	wiederholen	Repetir
Saludarse	To Greet	Saluer	sich Grüssen	Cumprimentar-se
Señor	Mister	Monsieur	Herr	Senhor
Ser	To be	Être	sein	Ser
Sí	Yes	Oui	Ja	Sim
Situación	Situation	Situation	Situation, Lage	Situação
Taller	Workshop	Atelier	Werkstatt	Oficina
Taxista	Taxi driver	Chauffeur de taxi	Taxifahrer	Taxista
Teléfono	Telephone	Téléphone	Telefon	Telefone
Tener	To have	Avoir	haben	Ter
Trabajar	To work	Travailler	arbeiten	Trabalhar
Vivir	To live	Vivre, habiter	wohnen, leben	Viver

Módulo 2

A la derecha	On the right	À droite	rechts	À direita
A la izquierda	On the left	À gauche	links	À esquerda
A menudo	Often	Souvent	oft	Frequentemente
A veces	Sometimes	Parfois	manchmal	Às vezes
Aceite	Oil	Huile	Öl	Azeite, óleo
Aceituna	Olive	Olive	Olive	Azeitona
Acera	Pavement	Trottoir	Bürgersteig	Passeio
Acostarse	To go to bed	Se coucher	schlafen gehen	Deitar-se
Activo	Active	Actif	aktiv	Activo
Al final de	At the end of	Au bout de	am Ende des/der	No fim de
Al lado de	Beside	A côté de	neben	Ao lado de
Año	Year	An	Jahr	Ano
Aparcamiento	Car park	Parking	Parkplatz	Estacionamento
Árbol	Tree	Arbre	Baum	Árvore
Arreglarse	To do oneself up	Se préparer	sich herrichten	Preparar-se para sair
Artesanía	Handicraft	Artisanat	Handwerk	Artesanato
Ayudar	To help	Aider	helfen	Ajudar
Bailar	To dance	Danser	tanzen	Dançar
Banco (dinero)	Bank	Banque	die Bank	Banco

ESPAÑOL	INGLÉS	FRANCÉS	ALEMÁN	PORTUGUÉS BRASILEÑO
Bar	Bar	Bar	Bar	Bar
Barra de pan	Loaf of bread	Baguette	art Baguette	Baguete
Barrio	District	Quartier	Stadtviertel	Bairro
Bastante	Quite	Assez	genug	Bastante
Beber	To drink	Boire	trinken	Beber
Bilingüe	Bilingual	Bilingue	Zweisprachig	Bilíngue
Botella	Bottle	Bouteille	Flasche	Garrafa
Cafetería	Cafeteria	Café	Café	Café / *Cafetaria*
Cajero automático	Cash dispenser	Caissier automatique	Geldautomat	Caixa Multibanco
Capital	Capital	Capitale	Hauptstadt	Capital
Carne	Meat	Viande	Fleisch	Carne
Casa	House	Maison	Haus	Casa
Casi siempre	Almost always	Presque toujours	fast immer	Quase sempre
Cebolla	Onion	Oignon	Zwiebel	Cebola
Cena	Dinner	Dîner	Abendessen	Jantar
Cenar	To have dinner	Dîner	zu Abend essen	Jantar (verbo)
Cerrar	To close	Fermer	schliessen, zumachen	Fechar
Cine	Cinema	Cinéma	Kino	Cinema
Coche	Car	Voiture	Auto	Carro
Coger	To take	Prendre	nehmen	Apanhar, tirar, pegar
Comer	To eat	Manger	essen	Comer
Comisaría	Police station	Commissariat	Polizeirevier	Esquadra de Polícia
Comprar	To buy	Acheter	kaufen	Comprar
Consumición	Food or drink (In a bar)	Consommation	Zeche	Consumo
Contaminación	Pollution	Pollution	Umweltverschmutzung	Contaminação
Continentes	Continents	Continents	Erdteile	Continentes
Correr	To run	Courir	laufen	Correr
Costa	Coast	Côte	Küste	Costa
Costumbre	Habit	Habitude	Gewohnheit	Costume
Croquetas	Croquettes	Croquette	Kroketten	Croquetes
Cruzar	To cross	Traverser	überqueren	Atravessar
Cuarto de kilo	A quarter of a kilo	Quart de kilo	halbes Pfund	Um quarto de Quilo
Cuenta	Bill	Addition, Compte	Rechnung	Conta
Delante de	In front of	Devant	vor (der/dem)	À frente de
Delincuencia	Delinquency	Délinquance	Kriminalität	Delinquência
Desayunar	To have breakfast	Prendre le petit déjeuner	frühstücken	Tomar o pequeño-almoço
Desear	To wish	Souhaiter	wünschen	Desejar
Desocupación	Unemployment	Chômage	Arbeitslosigkeit	Desocupação
Detrás de	Behind	Derrière	hinter (der/dem)	Atrás de
Día	Day	Jour	Tag	Dia
Dieta mediterránea	Mediterranean diet	Diète méditerranéenne	Mediterran-Diät	Dieta Mediterrânica
Discoteca	Discothéque	Discothèque	Diskothek	Discoteca
Docena	Dozen	Douzaine	Dutzend	Dezena
Dormir	To sleep	Dormir	schlafen	Dormir
Ducharse	To have a shower	Prendre une douche	sich duschen	Tomar duche / *Pegar banho*
Echar la siesta	To have a nap	Faire la sieste	Mittagsruhe halten	Dormir a sesta
Embutido	Cold meat sausage	Charcuterie	Wurst	Enchido
Empezar	To begin	Commencer	anfangen, beginnen	Começar

ESPAÑOL	INGLÉS	FRANCÉS	ALEMÁN	PORTUGUÉS BRASILEÑO
Enfrente de	Opposite	En face de	gegenüber	Em frente de
Estación de autobús	Bus station	Station	Busstation	Estação de autocarro / rodoviária
Estrecha	Narrow	Etroite	eng	Estreita
Excursión	Excursion	Excursion	Ausflug	Excursão
Filete	Steak	Steak	Steak	Bife
Fin de semana	Weekend	Week-end	Wochenende	Fim-de-semana
Flan	Caramel custard	Flan	Pudding	Flan
Frecuente	Frequent	Fréquent	häufig	Frequente
Fruta	Fruit	Fruit	Obst	Fruta
Fútbol	Football	Football	Fussball	Futebol
Gamba	Prawn	Crevette	Krabbe	Gamba
Gente	People	Gens	Leute	Gente
Gimnasio	Gymnasium	Gymnase	Fitnesscenter	Ginásio
Girar	To turn	Tourner	abbiegen	Virar (à esq., à dirª)
Gramo	Gram	Gramme	Gramm	Grama
Guardería	Nursery school	Crèche	Kindergarten	Jardim de Infância
Guisante	Pea	Petit pois	Erbse	Ervilha
Habitante	Inhabitant	Habitant	Bewohner	Habitante
Hacer	To do	Faire	machen, tun	Fazer
Hora	Hour	Heure	Stunde, Uhrzeit	Hora
Huevo	Egg	Œuf	Ei	Ovo
Ir	To go	Aller	gehen	Ir
Ir de compras	To go shopping	faire des courses (aller)	einkaufen gehen	Ir às compras
Isla	Island	île	Insel	Ilha
Jamón	Ham	Jambon	Schinken, gekochter Schinken	Presunto
Jornada	Working day	Journée	Tagesablauf, Arbeitszeit	Jornada
Jugar	To play	Jouer	spielen	Jogar, Brincar
Largo	Long	Long	lang	Comprido, longo
Lata	Tin	Boîte	Dose	Lata
Lavadora	Washing machine	Machine à laver	Waschmaschine	Máquina de lavar a roupa
Lechuga	Lettuce	laitue	Kopfsalat	Alface
Levantarse	To get up	Se lever	aufstehen	Levantar-se
Llegar	To arrive	Arriver	Ankommen	Chegar
Lomo	Loin	Filet	Lende	Lombo
Loncha	Slice	Tranche	Scheibe	Fatia
Madrugada	Dawn	Aube	Morgenfrühe	Madrugada
Mañana	Morning	Demain, matin	morgens (am Morgen)	Manhã, Amanhã
Mapa	Map	Carte	Landkarte	Mapa
Mar	Sea	Mer	Meer	Mar
Medianoche	Midnight	Minuit	Mitternacht	Meia noite
Medio kilo	Half a kilo	Un demi kilo	Pfund	Meio Quilo
Mediodía	Midday	Midi	Mittag, mittags	Meio dia
Menú	Menu	Menu	Speisekarte	Ementa
Merendar	To have an afternoon snack	Goûter	Abendimbiss einnehmen	Lanchar
Moderno	Modern	Moderne	Modern	Moderno
Monumento	Monument	Monument	Monument	Monumento
Morcilla	Black pudding	Boudin	Blutwurst	Morcela
Museo	Museum	Musée	Museum	Museu

ESPAÑOL	INGLÉS	FRANCÉS	ALEMÁN	PORTUGUÉS *BRASILEÑO*
Naranja	Orange	Orange	Orange	Laranja
Niño	Child	Enfant	Kind	Menino / *Criança*
Noche	Night	Nuit	Nacht	Noite
Nunca	Never	Jamais	niemals, nie	Nunca
Océano	Ocean	Océan	Ozean	Oceano
Óptica	Optician's	Optique	Optik	Óptica
Pan	Bread	Pain	Brot	Pão
Parada de autobús	Bus stop	Arrêt de bus	Bushaltestelle	Paragem de autocarro
Parque	Park	Parc	Park	Parque
		romener	spazieren	Passear
		eau	Kuchen	Bolo
		n de coiffure	Friseursalon	Cabeleireiro
		sseux	faul	Preguiçoso
		sson	Fisch	Peixe
		ron	Paprikaschote	Pimento
		ine	Schwimmbad	Piscina
			(Stadt-) Plan	Plano
		tre	legen, stellen, Tisch decken	Pôr
		sert	Nachtisch	Sobremesa
		arer	vorbereiten	Preparar
		ident	Präsident	Presidente
		pe	Tintenfisch	Polvo
		er, vouloir	möchten	Querer, amar
		age	Käse	Queijo
		que	Kiosk	Quiosque
		on	Portion	Porção de comida
		asser, ranger	aufräumen	Recolher, apanhar
		mmander	empfehlen	Recomendar
		uvenir	sich erinnern an	Lembrar-se, recordar
		u	Geschenk	Prenda / *Presente*
		ns	Regionen	Regiões
		urant	Restaurant	Restaurante
			König	Rei
		e	Fluss	Rio
			Lärm, Geräusch	Ruído, barulho
		sson	Hartwurst (art Salami)	Salpicão
			weggehen	Sair
		on	Lachs	Salmão
			gesund	Saudável
		ne	Sardine	Sardinha
	To follow	Suivre	weitergehen- fahren	Seguir, perseguir, continuar
Semáforo	Traffic light	Feu vert	Ampel	Semáforo
Semana	Week	Semaine	Woche	Semana
Siempre	Always	Toujours	immer	Sempre
Supermercado	Supermarket	Supermarché	Supermarkt	Supermercado
Tapas	Small bar snacks	Amuse-bouches pour l'apéritif	kleine Happen	Petiscos
Tarde	Afternoon	Après-midi, soir	nachmittags, abends	Tarde
Televisión	Television	Télévision	Fernsehen	Televisão

ESPAÑOL	INGLÉS	FRANCÉS	ALEMÁN	PORTUGUÉS BRASILEÑO
Tienda	Shop	Magasin	Laden	Loja
Todo recto	Straight on	Tout droit	geradeaus	Sempre em frente
Todos los días	Every day	Tous les jours	jeden Tag	Todos os dias
Tomate	Tomato	Tomate	Tomate	Tomate
Tortilla	Omelette	Omelette	Omelett	Omolete
Tráfico	Traffic	Trafic	Verkehr	Tráfico
Truco	Trick	Truc	Trick	Truque
Ver	To see	Voir	sehen	Ver
Verdura	Vegetable	Légume	Gemüse	Verdura
Vestirse	To get dressed	S'habiller	sich anziehen	Vestir-se
Vida	Life	Vie	Leben	Vida
Videoclub	Video club	Vidéo club	Videoclub	Clube de Vídeo
Vino	Wine	Vin	Wein	Vinho
Volver	To come back	Revenir, rentrer	zurückkommen, umkehren	Voltar
Zanahoria	Carrot	Carotte	Karotte	Cenoura

Módulo 3

Abajo	Down	En bas	unten	Em baixo
Abrir	To open	Ouvrir	aufmachen	Abrir
Aburrido	Bored	Ennuyeux	langweilig, gelangweilt	Aborrecido
Acidez de estómago	Acidity of the stomach	Brûlure d'estomac	Sodbrennen	Azia
Acné	Acne	Acné	Akne	Acne
Aconsejar	To advise	Conseiller	beraten	Aconselhar
Administración	Administration	Administration	Verwaltung	Administração
Adulto	Adult	Adulte	erwachsen, Erwachsener	Adulto
Aeropuerto	Airport	Aéroport	Flughafen	Aeroporto
Agenda	Diary	Agenda	Terminkalender	Agenda
Agotado	Exhausted	Épuisé	erschöpft	Esgotado
Agua oxigenada	Hydrogen peroxide	Eau oxygénée	Wasserstoffsuperoxyd	Água oxigenada
Alcohol	Alcohol	Alcool	Alkohol	Álcool
Alegre	Happy	Gai	fröhlig	Alegre
Algodón	Cotton	Coton	Watte, Baumwolle	Algodão
Almacén	Store	Magasin	Lager	Armazém
Alquilar	To rent	Louer	(ver)mieten	Alugar
Alto	Tall	Grand, haut	gross	Alto
Amable	Kind	Gentil	freundlich	Amável
Antena parabólica	Satellite dish	Antenne parabolique	Parabolantenne	Antena parabólica
Anticelulíticos	Anticellulite products	Anti-cellulite	Anti-Cellulitiker	Anti-celulíticos
Apartamento	Apartment	Appartement	Appartement	Apartamento
Archivador	File	Classeur	Ordner	Dossier
Armario	Wardrobe	Armoire	Schrank	Armário
Arriba	Up	En haut	oben	Em cima
Ascensor	Lift	Ascenseur	Fahrstuhl	Elevador
Aseo (baño)	Toilet	Toilettes	Bad	Casa de banho / *Banheiro*
Atento	Attentive	Gentil	höflich	Atento

ESPAÑOL	INGLÉS	FRANCÉS	ALEMÁN	PORTUGUÉS BRASILEÑO
Atractivo	Attractive	Attirant	Attraktiv	Atraente
Aula	Classroom	Classe	Klassenzimmer	Sala de aula
Automedicarse	Selfmedicate	S'automédiquer	Selbstmedikation	Auto-medicar-se
Bajo (contrario de alto)	Short	Bas, petit	klein	Baixo
Bañera	Bath	Baignoire	Badewanne	Banheira
Baño	Bathroom	Salle de bains	Badezimmer	Banho
Barba	Beard	Barbe	Bart	Barba
Bidé	Bidet	Bidet	Bidet	Bidé
Bigote	Moustache	Moustache	Schnurrbart	Bigode
Boda	Wedding	Mariage	Hochzeit	Casamento
Bolígrafo	Pen	Stylo	Kugelschreiber	Caneta
Botas	Boots	Bottes	Stiefel	Botas
Botella	Bottle	Bouteille	Flasche	Garrafa
Bufanda	Scarf	Écharpe	Schal	Cachecol
Buscar	To look for	Chercher	suchen	Buscar, Procurar
Cabeza	Head	Tête	Kopf	Cabeça
Caja	Box	Boîte	Schachtel	Caixa
Calefacción	Heating	Chauffage	Heizung	Aquecimento
Cálido	Warm	Chaud	warm	Quente
Calor	Heat	Chaleur, chaud	Wärme, Hitze	Calor
Calvo	Bald	Chauve	kahlköpfig	Careca
Cama	Bed	Lit	Bett	Cama
Camisa	Shirt	Chemise	Hemd	Camisa
Camiseta	T-shirt	T-shirt	T-Shirt	T-shirt
Cansado	Tired	Fatigué	müde	Cansado
Carpeta	Folder	Chemise (á rabats)	Schreibmappe	Capa
Casado	Married	Marié	verheiratet	Casado
Chimenea	Fireplace	Cheminée	Kamin	Chaminé, lareira
Clase	Classroom	Classe	Klassenzimmer	Aula, Turma
Cocina	Kitchen	Cuisine	Küche	Cozinha
Colada	Washing	Linge	(schmutz-) Wäsche	Lavar a roupa
Conocer	To know	Connaître	kennen	Conhecer
Creer	To think	Croire	glauben	Crer, (achar que)
Cuaderno	Notebook	Cahier	Heft	Caderno
Cubiertos (cuchara, tenedor)	Cutlery (spoon, fork)	Couverts (cuillère, fourchette)	Besteck (Löffel, Gabel)	Talheres (colher, garfo)
Cuello (del cuerpo)	Neck	Cou	Hals	Pescoço
Cuñado	Brother-in-law	Beau-frère	Schwager	Cunhado
Débil	Weak	Faible	schwach	Fraco
Dejar (prestar)	To lend	Prêter	leihen	Emprestar
Delgado	Thin	Mince	schlank	Magro
Descansar	To rest	Se reposer	ausruhen	Descansar
Despacho del director	Manager office	Bureau du directeur	Leitungsbüro	Gabinete do Director
Diccionario	Dictionary	Dictionnaire	Wörterbuch	Dicionário
Dinero	Money	Argent	Geld	Dinheiro
Disquetes	Floppy disks	Disquettes	Disketten	Disquetes
Divorciado	Divorced	Divorcé	geschieden	Divorciado
Doler	To hurt	Avoir mal	schmerzen	Doer
Dolor	Pain	Douleur	Schmerz	Dor

ESPAÑOL	INGLÉS	FRANCÉS	ALEMÁN	PORTUGUÉS BRASILEÑO
Dormitorio	Bedroom	Chambre	Schlafzimmer	Quarto
Ducha	Shower	Douche	Dusche	Duche
Enfadado	Angry	Fâché	verärgert	Zangado
Enseñar (mostrar)	To show	Montrer	zeigen	Mostrar
Entender	To understand	Comprendre	verstehen	Perceber
Escritorio	Bureau	Bureau	Schreibtisch	Secretária
Escuchar	To listen	Écouter	zuhören	Ouvir
Escuela	School	École	Schule	Escola
Espalda	Back	Dos	Rücken	Costas
Esperar (a alguien)	To wait for	Attendre	warten auf jemanden	Esperar
Estantería	Shelf	Étagère	Regal	Estante
Estómago	Stomach	Estomac	Magen	Estômago
Estrés	Stress	Stress	Stress	Stress
Estuche	Pencil case	Trousse	Etui	Estojo
Exigente	Demanding	Exigeant	anspruchsvoll	Exigente
Extranjero	Foreigner	Étranger	Ausländer	Estrangeiro
Falda	Skirt	Jupe	Rock	Saia
Fiebre	Fever	Fièvre	Fieber	Febre
Flexo	Desk lamp	Lampe de bureau	Tischleuchte	Candeeiro de secretária
Flores	Flowers	Fleurs	Blumen	Flores
Fotocopia	Photocopy	Photocopie	Fotokopie	Fotocópia
Frigorífico	Refridgerator	Frigidaire	Kühlschrank	Frigorífico
Frío	Cold	Froid	kalt	Frio
Fumar	To smoke	Fumer	rauchen	Fumar
Funcionar	To work (sth)	Marcher	funktionieren	Funcionar
Gafas	Glasses	Lunettes	Brille	Óculos
Garaje	Garage	Garage	Garage	Garagem
Garganta	Throat	Gorge	Hals	Garganta
Goma (de borrar)	Rubber	Gomme	Radiergummi	Borracha
Gotas	Drops	Gouttes	Tropfen	Gotas
Grapadora	Stapler	Agrafeuse	Heftmaschine	Agrafador
Guantes	Gloves	Gants	Handschuhe	Luvas
Habitación	Room	Chambre	Zimmer	Quarto, assoalhada
Hambre	Hunger (to be hungry)	Faim	Hunger	Fome
Hermano	Brother	Frère	Bruder	Irmão
Hijo	Son	Fils, fille	Sohn	Filho
Hogar	Home	Foyer	Heim	Lar
Hoja (de papel)	Sheet	Feuille	Blatt Papier	Folha
Huelga	Strike	Grève	Streik	Greve
Huerto	Orchard	Verger	kleiner Obst-u. Gemüsegarten	Horta
Ideal	Ideal	Idéal	Ideal	Ideal
Impresora	Printer	Imprimante	Drucker	Impressora
Indicar	To indicate	Indiquer	anzeigen, angeben	Indicar
Ingredientes	Ingredients	Ingrédients	Zutaten	Ingredientes
Insomnio	Sleeplessness	Insomnie	Schlaflosigkeit	Insónias
Invitado	Guest	Invité	Gast	Convidado
Invitar	To invite	Inviter	einladen	Convidar

ESPAÑOL	INGLÉS	FRANCÉS	ALEMÁN	PORTUGUÉS *BRASILEÑO*
Jarabe	Syrup	Sirop	Sirup	Xarope
Jardín	Garden	Jardin	Garten	Jardim
Jefe	Boss	Chef	Chef	Chefe
Jersey	Pullover	Pull	Pullover	Camisola
Joven	Young	Jeune	jung	Jovem
Laboratorio de idiomas	Language laboratory	Laboratoire de langues	Sprachlabor	Laboratório de idiomas
Lámpara	Lamp	Lampe	Lampe	Candeeiro
Lapicero	Pencil	Crayon	Bleistift	Lápis
Libro	Book	Livre	Buch	Livro
Líder	Leader	Leader	Führer	Líder
Limpiar	To clean	Nettoyer	reinigen, putzen	Limpar
Luz	Light	Lumière	Licht	Luz
Madre	Mother	Mère	Mutter	Mãe
Maletín	Briefcase	Mallette	Handkoffer	Pasta
Máquina de café	Coffee machine	Machine à café	Kaffeemaschine	Máquina de café
Marido	Husband	Mari	Ehemann	Marido
Medicinas	Medicines	Médicaments	Medikamente	Medicamentos
Mesilla	Bedside table	Table de nuit	Nachttisch	Mesa de cabeceira
Microondas	Microwave	Micro-ondes	Mikrowellen	Micro-ondas
Miedo	Fear	Peur	Angst	Medo
Mochila	Rucksack	Sac à dos	Rucksack	Mochila
Mueble	Piece of furniture	Meuble	Möbel	Móvel
Muela	Molar	Dent	Backenzahn	Dente Molar
Nariz	Nose	Nez	Nase	Nariz
Necesitar	To need	Avoir besoin	brauchen	Necessitar, precisar
Nervioso	Nervous	Inquiet	nervös	Nervoso
Novio	Boyfriend	Petit ami	Freund	Namorado, noivo
Oficina	Office	Bureau	Büro	Escritório
Oídos	Ears	Oreilles	Ohren	Ouvidos
Ojos	Eyes	Yeux	Augen	Olhos
Ordenador	Computer	Ordinateur	Computer	Computador
Paciente	Patient	Patient	Patient	Paciente
Padre	Father	Père	Vater	Pai
Pantalón	Trousers	Pantalon	Hose	Calças
Pañales	Nappies	Couches	Windeln	Fraldas
Papelera	Wastepaper basket	Corbeille à papier	Papierkorb	Caixote do lixo
Pasillo	Corridor	Couloir	Flur	Corredor
Pastillas	Pills, lozenges	Pastilles, comprimés	Pillen, Tabletten	Comprimidos
Patio	Yard	Cour	Hof	Pátio
Pelo	Hair	Cheveux	Haar	Cabelo
Percha	Hanger	Portemanteau	Kleiderbügel	Cabide
Pierna	Leg	Jambe	Bein	Perna
Piscina	Swimming pool	Piscine	Schwimmbad	Piscina
Piso	Flat	Étage, appartement	Wohnung	Apartamento, andar (1°,2°), Chão
Pizarra	Blackboard	Tableau	Wandtafel	Quadro
Platos	Plates	Assiettes	Teller	Pratos
Playa	Beach	Plage	Strand	Praia

ESPAÑOL	INGLÉS	FRANCÉS	ALEMÁN	PORTUGUÉS BRASILEÑO
Pomada	Ointment	Pommade	Salbe	Pomada
Preferir	To prefer	Préférer	vorziehen	Preferir
Preguntar	To ask	Demander	fragen	Perguntar
Preocupado	Worried	Inquiet	besorgt	Preocupado
Preservativo	Condom	Préservatif	Kondom	Preservativo
Pueblo	Village	Village	Dorf	Aldeia / *Povo*
Puerta	Door	Porte	Tür	Porta
Rebelde	Rebel	Rebelle	widerspenstig	Rebelde
Recado	Message	Commission, message	Besorgung	Recado
Recepción	Reception	Réception, accueil	Empfang, Rezeption	Recepção
Receta (del médico)	Prescription	Ordonnance	Rezept	Receita
Recibir	To receive	Recevoir	bekommen	Receber
Recomendar	To recommend	Recommander	empfehlen	Recomendar
Regla (de medir)	Ruler	Règle	Lineal	Régua
Reloj	Clock	Montre, horloge	Uhr	Relógio
Remedio casero	Homemade remedy	Remède de bonne femme	Hausmittel	Remédio caseiro
Resfriado	Cold	Rhume	Erkältung	Constipado
Rotulador	Felt-tip pen	Feutre	Filzstift	Marcador
Sacapuntas	Pencil sharpener	Taille-crayon	(An)spitzer	Afia-lápis
Sala de reuniones	Boardroom	Salle de réunions	Sitzungssaal	Sala de reuniões
Salón	Living room	Salon	Wohnzimmer	Sala, salão
Secador	Hair-dryer	Sèche-cheveux	Föhn (Fön)	Secador
Sed	Thirst (to be thirsty)	Soif	Durst	Sede
Sentirse	To feel	Se sentir	sich fühlen	Sentir-se
Serio	Serious	Sérieux	ernst	Sério
Servicio (baño)	Toilet	Toilettes	Bad (Toilette)	Casa-de-banho
Silla	Chair	Chaise	Stuhl	Cadeira
Situar	To situate	Se situer	situieren	Situar
Sobrino	Nephew	Neveu	Neffe	Sobrinho
Sofá	Sofa	Sofa	Sofa	Sofá
Soleado	Sunny	Ensoleillé	sonnig	Soalheiro
Soltero	Single	Célibataire	ledig	Solteiro
Sorprendido	Surprised	Surpris	überrascht	Surpreendido
Sueño	Sleepy (to be)	Sommeil	müde sein	Sono, sonho
Tablón de anuncios	Noticeboard	Tableau d'annonces	Schwarzbrett	Painel de anúncios
Teclado (de ordenador)	Keyboard	Clavier (d'ordinateur)	Tastatur	Teclado
Terraza	Terrace	Terrasse	Terrasse	Esplanada
Tijeras	Scissors	Ciseaux	Schere	Tesoura
Tímido	Shy	Timide	schüchtern	Tímido
Tintorería	Dry cleaning	Teinturerie	Reinigung (chemische)	Lavandaria
Tiritas	Sticking plasters	Pansements	Heftpflaster	Pensos rápidos
Toallas	Towels	Serviette-éponge	Handtücher	Toalhas
Tomar	To take	Prendre	(ein)nehmen	Tomar
Tos	Cough	Toux	Husten	Tosse
Trabajador	Hard-working	Travailleur	fleissig, arbeitsam	Trabalhador
Traje	Suit	Costume	Anzug	Fato
Tranquilo	Quiet	Calme	ruhig	Tranquilo
Trastero	Lumber room	Débarras	Abstellraum	Arrecadação

ESPAÑOL	INGLÉS	FRANCÉS	ALEMÁN	PORTUGUÉS *BRASILEÑO*
Travieso	Naughty	Espiègle	unartig	Travesso
Tren	Train	Train	Zug	Comboio
Triste	Sad	Triste	traurig	Triste
Urbanización	Urbanization	Lotissement	Wohnsiedlung	Urbanização
Utilizar	To use	Se servir	benutzen	Utilizar
Venda	Bandage	Bande	Binde	Venda
Verdad	True	Vérité	Wahrheit	Verdade
Zapatillas	Slippers	Chaussons	Hausschuhe	Pantufas
Zapatos	Shoes	Chaussures	Schuhe	Sapatos

Módulo 4

Acción	Action	Action	Handlung	Acção
Aceptar	To accept	Accepter	akzeptieren	Aceitar
Actriz	Actress	Actrice	Schauspielerin	Actriz
Adelgazar	To lose weight	Maigrir	abnehmen	Emagrecer
Aficionado	Fan	Amateur	amateur	Aficionado
Agencia de viajes	Travel agency	Agence de voyages	Reisebüro	Agência de viagens
Aire libre	Fresh air	Grand air	im Freien	Ar livre
Anunciar	To announce	Annoncer	annoncieren	Anunciar
Arreglarse	To do oneself up	Se préparer	sich herrichten	Preparar-se para sair
Asistir	To attend	Assister	teilnehmen an	Assistir
Avión	Aeroplane	Avion	Flugzeug	Avião
Avioneta	Light aircratf	Avionnette	Sportflugzeug	Avioneta
Ayuntamiento	Town hall	Mairie	Rathaus	Câmara Municipal / *Prefeitura*
Bailar	To dance	Danser	tanzen	Dançar
Balance	Balance	Bilan	Bilanz	Balanço
Barrer	To sweep	Balayer	kehren	Varrer
Basura	Rubbish	Ordures	Abfall	Lixo
Bebé (niño)	Baby	Bébé	Baby	Bebé
Burro	Donkey	Âne	Esel	Burro
Búsqueda	Search	Recherche	Suche	Busca
Caballo	Horse	Cheval	Pferd	Cavalo
Callarse	To be quiet	Se taire	schweigen	Calar-se
Caramelos	Sweets	Bonbons	Bonbons	Rebuçados / *Bala*
Carro	Cart	Chariot	Karre	Carrinho de compras
Carta	Letter	Lettre	Brief	Carta
Cartel	Poster	Affiche	Plakat	Cartaz
Cartón	Cardboard	Carton	Pappe	Cartão
Chocolate	Chocolate	Chocolat	Schokolade	Chocolate
Cita	Date	Rendez-vous	Verabredung	Encontro, citação
Cliente	Client	Client	Kunde	Cliente
Cochinillo	Piglet	Cochon de lait	Ferkel	Leitão
Compromiso	Commitment, engagement	Engagement	Kompromiss	Compromisso
Confirmar	To confirm	Confirmer	bestätigen	Confirmar

ESPAÑOL	INGLÉS	FRANCÉS	ALEMÁN	PORTUGUÉS BRASILEÑO
Contacto	Contact	Contact	Kontakt	Contacto
Crema	Cream	Crème	Creme	Creme
Cuello (de una camisa)	Collar	Col	Hemdkragen	Colarinho
Cumpleaños	Birthday	Anniversaire	Geburtstag	Aniversário
Cura (sacerdote)	Priest	Curé	Pfarrer	Padre
Dado	Dice	Dé	Würfel	Dado
Decisión	Decision	Décision	Entscheidung	Decisão
Descansar	To have a rest	Se reposer	ausruhen	Descansar
Deseo	Wish	Désir	Wunsch	Desejo
Despedida de soltero	Stag party	Enterrement de vie de célibataire	Polterabend	Despedida de solteiro
Dibujo	Drawing	Dessin	Zeichnung	Desenho
Divertido	Amusing	Amusant	lustig	Divertido
Echar de menos	To miss	Manquer	vermissen	Ter saudades
Enfermo	Ill	Malade	krank	Doente
Entrevista	Interview	Interview, entretien	Interview	Entrevista
Enviar	To send	Envoyer	schicken	Enviar
Equipo (de fútbol)	Team	Equipe	Fussballmannschaft	Equipa / *Equipe*
Escaparate	Shop window	Vitrine	Schaufenster	Montra
Escultura	Sculpture	Sculpture	Skulptur	Escultura
Espectáculo	Show	Spectacle	Schauspiel	Espectáculo
Esquiar	To ski	Skier	Schi Fahren	Esquiar
Estar agotado	To be exhausted	Etre épuisé	erschöpft sein	Estar esgotado
Excursión	Excursion	Excursion	Ausflug	Excursão
Falta (error)	Mistake	Faute	Fehler	Erro
Fecha	Date	Date	Datum	Data
Fiesta	Party	Fête	Party	Festa
Fregar	To mop	Laver	Putzen	Lavar
Fresco	Fresh	Frais	frisch	Fresco
Fuego	Fire	Feu	Feuer	Fogo
Gasolina	Petrol	Essence	Benzin	Gasolina
Gato	Cat	Chat	Katze	Gato
Gesto	Gesture	Grimace	Geste	Gesto
Helicóptero	Helicopter	Hélicoptère	Hubschrauber	Helicópetro
Hoguera	Bonfire	Bûcher	Feuer	Fogueira
Hora	Hour, time	Heure	Stunde, Uhrzeit	Hora
Hormigas	Ants	Fourmis	Ameisen	Formigas
Horóscopo	Horoscope	Horoscope	Horoskop	Horóscopo
Iglesia	Church	Eglise	Kirche	Igreja
Impactar	To shock	Choquer	stark beeindrucken	Impactar, chocar
Inauguración	Inauguration	Inauguration	Einweihung	Inauguração
Increíble	Incredible	Incroyable	unglaubig	Incrível
Innecesario	Unnecessary	Inutile, non nécessaire	unnötig	Desnecessário
Invento	Invention	Invention	Erfindung	Invenção
Jardín	Garden	Jardin	Garten	Jardim
Lágrimas	Tears	Larmes	Tränen	Lágrimas
Limpiar	To clean	Nettoyer	sauber machen	Limpar
Lleno	Full	Plein	voll	Cheio

ESPAÑOL	INGLÉS	FRANCÉS	ALEMÁN	PORTUGUÉS BRASILEÑO
Luna de miel	Honeymoon	Lune de miel	Flitterwochen	Lua-de-mel
Manga	Sleeve	Manche	Ärmel	Manga
Memoria	Memory	Mémoire	Gedächtnis	Memória
Meter	To put in	Mettre, entrer	(hinein)legen, (-)stecken	Meter
Mirar	To look	Regarder	sehen	Olhar
Moda	Fashion	Mode	Mode	Moda
Montaña	Mountain	Montagne	Berg	Montanha
Montar (subir)	To ride	Monter	(auf)steigen	Montar
Mudanza	Removal	Déménagement	Umzug	Mudança
Mudarse	To move	Déménager	umziehen	Mudar-se
Muerte	Death	Mort	Tod	Morte
Multitud	Crowd	Multitude, foule	Menge	Multidão
Mundo	World	Monde	Welt	Mundo
Nacer	To be born	Naître	geboren werden	Nascer
Navidad	Christmas	Noël	Weihnachten	Natal
Nochevieja	New Year's Eve	Nuit de la Saint Sylvestre	Silvesterabend	Noite de Ano Novo
Noticias	News	Nouvelles, informations	Nachrichten	Notícias
Otoño	Autumn	Automne	Herbst	Outono
Pana	Corduroy	Velours (à côtes)	Kord	Bombazina
Pareja	Couple	Couple	Paar	Casal, par
Pedir	To ask for	Demander	bestellen	Pedir
Pegar (adherir)	To stick	Coller	(an-)kleben	Colar
Película	Film	Film	Film	Filme
Peor	Worse	Pire	schlechter, schlimmer	Pior
Perder	To lose	Perdre	sich verlaufen	Perder
Perfume	Perfume	Parfum	Parfüm	Perfume
Perro	Dog	Chien	Hund	Cão
Petardo	Cracker	Pétard	Knallkörper	Petardo
Piedra	Stone	Pierre	Stein	Pedra
Pintar	To paint	Peindre	malen	Pintar
Plan	Plan	Projet	Plan	Plano
Polvo	Dust	Poussière	Staub	Pó
Predicción	Prediction	Prédiction	Vorhersage	Previsão
Premiar	To reward	Récompenser	belohnen	Premiar
Primavera	Spring	Printemps	Frühling	Primavera
Probar	To try	Essayer	versuchen	Experimentar, provar
Proyecto	Project	Projet	Projekt	Projecto
Puerta	Door	Porte	Tür	Porta
Quedar	To meet	Avoir rendez-vous	sich verabreden	Encontrar-se com
Quedarse	To stay	Rester	bleiben	Ficar
Rabo	Tail	Queue	Schwanz	Cauda, rabo
Raro	Rare	Bizarre	seltsam	Esquisito
Rato	A while	Moment	Augenblick	Um momento
Rechazar	To refuse	Rejeter	ablehnen	Recusar
Reírse	To laugh	Rire	lachen	Rir-se
Reservar	To reserve	Réserver	reservieren	Reservar
Resto	Rest	Reste	Rest	Resto
Resumen	Summary	Résumé	Zusammenfassung	Resumo

ESPAÑOL	INGLÉS	FRANCÉS	ALEMÁN	PORTUGUÉS BRASILEÑO
Reunión	Meeting	Réunion	Versammlung	Reunião
Reunirse	To meet	Se réunir	sich treffen	Reunir-se
Revolucionario	Revolutionary	Révolutionnaire	Revolutionär	Revolucionário
Ropa	Clothes	Vêtements	Kleidung	Roupa
Ruina	Ruin	Ruine	Ruine	Ruína
Salud	Health	Santé	Gesundheit	Saúde
Salvarse	To save	Se sauver	sich retten	Salvar-se
Sitio	Place	Endroit, place	Platz, Ort	Sítio
Sorpresa	Surprise	Surprise	Überraschung	Surpresa
Subir	To go up	Monter	hinaufgehen, heraufkommen	Subir
Suceder	To happen	Arriver	geschehen	Suceder
Sueldo	Salary	Salaire	Lohn	Salário
Temprano	Soon	Tôt, de bonne heure	früh	Cedo
Toro	Bull	Taureau	Stier	Touro
Trasladarse	To move	Se déplacer	sich begeben nach	Transferir-se
Turrón	Hard nougat	Nougat, touron	span Süssigkeit zu Weihnachten	Espécie de nougat
Último	Last	Dernier	Letzter	Último
Unir	To join	Joindre	verbinden, vereinigen,	Unir
Verano	Summer	Été	Sommer	Verão
Viaje	Journey	Voyage	Reise, Fahrt	Viagem
Villancico	Christmas carol	Chanson de Noël	Weihnachtslied	Canção de Natal
Volar	To fly	Voler	fliegen	Voar
Zodiaco	Zodiac	Zodiaque	Tierkreis	Zodíaco

Módulo 5

Acompañar	To accompany	Accompagner	begleiten	Acompanhar
Aconsejar	To Advise	Conseiller	empfehlen	Aconselhar
Actualidad	Present time	Actualité	Aktualität	Actualidade
Agregar	To aggregate	Joindre	beigeben	Agregar
Aislar	To isolate	Isoler	isolieren, absondern	Isolar
Amargura	Bitterness	Amertume	Bitterkeit, Verbitterung	Amargura
Anchoa	Anchovy	Anchois	Anschovis	Anchova
Anoche	Last night	Hier soir	gestern abend	A noite passada
Añadir	To add	Ajouter	hinzufügen	Acrescentar
Arrugarse	To wrinkle	Se froisser, rider	enittern	Enrugar-se
Asados	Roasts	Rôtis	Braten	Assados
Aventurero	Adventurer	Aventurier	Abenteurer	Aventureiro
Bacalao	Cod	Morue	Kabeljau	Bacalhau
Batalla	Battle	Bataille	Schlacht	Batalha
Batidora	Mixer	Mixer	Mixer	Varinha mágica
Batir	To beat	Battre	schlagen (Eier usw.)	Bater
Bolsillo	Pocket	Poche	Tasche (z.B. Hosentasche)	Bolso
Botón	Button	Bouton	Taste	Botão
Cacerola	Saucepan	Cocotte	Kasserolle, Topf	Tacho

ESPAÑOL	INGLÉS	FRANCÉS	ALEMÁN	PORTUGUÉS *BRASILEÑO*
Carne picada	Minced meat	Viande hachée	Hackfleisch	Carne picada
Cartelera de cine	Cinema guide	Programme de cinéma	Kinoprogramm	Programação de cinema
Cerradura	Lock	Serrure	Schloss	Fechadura
Charlar	To chat	Bavarder	plaudern	Conversar / *Papo*
Cocer	To boil	Cuire	kochen	Cozer
Colonización	Colonization	Colonisation	Kolonisation	Colonização
Complicado	Complicated	Compliqué	kompliziert	Complicado
Condimentar	To season	Assaisonner	würzen	Condimentar
Conquistador	Conqueror	Conquérant	Eroberer	Conquistador
Convencer	To convince	Convaincre	überzeugen	Convencer
Corbata	Tie	Cravate	Krawatte	Gravata
Costuras	Seams	Coutures	Nähte	Costuras
Cremallera	Zip	Fermeture à glissière	Reissverschluss	Fecho éclair
Crueldad	Cruelty	Cruauté	Grausamkeit	Crueldade
Cucharada	Spoonful	Cuillérée	Esslöffel voll	Colherada
Decorar	To decorate	Décorer	dekorieren	Decorar
Detallista	Considerate	Minutieux	aufmerksam	Atencioso
Detergente	Washing powder	Savon à lessive	Reinigungs-, Waschmittel	Detergente
Dictadura	Dictatorship	Dictature	Diktatur	Ditadura
Discriminación	Discrimination	Discrimination	Diskriminierung	Discriminação
Disolver	To dissolve	Dissoudre	auflösen	Dissolver
Doblar	To fold	Plier	(zusammen) falten	Dobrar
Dosificar	To dose	Doser	dosieren	Dosificar
Educar	To educate	Élever	erziehen	Educar
Elegir	To choose	Choisir	wählen	Eleger
Enamorarse	To fall in love	Tomber amoureux	sich verlieben	Apaixonar-se
Encender	To turn on	Allumer	anmachen, einschalten	Acender
Enfermedad	Illness	Maladie	Krankheit	Doença / *Malato*
Envase	Container	Récipient, boîte	Gefäss, Verpackung	Invólucro
Escurrir	To drain	Egoutter	abtropfen lassen	Escorrer
Estrujar	To squeeze	Froisser	zerknittern	Espremer
Etiqueta	Label	Étiquette	Etikette	Etiqueta
Evangelización	Evangelization	Evangélisation	Evangelisation	Evangelização
Exiliarse	To exile	S'exiler	ins Exil gehen	Exilar-se
Expedición	Expedition	Expédition	Expedition	Expedição
Fraile	Friar	Moine	Mönch	Frade
Fritura de pescado	Fried fish	Poisson frit	fritierter Fisch	Peixe frito
Frotar	To rub	Frotter	reiben, scheuern	Esfregar
Galletas	Biscuits	Biscuits	Kekse	Bolachas / *Biscoito*
Gemelos (hermanos)	Twins	Jumeaux	Zwillinge	Gémeos
Gorra	Cap	Casquette, bonnet	Mütze	Boné, gorro
Grifo	Tap	Robinet	Wasserhahn	Torneira
Guarnición	Garnish	Garniture	*gastr* Beilage	Guarnição
Guerra	War	Guerre	Krieg	Guerra
Hiel	Gall	Fiel	Galle	Fel
Hornear	To bake	Mettre au four	im Ofen braten	Cozer no forno
Horror	Horror	Horreur	Entsetzen, Grauen	Horror
Hortalizas	Vegetables	Légumes	Gemüse	Hortaliças

ESPAÑOL	INGLÉS	FRANCÉS	ALEMÁN	PORTUGUÉS BRASILEÑO
Huevo duro	Boiled egg	Œuf dur	gekochtes Ei	Ovo cozido
Iglesia	Church	Eglise	Kirche	Igreja
Impaciente	Impatient	Impatient	ungeduldig	Impaciente
Incógnita	Mistery	Inconnu	Rätsel	Incógnita
Incorporar	To add	Incorporer, soulever, ajouter	eingliedern, einfügen	Incorporar
Indígena	Native	Indigène	Eingeborene(r)	Indígena
Infancia	Childhood	Enfance	Kindheit	Infância
Inquieto	Restless	Inquiet	unruhig	Inquieto, irrequieto
Interrumpir	To interrupt	Interrompre	unterbrechen	Interromper
Introducir	To insert	Introduire	einführen	Introduzir
Invasor	Invader	Envahisseur	Eindringling, Invasor	Invasor
Laurel	Laurel	Laurier	Lorbeer	Louro
Lavabo	Washbasin	Lavabo	Waschbecken	Lavatório
Lavar	Wash	Laver	waschen	Lavar
Lejía	Bleach	Eau de javel	Bleichmittel	Lixívia
Lencería	Lingerie	Lingerie	(Damen-)Unterwäsche	Roupa interior, lingerie
Llover	To rain	Pleuvoir	regnen	Chover
Máquina	Machine	Machine	Maschine	Máquina
Medio ambiente	Environment	Environnement	Umwelt	Meio Ambiente
Meticuloso	Meticulous	Méticuleux	gewissenhaft	Meticuloso
Mezclar	To mix	Mélanger	(ver)mischen	Misturar
Miel	Honey	Miel	Honig	Mel
Monarquía	Monarchy	Monarchie	Monarchie	Monarquia
Moneda	Coin	Monnaie, pièce	Münze	Moeda
Morir	To die	Mourir	sterben	Morrer
Mosca	Fly	Mouche	Fliege	Mosca
Moto	Motor bike	Moto	Motorrad	Mota
Mural	Mural	Mural	Wandmalerei	Muro
Nativo	Native	Natif	gebürtig	Nativo
Observador	Observer	Observateur	Beobachter	Observador
Pájaro	Bird	Oiseau	Vogel	Pássaro
Paredes	Walls	Murs	Wände	Paredes
Paso de peatón	Pedestrian crossing	Passage pour piétons	Fussgängerweg	Passadeira
Pelar	To peel	Éplucher	schälen	Descascar
Pepino	Cucumber	Concombre	Gurke	Pepino
Persiana	Blind	Persienne, volet	Jalousie	Persiana
Persuadir	To persuade	Persuader	überzeugen	Persuadir
Pimienta	Pepper	Poivre	Pfeffer	Pimenta
Pirata	Pirate	Pirate	Pirat	Pirata
Pisto	Dish of fried vegetables	Ratatouille	ein Gemüsegericht	Prato de verduras fritas
Plantas	Plants	Plantes	Pflanzen	Plantas
Pobreza	Poverty	Pauvreté	Armut	Pobreza
Portero	Caretaker	Concierge	Hausmeister	Porteiro
Problema	Problem	Problème	Problem	Problema
Protestar	To protest	Contester, protester	protestieren, sich beschwerden	Protestar
Quitar	To remove	Enlever	wegnehmen, entfernen	Tirar, Retirar

ESPAÑOL	INGLÉS	FRANCÉS	ALEMÁN	PORTUGUÉS BRASILEÑO
Reducir	To reduce	Réduire	vermindern	Reduzir
Referendum	Referendum	Referendum	Referendum	Referendo
Regar	To water	Arroser	(be)giessen	Regar
Rehogar	To fry sth. lightly	Mijoter	schmoren, dünsten	Refogar
Remover	To stir	Remuer	umrühren	Remover
Resguardo	Counterfoil	Récépissé	Beleg	Talão
Retraso	Delay	Retard	Verspätung	Atraso
Retrato	Portrait	Portrait	Porträt	Retrato
Rico (dinero)	Rich	Riche	reich	Rico
Sacar	To take out	Sortir	herausholen, heraus-nehmen	Tirar, sacar, levantar (dinheiro)
Sal (condimento)	Salt	Sel	Salz	Sal
Seleccionar	To select	Sélectionner	auswählen	Seleccionar
Separar	To separate	Séparer	trennen	Separar
Servir	To serve	Servir	dienen	Servir
Soldado	Soldier	Soldat	Soldat	Soldado
Soler	To do sth. habitually	Avoir l'habitude de	gewöhnlich tun	Costumar
Sonar	To sound	Sonner	klingen	Soar
Tarea doméstica	Housework	âches quotidiennes	Hausarbeit	Tarefa doméstica
Tender	To hang out	Étendre	aufhängen	Estender
Tenedor	Fork	Fourchette	Gabel	Garfo
Tener cuidado	To be careful	Faire attention	aufpassen	Ter cuidado
Terremoto	Earthquake	Tremblement de terre	Erdbeben	Terramoto
Tormenta	Storm	Orage	Gewitter	Tempestade
Trocear	To cut up	Couper en morceaux	zerteilen, in Stücke schneiden	Cortar aos bocadinhos
Trozo	Piece	Morceau	Stück	Bocado
Turno	Turn	Tour	Reihe (an der Reihe sein)	Turno
Usar	To use	Se servir de	benutzen	Usar
Vacaciones	Holidays	Vacances	Urlaub, Ferien	Férias
Vaciar	To empty	Vider	(aus-)leeren	Esvaziar
Vida	Life	Vie	Leben	Vida
Vinagre	Vinegar	Vinaigre	Essig	Vinagre

Audiciones

Módulo 1

1.1

Presentaciones

3. Practicamos: ¿Cómo se llama? ¿De dónde es?

1. 1) García Márquez es colombiano, de Aracataca.
2) Indurain es español, de Navarra.
3) Picasso es español, de Málaga.
4) Isabel Allende es chilena, de Santiago.
5) Almodovar es español, de La Mancha.
6) Dalí es español, de Figueres.
7) Rubén Darío es nicaragüense, de Managua.
8) Fidel Castro es cubano, de Birán.
9) Isabel la Católica fue reina de Castilla.

La dirección

2. ¿Dónde vives?

4. Diálogo 1
- ¿Tienes teléfono, Marco?
- Sí, apunta, es 923 780163.
- ¿Puedes repetir?
- Sí, claro: nueve, dos, tres, setenta y ocho, cero, uno, sesenta y tres.

Diálogo 2
- ¿Me das tu número de teléfono, Eva?
- Sí, un momento... 670469970.
- ¿Sesenta...?
- No, no... se-ten-ta, siete cero.

Diálogo 3
- ¿Su número de teléfono, señor Ibsen?
- ¿En España?
- Sí, su teléfono aquí en España.
- 94 123456
- ¡¿Uno dos tres cuatro cinco seis?!
- Sí, sí.

Diálogo 4
- ¿Me das tu teléfono, Francesc?
- Sí, es el 93 9867452.
- ¿Nueve, ochenta y seis, setenta y cuatro, cincuenta y dos?

Diálogo 5
- ¿Tienes el teléfono de Ingrid?
- Sí, es 645... no, no, perdona, 654898900.

5. Diálogo 1
- ¿Su dirección, señora García?
- Avenida del Arco 67...
- ¿Setenta y siete?
- No, no, sesenta y siete, quinto, ce.
- ¿Ce de Cáceres?
- Sí.

Diálogo 2
- ¿Dónde vives, Luc?
- Vivo aquí, en Málaga.
- Sí, sí, pero ¿en qué calle?
- Ah, sí, perdona... vivo en la calle del Arzobispo Romero.
- ¿Y el número?
- 29, es el número 29, 7.º A.

Diálogo 3
- ¿Me das tu dirección, Sabrina?
- Sí, apunta... Carrer de Balmes, número 34, tercera.
- ¿Tercero?
- No, no... tercera, tercera puerta.

Diálogo 4
- ¿Su dirección, señora Meunier?
- Plaza de la Constitución, 23, piso primero, izquierda.

Diálogo 5
- ¿Tú también vives en la calle Rioja?
- Sí, en el número 86.

Instrucciones en el libro y en clase

3. Lee el cuadro/ Subraya los verbos/ Marca con una cruz/ Contesta a las preguntas/ Completa las frases.

Rincón de la Pronunciación

¿Puede repetir, por favor? ¿Cómo se escribe?

1. Sonidos

1. Queso, jota, quiero, casa, jueves, zona, joven, despacio, farmacia, guerra, nicaragüense.

3. Silla, año, habla, niño, vivo, yo, soy, iglesia, pollo, Bilbao, sueño, llamo, eñe, voy.

Rincón de la Gramática

Practica la gramática

9. El 5, el 86, el 32, el 78, el 9, el 92, el 1, el 54, el 100, el 98, el 13, el 37, el 0, el 15.

10. Primero, primer, primera/ segundo, segunda/ tercero, tercer, tercera/ cuarto, cuarta/ quinto, quinta/ sexto, sexta/ séptimo, séptima/ octavo, octava/ noveno, novena/ décimo, décima.

Módulo 2

2.1

¿Qué haces normalmente?

2. La hora

2. a) Durante la semana me levanto a las ocho menos cuarto.
b) Tenemos tiempo, sólo son las ocho y cinco.
c) El descanso es a las once y cuarto.
d) El avión sale a las diecisiete treinta.
e) La clase termina a las cuatro.

3. ¿Cuándo...?

4. Ella: Pues yo voy de compras una vez a la semana, veo la televisión todos los días, dos horas, más o menos, no voy al cine nunca y salgo con mis amigas todos los días. ¡Ah!... y nunca voy al gimnasio.

Él: Pues yo no voy de compras nunca, veo la televisión todos los días durante cinco o seis horas, no hago deporte y salgo con mis amigos todos los fines de semana, pero duermo unas doce horas el sábado y el domingo.

Comer en España

2. En la tienda o en el supermercado

7. – Hola, buenos días.
- Buenos días.
- ¿Qué quería?
- Media docena de huevos y una lata de sardinas.
- Aquí tiene. ¿Algo más?
- Sí, una botella de vinagre y un kilo de sal.
- Muy bien, ¿algo más?
- No, nada más. ¿Cuánto es?
- Son 14,84 euros.
- Aquí tiene el dinero.
- Gracias, adiós.
- Adiós.

¿Qué estás haciendo?

2. Trabaja las formas y los usos

3. Isabel está en la cocina, está preparando la cena y está escuchando la radio. Luis, el padre, está en el baño, está bañando a Juanito. El niño sólo tiene un año y está jugando con sus juguetes en la bañera. Ana está en su habitación, ella está leyendo un libro y está escuchando música. Pluto, el perro, está durmiendo en el pasillo, esperando la hora de su cena.

2.2

¿Cómo se va a...?

1. Oiga, por favor, ¿para ir a...?

7. A) Una tienda de fotos
- Perdone...
- ¿Sí?
- ¿Hay una tienda de fotos por aquí cerca?
- Pues no lo sé, lo siento.
- Vale, no importa. Gracias.

B) El cine Ábaco
- Oiga, por favor, ¿sabe dónde está el cine Ábaco?
- En la calle Marina Escobar. Mira este plano. Aquí mismo, en la plaza Cantarranas, coges el autobús 20. Hay una parada justo al lado del cine.
- Muchísimas gracias.
- De nada.

8. – Oye, ¿me puedes decir cómo se va a la calle Dulcinea?
- Sí, no está lejos. ¿Ves esa farmacia de la esquina? Pues sigues por esa calle y coges la segunda a la derecha... No, no, perdona, la tercera, sí, la tercera a la derecha.
- Entonces, después de la farmacia la tercera a la derecha.
- Sí, exacto.
- Pues muchas gracias.
- De nada.

Un poco de geografía: España e Hispanoamérica

1. España

3. 1) – ¿De dónde eres, Edurne?
– Soy vasca, pero vivo en Barcelona.
2) – Yo soy catalana, de Tarragona.
3) – Nosotros somos andaluces, pero vivimos en Bilbao.
– ¡¿Ah sí?! Pues yo vivo muy cerca, en Cantabria... Bueno, en Santander.
4) – Yo soy canaria y vivo allí, en Tenerife.
5) – Mi mujer y yo somos de Burgos, pero vivimos en Sevilla.
6) – Yo vivo en Ciudad Real, pero soy gallega, de Ourense.

5.

Madrid	2.881.506
Barcelona	1.550.581
Valencia	739.412
Sevilla	701.927
Granada	241.471
Tenerife	211.930
Salamanca	158.457

2. Hispanoamérica

3. Lima es la capital de Perú.
La Habana es la capital de Cuba.
Buenos Aires es la capital de Argentina.
Ciudad de México es la capital de México.
Sucre es la capital de Bolivia.
San José es la capital de Costa Rica.
Santiago de Chile es la capital de Chile.
Caracas es la capital de Venezuela.
Tegucigalpa es la capital de Honduras.
Ciudad de Guatemala es la capital de Guatemala.
San Salvador es la capital de El Salvador.
Panamá es la capital de Panamá.
Managua es la capital de Nicaragua.
Montevideo es la capital de Uruguay.
Santo Domingo es la capital de la República Dominicana.
San Juan es la capital de Puerto Rico.
Asunción es la capital de Paraguay.
Quito es la capital de Ecuador.
Bogotá es la capital de Colombia.

Rincón de la Pronunciación

¿Se escribe con "g" o "j"?

1. Monja, miga, jota, Tajo, golpe, apaga, jamón, goma, agencia, agua, jueves, consigue, coge, jirafa, gano, portuguesa, guitarra, águila, sigue, paga, guerra, cojo, jabón, junio.

¿Se escribe con "z", "c", "q"?

1. Cinco, cena, quiero, cuatro, dice, compra, zona, empieza, acuesto, queso, querer, ejercicio, decimos, compara, cinta, cuando, doce, paz, cenamos, costar, ocupa, catorce, casa, corre.

3. Una zagala solloza
mirando al fondo de un pozo
cuando aparece otra moza
diciendo con alborozo:
"¡Date prisa, Mari Paz!
Ya está lista la carroza.
Nos vamos con los papás
de compras a Zaragoza."

Dictado

1. Madrid, Toledo, Bogotá, Perú, Sevilla, Mérida, Bolivia, Cuzco, Córdoba, Lima, Mendoza, Castellón.

Módulo 3

3.1

¿Quién es?

3. ¿Cómo es?

1. a) Atención, atención, por favor. En información hay un niño de unos diez años. Es moreno, alto y delgado, con el pelo corto y flequillo. Lleva bufanda de cuadros, chaqueta marrón y mide algo más de un metro. No habla español, probablemente es ruso. ¿Puede pasar su familia por la Comisaria de Policía? Gracias.

b) ¡Atención, atención! Aquí hay una niña de unos once años. Tiene el pelo largo y rubio con flequillo. Es delgada. Lleva un jersey azul de cuello alto y mide algo más de un metro y medio. No habla español, es italiana. ¿Puede pasar su familia por la Comisaría de Policía? Gracias.

4. ¡Qué carácter!

1. 1) Puff... Estoy harta, mi jefe es muy exigente y nunca ve el trabajo de los otros.

2) Pues yo estoy muy contenta en mi nuevo trabajo. Mi jefe es muy amable y muy divertido, y además es muy trabajador.

3) Pues mi jefa es muy seria, pero sabe mandar y reconoce nuestro trabajo.

3.2

El lugar de trabajo

2. Orientarse en un nuevo lugar de trabajo

1. – Mira, aquí hay un plano del edificio. La recepción está en la primera planta, a la entrada, como es lógico, ¿no? Esta puerta, al lado de la escalera, es el almacén y la otra, enfrente, es la administración. Y en la segunda planta está nuestra oficina; es ésta, mira, al lado de la sala de reuniones.
– ¿Y esta habitación tan grande?
– La del súper.
– ¿La del qué?
– El despacho del director general.
– ¿Y los servicios?
– También en la segunda planta, es esa puerta del fondo...

Muy Nuestro

¿Qué tipo de vivienda?

2. a) Familia de A Coruña (España)

En mi familia somos tres: mi padre, Juan, mi madre, Teresa, y yo. Soy Anita. Tengo 10 años. Nuestra casa es grande y antigua, tiene cuatro dormitorios muy grandes y soleados, dos baños, uno completo, un salón con chimenea, una cocina muy luminosa y un jardín con árboles frutales y muchas flores.

b) Familia de Cucama (Venezuela)

Vivimos en Cucama, en mi familia somos seis personas. Mis padres, Antonio y Marcela, y mis hermanos Marcelo y Flavio, que son gemelos, mi hermana Aurita y yo, que me llamo Silvina. Vivimos en un piso en el centro de Cucama. El piso tiene tres dormitorios, no son muy grandes. En el dormitorio de mis hermanos y en el de Aurita y mío hay literas. En la cocina hay una mesa grande donde comemos normalmente. En el salón hay un mueble muy bonito y unos sillones muy cómodos, allí vemos la televisión.

c) Familia de Dos Hermanas (Sevilla, España)

Mi casa está en la plaza de mi pueblo, que se llama Dos Hermanas y está en Sevilla. Mi casa está pintada de blanco y en las ventanas hay muchas flores. Es grande, tiene cuatro dormitorios, un baño, una cocina y un comedor. Tenemos un patio muy bonito con muchas plantas, una mesa, unas sillas y una sombrilla.

d) Familia de Quito (Ecuador)

Nuestra casa es muy pequeñita y está a las afueras de Quito. Sólo tiene un dormitorio y una habitación, donde mi madre cocina y comemos. Hay un baño chiquitito y dos balcones llenos de flores muy lindas.

Rincón de las Palabras

Descubrir el significado de las palabras

2. El significado de una palabra en un texto oral o en una conversación

3. a) – ¿Qué tal te encuentras hoy?
– Bueno... Estoy mejor, pero me duele la espalda y tengo un poco de dolor de cabeza...
– ¿Y por qué no vas al médico?
– No, si no es nada serio. Es que tengo mucho trabajo y estoy un poco cansado, por eso me duele todo.

b) – Pues es una habitación individual. No es muy grande, pero tiene de todo: armario, estanterías, mesa de estudio...
– ¿Cuánta gente vive en el piso?
– Pues yo y otros dos estudiantes, un chico alemán y una americana. Son muy majos.
– ¿Y tengo que pagar fianza?
– ¿Fianza?
– Sí, pagar un mes por adelantado. ¿Se dice así, no?
– Sí, pero para eso tienes que hablar con el casero.

Rincón de la Pronunciación

Vamos a jugar

2. Era muy raro
con dos mil rulos
sobre la cara,
según calculo.

En su cartera
guardaba helado

de rica crema
y chocolate.

Y muy ligero,
se fue en un carro
con su coche
y sus caballos.

Rincón de la Cultura

La familia en español

1. Una familia española

Me llamo Jerónimo, tengo 16 años y mi familia es pequeña: somos cuatro. Mi padre, mi madre, mi hermana y yo. Mis padres están divorciados y yo vivo con mi madre y mi hermana en un piso a 20 kilómetros de Valencia.
Mi madre es funcionaria y trabaja ocho horas todos los días, come con algunos compañeros. Cuando sale del trabajo, vuelve a casa.
Yo voy al instituto en autobús. De lunes a viernes tengo clase desde las ocho y media hasta la una y media. Después, como en casa de mi abuela y voy a clases privadas de alemán.
Mi padre vive en Valencia y trabaja en un hospital. Normalmente nos vemos los fines de semana, cuando él no tiene guardias.

Una familia boliviana

Me llamo Clarita y vivimos en Sucre (Bolivia). Somos cuatro: mis padres, mi hermano y yo. Mi madre y mi padre trabajan en el campo, pasan allí todo el día. Algunas veces mi hermano Víctor les ayuda. Yo me quedo en casa para recoger, limpiar e ir a por agua. También voy a la escuela todos los días.

Módulo 4

4.1

Expresar gustos, opiniones y preferencias

1. Me gusta ir de compras

4. – Buenas tardes, señores, estamos hoy con un cantante conocido por todos. Él es Alejandro Sanzo. Voy a hacerle una entrevista para saber un poco más sobre sus gustos. Bueno, Alejandro, ¿te gusta el pescado?
– No, no mucho, prefiero la carne y poco hecha.
– ¿Te gustan los niños?
– ¡Psé! No mucho.
– ¿Te gusta viajar?
– Sí, me encanta y viajo mucho por toda España debido a mi trabajo.
– Y los programas de la tele, ¿te gustan los programas de la tele?
– Bueno, no todos. Me gustan los documentales, las películas y las noticias.
– ¿Te gustan los pasteles?
– ¡Huy! Sí, me encantan, soy muy goloso.
– ¿Te gusta la ropa formal o informal?
– Me gusta la ropa informal, pero depende de las ocasiones.
– ¿Te gustan los perros?
– No, nada, no me gustan los animales.
– ¿Te gusta leer?
– Sí, leo mucho en mis viajes.
– ¿Te gustan los toros?
– Sí, mucho, soy un gran aficionado.
– ¿Te gustan los deportes?
– Sí, todos, pero no practico ninguno por falta de tiempo.
– ¿Te gusta el cine?
– Sí, me gusta mucho, pero voy muy poco.
– Por último, Alejandro, ¿te gusta el flamenco?
– Sí, me encanta.

3. Prefiero las ciudades grandes

1. **Ella:** Yo vivo en Barcelona por mi trabajo y me gusta la ciudad, pero prefiero las ciudades pequeñas.
Él: Pues yo no, a mí me gustan más las ciudades grandes.
Él: A veces bebo vino en la comida, pero normalmente prefiero la cerveza.
Ella: Yo no, a mí me gusta más el vino.
Él: Yo no sé bailar, así que está claro que prefiero ir al cine.
Ella: Pues a mí me encanta bailar.
Él: La carne, sí, prefiero la carne, ¡un buen filetón con patatas fritas!
Ella: Yo como carne de vez en cuando, pero me gusta más el pescado.
Ella: A mí me gusta muchísimo la primavera, es la estación más romántica.
Él: Pues yo prefiero el otoño, es todo más tranquilo y melancólico.

¿Quedamos este domingo?

1. Sí, dígame

1. **Ana**: ¿Sí?
Elena: Hola, Ana, soy Elena, ¿cómo estás?
Ana: Bien, ¿y tú?
Elena: Bien, bien. Oye, ¿nos vemos este fin de semana?
Ana: Humm, no sé, no tengo mucho tiempo. ¿Qué te apetece hacer?
Elena: Pues, no sé, creo que va a llover, ¿vamos al cine?
Ana: Vale, me parece una buena idea, pero el sábado no puedo, tengo que cuidar a mis sobrinos porque mi hermana tiene una reunión de trabajo en Málaga durante todo el día, y su marido va a estar fuera de la ciudad todo el fin de semana. Piensa venir a recoger a los niños el domingo por la mañana. Si quieres quedamos el domingo después de comer para tomar un café y charlamos un poco antes de entrar en el cine.
Elena: ¡Ah! Vale, de acuerdo. ¿Dónde quedamos?
Ana: En la cafetería Café Caliente a las cinco. ¿Te va bien?
Elena: Sí, sí, muy bien, allí nos vemos. Hasta el domingo.
Ana: Adiós, adiós, hasta el domingo.

6. 1) ¿Quedamos el jueves por la tarde? Es que a las diez hay un concierto de Estopa en la sala Galileo.
2) Tengo muchas ganas de verte. ¿Nos vemos el martes para comer?
3) ¿Vamos a jugar un partido de baloncesto?¿Qué tal el sábado por la mañana, sobre las nueve y media?

4) Oye, ¿quedamos el lunes por la tarde para tomar un café? Hay una cafetería nueva que dicen que es muy bonita.
5) ¿Nos vemos el miércoles por la tarde? Es que tengo un regalo para ti.
6) ¿Qué tal si quedamos el sábado? Vamos a cenar a un restaurante y después tomamos unas copas y vamos a bailar a la discoteca Dances.
7) ¿Quedamos el martes a las ocho para tomar unas tapas? Hace mucho tiempo que no te veo.

4.2

Este año, este mes, esta semana...

2. Hacemos balance

1. ¡Feliz Año Nuevo! ¡Os deseo una buena Nochevieja!

4. 1) Bueno, pues ha sido un año muy bueno, el equipo ha estado muy bien, muy unido. Hemos tenido días malos y días buenos, pero lo importante es que el equipo va hacia delante y todavía podemos cerrar la temporada positivamente.
2) Para mí, ha sido un año fantástico. He trabajado muchísimo y me han ofrecido cosas interesantísimas para el próximo año. He colaborado con los mejores directores del momento. Siento que todavía se va a hablar mucho de mí. Un beso a todos y a todas.
3) Bueno, ha sido un año interesante, he cambiado de trabajo, he hecho un viaje fantástico a Egipto y... he conocido al hombre de mi vida... Se llama Felipe y tiene tres meses.
4) Bueeno... pues no ha estado mal, ha habido trabajo y salud que es lo que importa. ¡Feliz Año Nuevo a todos!
5) Ya lo han oído, señoras y señores. ¡Feliz Año Nuevo!

3. Ya..., pero todavía no...

2. Nosotros vamos a estar en España dos semanas. Ya hemos estado en Barcelona y Madrid. Nos han gustado muchísimo, son ciudades muy diferentes. Y también hemos estado un par de días en la playa. Ahora vamos a ir al Sur, queremos conocer Sevilla, Córdoba y Granada. Va a ser muy cansado pero nos interesan mucho las diferentes formas de vida y cultura dentro de España.

El año pasado estuve en Hispanoamérica

1. ¿Has estado alguna vez en Hispanoamérica?

1. 1) No, no he estado nunca. Quiero ir pero no he tenido tiempo..., ni dinero.
2) Pues, sí, varias veces. Me gusta viajar y he estado en México y en Perú cuatro o cinco veces.
3) Sí, sí, me gusta mucho viajar por Hispanoamérica. Conozco Perú bastante bien, en 1990 fui para dos semanas y pasé seis meses. Después he ido a Argentina y México..., muchos sitios.
4) Sí, sí, fui hace muchos años, en 1980, cuando me casé. Visitamos Cuba y México. A mi mujer le encantó La Habana, a mí me gustó más México D.F. Fue estupendo... Tenemos que repetirlo.
5) Sí, sí, me gusta mucho. Fui el año pasado por primera vez. Estuve en el Caribe, me gustó, pero fue demasiado tiempo en la playa. Este año he ido a Yucatán y Guatemala, a ver las ruinas mayas, ¡oh, qué bonitas! Ha sido un viaje magnífico, he conocido a muchísima gente y...

Rincón de la Pronunciación

Acento y entonación

1. ¿Preguntas o afirmas?

1. Vienes con nosotros. / ¿Vienes con nosotros? / ¡Vienes con nosotros!
2. Este libro es el tuyo. / ¿Ha venido Javier? / ¿Mañana es su cumpleaños? / ¡El café está caliente!

Rincón de la Cultura

Fiesta, fiesta, fiesta

1. Un paseo por las fiestas de España

3. En España hay muchas fiestas. Algunas son fiestas nacionales, se celebran en toda España, como la Navidad, la Semana Santa o el Carnaval, y otras se celebran sólo en una determinada región o ciudad, como las Fallas, en Valencia, la Feria de Abril en Sevilla o los Sanfermines en Navarra.

La Semana Santa

En toda España se celebra la Semana Santa, para recordar la Pasión y muerte de Cristo. Sin embargo, las celebraciones son distintas en cada zona: en el Norte y en Castilla son sobrias y solemnes, y en el Sur y Levante son más ruidosas y emotivas.
Las procesiones de Semana Santa son desfiles que conmemoran las diferentes escenas o "pasos" de la pasión de Cristo. Empiezan el Domingo de Ramos y siguen durante toda la semana siguiente. Terminan el Domingo de Pascua o Resurrección.
En las procesiones desfilan "los pasos", esculturas que representan escenas de la pasión y muerte de Cristo. Algunos pasos son piezas de museo y sólo se sacan a la calle en Semana Santa.
En el Sur de España, al pasar la procesión, algunos espectadores cantan espontáneamente saetas a la Virgen. Con estos cantos quieren expresar el dolor por la muerte de Jesús y el sufrimiento de su madre.
En Cataluña hay representaciones teatrales de la pasión, en las que participa el pueblo, y también en algunos lugares hay tradiciones curiosas, como en Verges (Gerona), donde el Jueves Santo se baila la Danza de la Muerte.

Las Fallas

En la festividad de San José (19 de marzo) la región de Levante arde en llamas. Valencia quema en hogueras cientos de esculturas, elaboradas a lo largo de todo el año.
La fiesta de las Fallas es muy antigua y tiene un origen pagano. En la Edad Media los carpinteros quemaban los

restos de madera de sus talleres para celebrar el final del invierno y el comienzo de la primavera.
Más tarde, los valencianos empezaron a construir figuras de cartón y de trapo que representaban personajes destacados de la vida local y los quemaban en hogueras.
Una falla es un monumento gigante, compuesto de figuras de cartón-piedra (en valenciano "ninots"), que son caricaturas de personajes famosos de la vida social y política.
Todas las fallas, menos las premiadas, se queman a las doce de la noche del 19 de marzo, el día de San José, que es el patrón de los carpinteros y de Valencia. Esta gran fiesta final se llama "la Cremá".

Los Sanfermines
A las doce en punto del mediodía del 6 de julio una multitud se reúne en la Plaza Mayor de Pamplona, frente al Ayuntamiento. Desde el balcón un concejal grita: "¡Viva San Fermín!" Y enciende el "chupinazo", un petardo gigante que anuncia el comienzo de las fiestas. El 7 de julio es el día de San Fermín, el patrón de Pamplona.
Los acontecimientos más famosos de los Sanfermines son los encierros, que tienen lugar cada día de esta semana, a las ocho de la mañana. En el encierro se suelta a los toros, que se van a torear en la corrida de la tarde. Los toros corren sueltos en dirección a la plaza de toros. Cientos de jóvenes, vestidos de blanco, con un pañuelo rojo al cuello y con un periódico en la mano, corren delante de ellos.
Durante esta semana la ciudad está tan llena, que en los hoteles y pensiones no hay sitio para todos y mucha gente duerme en las calles, plazas y parques de la ciudad.
El escritor norteamericano Ernest Heminway inmortalizó los Sanfermines en su novela *Fiesta*.

Las Navidades
La Navidad se celebra prácticamente igual en toda España.
El 22 de diciembre, día de la lotería de Navidad, marca el inicio del largo período de las fiestas de Navidad, que termina el día de los Reyes Magos (6 de enero), día en que los niños reciben sus regalos.
El 24 de diciembre es Nochebuena, una fiesta familiar. Por la noche la gente se reúne en familia y hace una cena especial. El 25, "día de Navidad", también es una fiesta familiar. La gente se reúne con su familia, algunos se intercambian regalos y en la calle suenan villancicos. Los villancicos (canciones navideñas), el belén y el árbol de Navidad decoran las Navidades españolas.
El 31 de diciembre, Nochevieja, la gente se reúne con sus familiares y amigos para celebrar la salida y entrada de año. La más popular entrada y salida de año tiene como escenario la Puerta del Sol de Madrid. Cuando en el reloj de la plaza suenan las doce campanadas, toda España come las doce uvas y brinda para celebrar la llegada del Año Nuevo.

Los Carnavales
El Carnaval anuncia el período de 40 días antes de la pasión y muerte de Cristo. Estas fechas se celebran prácticamente en toda España.
Los Carnavales son fiestas de tradición cristiana, pero tienen un origen pagano, la celebración de la llegada de la primavera. Los más famosos son los de Cádiz y los de Tenerife (Canarias).
En los Carnavales de Cádiz lo más importante es el humor. Los gaditanos se organizan en "murgas", las murgas son grupos o clubes. Los componentes de las murgas salen a la calle disfrazados y cantan canciones que cuentan y critican con gracia los acontecimientos más importantes del año.
Los Carnavales de Canarias son más espectaculares y se parecen un poco a los de Brasil.
La gente desfila por las calles, con disfraces alegres y atrevidos, bailando al son de ritmos latinos. La fiesta empieza con la elección de la reina, que luego desfilará en su majestuosa carroza el martes de Carnaval.

Módulo 5

5.1

Dar instrucciones

3. ¿Cómo se va?

1. – Perdona, ¿sabes dónde está el Hotel Quijano?
– ¿El Hotel Quijano? Sí, sí, está muy cerca. ¿Ven esa iglesia? Pues cruzan aquí, siguen todo recto por esta calle y después de la iglesia cogen la primera a la izquierda.
– Vale, después de la iglesia, la primera calle a la izquierda.
– Ay, no perdonen, la primera a la derecha, sí claro, la primera a la derecha. Al final de esa calle hay una plaza, pues entran por la calle de la Paz y allí está el Hotel Quijano. ¡Es muy fácil, no tiene pérdida!
– Sí, sí, muchas gracias.

2. – Oiga, por favor, ¿nos puede indicar dónde está el Hotel Quijano?
– Está un poco lejos, eh.
– ¿¡Lejos!?
– Bueno, andando, a unos 20 ó 25 minutos. A ver... Crucen aquí, sigan por esta calle hasta la iglesia y métanse por la primera calle después de la iglesia...
– ¿La primera a la derecha, después de la iglesia?
– Sí, exacto. Entonces, crucen ustedes allí, bajen por esa calle hasta la plaza del Carmen y allí cojan la calle de la Paz. El Hotel Quijano está en esa calle, justo enfrente de los cines Palacio.
– Muchísimas gracias.
– De nada, a ustedes.

Aconsejar, recomendar, persuadir y convencer

1. Recomendaciones, consejos y sugerencias

3. – Laura, bonita, a mí no me grites, que yo no he hecho nada.
– Lo siento, perdona. Es por Luis, es que discutimos la semana pasada y no ha llamado en toda la semana. Es como un crío y...
– ¿Y por qué no le llamas tú?
– ¿¿Yo?? Ah no, ni hablar, él empezó la discusión, y además no tengo ganas de hablar con él.
– Pues entonces puedes escribirle un e-mail, es menos comprometido... ¡Y así no tienes que hablar con él!

- ¡Bah! No sé...
- Mira, Laura, escríbele un e-mail, llámale por teléfono, vete al Corte Inglés, cómete una caja de bombones, pero ¡debes hacer algo y tienes que hacerlo ya, porque estás in-a-guan-ta-ble!
- Bueno, tampoco te pongas así. Además, ¿a ti quién te ha pedido consejo?
- ¡¿Qué?!

5.2

Biografías

2. Cuando eras pequeño

1. **Niña:** ¿Y éste quién es?
Abuela: A ver. ¡Ah, sí! Éste es tu hermano cuando nació. Lo recuerdo perfectamente, era muy gordito y tenía muchísimo pelo.
Niño: A ver, a ver... Y ¿qué hacía?
Abuela: Pues, nada, comías, dormías, llorabas, nada muy especial, eras un bebé como todos los bebés.
Niña: ¿Y ésta quién es?
Abuela: ¡Ah! Ésta es tu madre. Aquí tenía unos 15 años. Era muy guapa, tenía el pelo larguísimo y los ojos enormes.
Niño: Todavía los tiene muy grandes.
Abuela: Sí, tienes razón, todavía los tiene muy grandes.
Niña: Y ¿tú? ¿no estás? ¡Ah! sí, ésta eres tú. ¡Oh! qué guapa eras, qué vestido tan bonito llevabas, abuela, y estabas muy delgada. Humm..., quiero decir que ahora también estás muy delgada, pero entonces estabas delgadísima.
Abuela: Sí, sí, no te preocupes, estaba mucho más delgada que ahora. Es normal, cuando nos hacemos mayores, cambiamos. Recuerdo el día que llevaba este vestido, era una fiesta de Navidad en casa de mi mejor amiga. Su familia vivía en una casa preciosa, el salón estaba decorado con flores y todos los invitados iban muy elegantes. Había muchísima nieve y todo estaba muy blanco y tranquilo, hacía mucho frío, pero toda la ciudad estaba tan bonita que no importaba. Ahora ya no nieva tanto... Y en esa fiesta fue la primera vez que vi a vuestro abuelo...
Niño: ¿Cómo era el abuelo, abuela?
Abuela: ¡Ah! era muy guapo, era el hombre más alto de todo el baile, y tenía unos ojos preciosos. Vosotros erais muy pequeños cuando murió y no lo podéis recordar. Vuestra madre se parece mucho a él.
Niña: ¿Lo echas de menos abuela?
Abuela: ¡Oh! sólo un poco. Os tengo a vosotros para distraerme. ¡Venga! Vamos a merendar que se hace tarde.

3. La situación era complicada

4. **Sonia:** Pues yo de las fechas concretas no me acuerdo muy bien, pero del ambiente sí... Tengo la impresión de que se hablaba constantemente de política. Había grandes discusiones en los bares y en las casas, y todo el mundo tenía una opinión para cada cosa que pasaba.
Miguel Ángel: Sí, es verdad. Yo de la muerte de Franco no me acuerdo mucho. Recuerdo más la ceremonia de coronación del rey, quizás me impactó más porque fue algo muy solemne, en el Parlamento...
Sonia: Sí, sí, yo tengo las imágenes de la televisión grabadas en mi memoria, los hijos de los reyes entrando en el Parlamento, eran tan pequeños... y tan rubios.
Miguel Ángel: Sí, sí, y el vestido de la reina, ¿te acuerdas? ¡Tan rosa! Creo que destacaba más porque el resto eran uniformes militares. ¡Madre mía, qué años! Era todo gris, ¿verdad? Pienso en esa época y todas las imágenes que tengo son en blanco y negro, bueno, en realidad, en gris.
Sonia: Sí, incluso la ropa era de colores más tristes.
Miguel Ángel: Sí, es cierto.
Sonia: Y... Bueno, yo me acuerdo también de la expectación. Todo el mundo estaba nervioso, algunos estaban preocupados y serios, otros estaban ilusionados, aunque mucha gente tenía miedo... Recuerdo que mis padres tenían miedo. Nadie sabía qué iba a ocurrir. Había muchas manifestaciones y siempre había problemas con la policía, y atentados terroristas. Ahora me parece que había una sensación en el aire de peligro...
Miguel Ángel: Sí, sí. Aunque, yo, de lo que más me acuerdo es de que todos los domingos nos íbamos al campo y después había un tráfico horrible por la noche. Yo me quedaba siempre dormido en el coche y, cuando llegábamos, me enfadaba porque me despertaban... Mi padre todavía me lo recuerda.
Sonia: Pues yo tengo la sensación de que siempre tenía sueño... Por las mañanas, para ir al colegio, mi hermano tiraba de mí porque siempre llegábamos tarde. Creo que nunca he tenido tanto sueño como en las mañanas de los años de colegio.
Miguel Ángel: Y frío, ¿verdad? Ya no hace tanto frío como antes. Ja, ja.
Sonia: ¡Dios mío, estamos hablando como mi abuela! Anda, deja el periódico que me voy a deprimir y vámonos a tomar algo.

Rincón de las Palabras

¿Qué truco te funciona mejor para...?

3. El significado de una palabra en un texto oral o en una conversación

1. - ¿Y cómo hace? Porque en el periódico dice: "Chubascos en el Mediterráneo" y estoy un poco desanimada.
   - Bueno, sí, está nublado, pero frío no hace... Ayer hizo fresquito y llovió, pero hoy hace mejor tiempo, hace un poco de viento, pero...
   - O sea, ¡que de playa, nada!
   - Pues no, no. Pero hace una temperatura agradable para pasear, mujer, y para sentarnos en una terracita y...
   - ¡Si no llueve, claro! ¡Desde luego, es que tengo una mala suerte!
   - Karin, por favor, ¡que estamos en noviembre!

Rincón de la Pronunciación

Las vocales

4. Inglesas, alemanes, mito, tela, pela, mudo, borro, bruma, busque, vela, bula.